CERTIFICACION DE GROWERS

INDICE

Capítulo 1: Introducción a la Agricultura en Ambientes Controlados   5

1.1. Conceptos básicos de la agricultura en ambientes controlados
1.2. Ventajas y desventajas de la agricultura en ambientes controlados
1.3. Tipos de estructuras para la producción en ambientes controlados
1.4. Tecnologías básicas en la agricultura en ambientes controlados
1.5. Importancia de la agricultura en ambientes controlados en el contexto actual

Capítulo 2: Manejo del Clima y Sistemas de Control   19

2.1. Factores climáticos y su impacto en la producción agrícola
2.2. Sistemas de control ambiental en invernaderos
2.3. Tecnologías de monitoreo y ajuste del clima
2.4. Optimización de la energía en sistemas de ambiente controlado

Capítulo 3: Fisiología de las Plantas en Ambientes Controlados   33

3.1. Introducción a la fisiología vegetal en ambientes controlados
3.2. Procesos fisiológicos clave en el crecimiento de las plantas
3.3. Factores ambientales que afectan la fisiología de las plantas
3.4. Etapas del ciclo de vida de las plantas y sus necesidades fisiológicas
3.5. Estrategias para mejorar la fisiología vegetal en ambientes controlados

Capítulo 4: Nutrición y Manejo de Fertilizantes   46

4.1. Importancia de la nutrición vegetal en ambientes controlados
4.2. Nutrientes esenciales para el crecimiento de las plantas
4.3. Tipos de fertilizantes y sus aplicaciones en agricultura controlada
4.4. Técnicas de fertilización y fertirrigación
4.5. Estrategias para optimizar la nutrición en cultivos de ambiente controlado

Capítulo 5: Gestión del Agua y Sistemas de Riego 60

5.1. Importancia de la gestión del agua en ambientes controlados
5.2. Factores clave en la gestión del agua
5.3. Sistemas de riego en agricultura controlada
5.4. Técnicas de monitoreo y ajuste del riego
5.5. Estrategias para optimizar la eficiencia del uso del agua

Capítulo 6: Control de Plagas y Enfermedades 73

6.1. Importancia del control de plagas y enfermedades en ambientes controlados
6.2. Principales plagas y enfermedades en cultivos de ambiente controlado
6.3. Estrategias de control de plagas y enfermedades
6.4. Técnicas de monitoreo y diagnóstico
6.5. Estrategias para minimizar la dependencia de productos químicos

Capítulo 7: Sustratos y Medios de Cultivo 86

7.1. Importancia de los sustratos en la agricultura en ambientes controlados
7.2. Tipos de sustratos y sus características
7.3. Propiedades físicas y químicas de los sustratos
7.4. Manejo y mantenimiento de los sustratos
7.5. Sustratos en sistemas hidropónicos

Capítulo 8: Tecnologías de Monitoreo y Automatización 100

8.1. Importancia del monitoreo y la automatización en ambientes controlados
8.2. Principales tecnologías de monitoreo en agricultura protegida
8.3. Sistemas de automatización en agricultura controlada
8.4. Integración de tecnologías IoT y Big Data
8.5. Beneficios de la automatización y el monitoreo

Capítulo 9: Gestión de la Cosecha y Postcosecha   113

9.1. Importancia de la gestión de la cosecha y postcosecha en la calidad del producto
9.2. Planificación de la cosecha
9.3. Técnicas de cosecha
9.4. Gestión de la postcosecha
9.5. Almacenamiento y transporte de hortalizas
9.6. Estrategias para minimizar las pérdidas en la postcosecha

Capítulo 10: Calidad y Seguridad Alimentaria   128

10.1. Importancia de la calidad y seguridad alimentaria en la producción agrícola
10.2. Principales peligros y contaminantes en la producción de hortalizas
10.3. Sistemas de gestión de calidad e inocuidad alimentaria
10.4. Implementación de buenas prácticas en la producción y manipulación
10.5. Estrategias para la trazabilidad y control de calidad
10.6. Beneficios de implementar sistemas de calidad y seguridad alimentaria

Capítulo 11: Manejo de Residuos y Sostenibilidad   144

11.1. Importancia de la sostenibilidad en la producción agrícola
11.2. Tipos de residuos en la producción de hortalizas
11.3. Prácticas de manejo de residuos
11.4. Estrategias de sostenibilidad en la producción de hortalizas
11.5. Beneficios del manejo sostenible y reducción de residuos
11.6. Implementación de programas de responsabilidad social y sostenibilidad

Capítulo 12: Gestión de Recursos Humanos y Liderazgo   160

12.1. Importancia de la gestión de recursos humanos en la agricultura en ambientes controlados
12.2. Habilidades clave para el liderazgo en la producción agrícola
12.3. Estrategias para la gestión eficiente de recursos humanos
12.4. Fomento de una cultura organizacional de excelencia y sostenibilidad
12.5. Beneficios de una gestión eficiente de recursos humanos y un liderazgo eficaz

Capítulo 1

Introducción a la Agricultura en Ambiente Controlado

El módulo de "Introducción a la Agricultura en Ambiente Controlado" es la base para comprender el funcionamiento y las ventajas de la producción de hortalizas en entornos protegidos. Este módulo busca familiarizar a los participantes con los conceptos fundamentales de la agricultura en ambiente controlado, los tipos de estructuras y las tecnologías disponibles para optimizar la producción en condiciones climáticas no naturales. A través de este módulo, los futuros *growers* obtendrán el conocimiento esencial para manejar adecuadamente un invernadero y establecer los primeros cimientos de su desarrollo profesional en este sector.

1. Conceptos Básicos de la Agricultura en Ambiente Controlado

El módulo de "Introducción a la Agricultura en Ambiente Controlado" comienza con una comprensión de los conceptos fundamentales que sustentan esta forma de producción agrícola. La Agricultura en Ambiente Controlado (CEA, por sus siglas en inglés) se refiere a la práctica de cultivar plantas en espacios cerrados o semi-cerrados, donde las condiciones ambientales se pueden monitorear, modificar y optimizar para maximizar el crecimiento y la productividad de los cultivos. A través de la CEA, los *growers* logran un control más preciso sobre factores climáticos y de manejo que, en agricultura tradicional, están sujetos a las condiciones naturales, como temperatura, luz, agua, humedad y nutrientes. Este módulo permite a los estudiantes familiarizarse con las bases de la CEA y los elementos que hacen posible su aplicación en cultivos protegidos, como invernaderos y sistemas hidropónicos.

Definición y Objetivo de la Agricultura en Ambiente Controlado

La CEA es un sistema agrícola que utiliza infraestructura y tecnología para modificar el entorno de crecimiento de las plantas y crear condiciones ideales para el desarrollo de cultivos. A diferencia de la agricultura tradicional al aire libre, donde las plantas dependen de las condiciones climáticas, la CEA permite ajustar el clima interno de manera controlada, minimizando el riesgo asociado con cambios climáticos adversos y maximizando la eficiencia de los recursos utilizados. El objetivo principal de la CEA es optimizar el crecimiento y la producción de las plantas en cualquier época del año, independientemente de las condiciones externas, lo que resulta en una producción constante y de alta calidad.

Este sistema es especialmente relevante en regiones donde las condiciones climáticas son extremas, como zonas áridas o frías, y en áreas urbanas donde el espacio para el cultivo es limitado. Además, la CEA permite a los productores enfrentar algunos de los mayores desafíos de la agricultura moderna, como la escasez de agua, el cambio climático y la necesidad de aumentar la producción de alimentos en espacios reducidos.

Ventajas de la Agricultura en Ambiente Controlado

La CEA ofrece múltiples beneficios que la convierten en una alternativa viable y atractiva para la producción agrícola moderna. Algunas de sus principales ventajas incluyen:

- **Mayor Control sobre el Clima:** En un sistema de CEA, los *growers* pueden ajustar la temperatura, la humedad, la luz y el nivel de CO_2 para satisfacer las necesidades específicas de los cultivos. Esto asegura que las plantas crezcan en condiciones ideales, optimizando su desarrollo y reduciendo la incidencia de estrés ambiental.
- **Aumento en la Productividad y Calidad de los Cultivos:** Al proporcionar condiciones estables y controladas, la CEA permite obtener altos rendimientos y productos de calidad superior. Las hortalizas, por ejemplo, pueden crecer más rápido y alcanzar tamaños uniformes y colores intensos, lo cual mejora su valor en el mercado.
- **Reducción del Uso de Insumos y Sostenibilidad:** La CEA permite un uso más eficiente de los recursos, como el agua y los fertilizantes. Con sistemas de riego automatizado y recirculación de agua en hidroponía, el consumo hídrico es menor en comparación con la agricultura convencional. Además, el control de plagas y enfermedades es más efectivo, reduciendo la necesidad de pesticidas y promoviendo prácticas agrícolas sostenibles.
- **Producción durante Todo el Año:** A diferencia de la agricultura al aire libre, la CEA no está limitada por las estaciones. Esto permite a los *growers* producir cultivos de alta demanda durante todo el año, asegurando un suministro constante y estable de alimentos.
- **Reducción de la Huella Ecológica:** Al ser una forma intensiva de agricultura que requiere menos espacio y agua, la CEA contribuye a reducir la huella ecológica de la producción agrícola. Esto es especialmente importante en un contexto de cambio climático, donde la agricultura debe adaptarse para ser más sostenible y resiliente.

Principales Estructuras en la Agricultura en Ambiente Controlado

Existen diversas estructuras que se emplean en la CEA, cada una con sus particularidades y aplicaciones específicas. Las principales estructuras son:

- **Invernaderos:** Son estructuras cerradas o semi-cerradas que permiten controlar factores climáticos y proteger los cultivos de las condiciones externas. Están construidos con materiales como vidrio o plásticos transparentes que permiten la entrada de luz solar y se complementan con sistemas de ventilación, calefacción y riego. Los invernaderos son los más utilizados en la CEA, especialmente para cultivos de hortalizas, flores y hierbas.
- **Casas Sombra o Sombráculos:** Estas estructuras están diseñadas para proteger los cultivos de la luz solar intensa, reducir la temperatura y proteger contra el daño de algunos insectos. Las casas sombra son ideales para climas cálidos, ya que proporcionan un ambiente más fresco y controlado. Suelen utilizar mallas o lonas para moderar la cantidad de luz que llega a las plantas.

- **Cultivo Vertical:** Esta es una modalidad que utiliza estanterías o estructuras verticales para maximizar el espacio y cultivar en múltiples niveles. Es común en áreas urbanas donde el espacio es limitado. Aunque requiere inversión en infraestructura y tecnología, el cultivo vertical permite un uso intensivo del espacio y facilita la implementación de sistemas de iluminación y riego controlados.
- **Sistemas Hidropónicos y Aeropónicos:** La hidroponía y la aeroponía son técnicas de cultivo sin suelo donde las plantas crecen en soluciones nutritivas o se suspenden en el aire, permitiendo un control riguroso del suministro de agua y nutrientes. Estas técnicas son especialmente adecuadas para cultivos de alto valor y ofrecen una alta eficiencia en el uso de agua y fertilizantes.

Tecnologías Clave en la Agricultura en Ambiente Controlado

La CEA depende de una serie de tecnologías avanzadas que permiten monitorear y ajustar las condiciones ambientales y del sustrato. Algunas de las tecnologías clave incluyen:

- **Sistemas de Ventilación y Control de Temperatura:** Los invernaderos y otras estructuras de CEA utilizan sistemas de ventilación y calefacción para regular la temperatura y mantener el flujo de aire. La ventilación ayuda a controlar la humedad y previene la acumulación de calor, lo cual es esencial para evitar el estrés térmico en las plantas.
- **Iluminación Artificial (LED):** En zonas o épocas con baja luminosidad, la luz artificial complementa la luz solar. Los sistemas de iluminación LED ofrecen un espectro específico para optimizar la fotosíntesis, promoviendo un crecimiento más rápido y controlado.
- **Sensores y Monitoreo Ambiental:** Los sensores de temperatura, humedad, CO_2 y pH son esenciales para monitorear y ajustar las condiciones en tiempo real. Estos sensores proporcionan datos constantes sobre el estado del ambiente, permitiendo a los *growers* realizar ajustes precisos y mantener el clima en condiciones óptimas.
- **Riego Automatizado y Fertirrigación:** Los sistemas de riego en la CEA están automatizados para suministrar agua y nutrientes en cantidades precisas. En sistemas como la hidroponía, la fertirrigación se integra al riego, permitiendo una distribución uniforme de nutrientes y optimizando su absorción por parte de las plantas.

Desafíos de la Agricultura en Ambiente Controlado

Si bien la CEA ofrece múltiples beneficios, también presenta algunos desafíos que los *growers* deben considerar:

- **Altos Costos Iniciales:** La infraestructura y tecnología de la CEA requieren una inversión considerable, lo cual puede ser una barrera para pequeños productores. Los invernaderos de alta tecnología y los sistemas de monitoreo y control son costosos, aunque el retorno de inversión suele justificarse con una producción continua y de alta calidad.

- **Demanda de Conocimientos Técnicos:** La operación de sistemas de CEA requiere conocimientos técnicos especializados en el manejo de clima, riego, fertilización y control de plagas. Los *growers* deben estar capacitados para manejar estos sistemas y optimizar las condiciones de cultivo.
- **Consumo Energético:** Algunos sistemas de CEA, como el uso de iluminación artificial o calefacción, consumen altos niveles de energía, lo que puede aumentar los costos operativos y el impacto ambiental. Es importante implementar fuentes de energía renovable y prácticas de eficiencia energética.

2. Ventajas y Desventajas de la Agricultura en Ambiente Controlado

La agricultura en ambiente controlado (CEA, por sus siglas en inglés) es una alternativa moderna que ha ganado popularidad por su capacidad para producir cultivos de alta calidad en condiciones específicas, independientemente del clima exterior. Aunque ofrece muchas ventajas en términos de control, sostenibilidad y productividad, la CEA también presenta desafíos que deben considerarse al momento de implementar esta tecnología. A continuación, se exploran las ventajas y desventajas de la agricultura en ambiente controlado, brindando un panorama completo de sus beneficios y posibles limitaciones.

Ventajas de la Agricultura en Ambiente Controlado

1. Control Total de las Condiciones Climáticas

La CEA permite a los *growers* ajustar factores como la temperatura, la humedad, la luz y el dióxido de carbono para adaptarse a las necesidades específicas de cada tipo de planta. Este control sobre el ambiente reduce la dependencia de las condiciones climáticas externas, lo que permite producir cultivos de manera constante durante todo el año. Al crear un ambiente óptimo, los *growers* pueden obtener plantas más sanas y uniformes, con un menor riesgo de estrés ambiental y mayores rendimientos.

2. Uso Eficiente de los Recursos

Uno de los beneficios más significativos de la CEA es su capacidad para maximizar la eficiencia en el uso de recursos. Los sistemas de riego, como el riego por goteo y los sistemas de recirculación en hidroponía, permiten una distribución precisa del agua, reduciendo su consumo en comparación con la agricultura convencional. Además, el uso de fertilizantes se optimiza al aplicar nutrientes directamente en el sustrato o la solución nutritiva, lo que minimiza las pérdidas y reduce el impacto ambiental.

3. Reducción de Plagas y Enfermedades

En ambientes controlados, los cultivos están protegidos de factores externos que pueden causar plagas y enfermedades, como el viento y la lluvia. Las barreras físicas y los sistemas de filtración de aire en invernaderos ayudan a mantener el ambiente libre de insectos y patógenos. Esto reduce la necesidad de aplicar pesticidas y fungicidas, lo que no solo disminuye los costos, sino que también resulta en productos más seguros para el consumidor y amigables con el medio ambiente.

4. Mayor Productividad y Rendimiento

Gracias al control sobre el ambiente, la CEA permite optimizar el crecimiento y el rendimiento de los cultivos. Las plantas pueden crecer a un ritmo más rápido y desarrollarse de manera uniforme, lo cual resulta en una mayor densidad de producción y, en muchos casos, en una calidad superior de los productos. Al evitar las fluctuaciones estacionales y los factores climáticos adversos, la producción es más predecible y constante, lo que representa una ventaja para los *growers* y asegura un suministro estable en el mercado.

5. Uso Sostenible del Espacio

La CEA permite cultivar en lugares donde la agricultura tradicional sería inviable, como áreas urbanas, regiones con clima extremo o espacios cerrados. Además, prácticas como el cultivo vertical maximizan el uso del espacio, permitiendo la producción en múltiples niveles y aumentando la cantidad de plantas en áreas reducidas. Esto hace que la CEA sea una solución viable para abastecer a las ciudades y reducir la presión sobre las tierras agrícolas.

Desventajas de la Agricultura en Ambiente Controlado

1. Costos Iniciales Elevados

La infraestructura para la CEA requiere una inversión inicial significativa. La construcción de invernaderos de alta tecnología, la instalación de sistemas de riego, ventilación, iluminación LED y control de clima son costosos, lo que puede ser una barrera para pequeños productores o nuevos *growers*. Aunque el retorno de inversión suele ser favorable a largo plazo, los costos iniciales pueden representar un desafío importante para aquellos que no cuentan con el financiamiento adecuado.

2. Alta Dependencia de Energía

El mantenimiento de un ambiente controlado implica un consumo considerable de energía, especialmente en climas extremos donde los sistemas de calefacción o refrigeración deben estar operativos constantemente. El uso de iluminación artificial para complementar la luz solar, la inyección de CO_2 y el funcionamiento de ventiladores y sistemas de riego automatizado también incrementan el consumo energético. Aunque se pueden adoptar energías renovables para reducir la huella de carbono, la inversión en estas tecnologías puede ser costosa y no siempre es viable para todos los productores.

3. Necesidad de Conocimientos Técnicos Especializados

La operación de un sistema de CEA exige conocimientos técnicos avanzados en el manejo de sistemas de riego, control de clima, monitoreo de nutrientes y gestión de plagas y enfermedades en un ambiente controlado. Los *growers* deben estar capacitados para interpretar datos de sensores, realizar ajustes en los sistemas automatizados y llevar a cabo una gestión precisa de todos los factores de cultivo. La falta de capacitación puede llevar a problemas de manejo y pérdidas en la producción, lo que hace que la formación y actualización continua sean esenciales para el éxito.

4. Riesgo de Dependencia Tecnológica

La agricultura en ambiente controlado es altamente dependiente de la tecnología, y cualquier fallo en el sistema puede tener consecuencias significativas. Por ejemplo, una interrupción en el suministro de energía o un problema en los sistemas de control de riego o ventilación puede provocar pérdidas considerables en poco tiempo, especialmente en cultivos sensibles. Esta dependencia tecnológica requiere un mantenimiento constante de los equipos y sistemas, así como planes de contingencia para evitar problemas mayores en caso de fallas.

5. Impacto Ambiental del Descarte de Sustratos y Materiales

En muchos sistemas de CEA, como la hidroponía y el uso de sustratos artificiales, el descarte de estos materiales puede representar un problema ambiental. Los sustratos inorgánicos como la lana de roca y algunos plásticos utilizados en hidroponía no son biodegradables y su disposición inadecuada puede contribuir a la contaminación del medio ambiente. Además, el uso de plásticos para el control de clima y la cobertura de cultivos es común en invernaderos, lo cual genera un volumen considerable de residuos a largo plazo.

Resumen Comparativo de Ventajas y Desventajas

Ventajas	Desventajas
Control total del clima	Altos costos iniciales
Uso eficiente de recurso	Alta dependencia de energía
Reducción de plagas y enfer	Necesidad de conocimientos técnicos
Mayor productividad y rendim	Riesgo de dependencia tecnológica

Uso sostenible del espacio Impacto ambiental del descarte de sustratos

3. Tipos de Estructuras en Agricultura en Ambiente Controlado

La agricultura en ambiente controlado (CEA, por sus siglas en inglés) emplea diversas estructuras diseñadas para proteger y optimizar el crecimiento de los cultivos al regular las condiciones ambientales. Estas estructuras, que varían en complejidad y tecnología, permiten a los *growers* controlar factores como la temperatura, la humedad, la luz y los niveles de dióxido de carbono, ajustándolos a las necesidades específicas de cada cultivo. A continuación, se describen los principales tipos de estructuras utilizadas en CEA, cada una con características y aplicaciones específicas que las hacen adecuadas para distintas situaciones y tipos de cultivos.

Invernaderos

Los invernaderos son la estructura más común en la CEA y son ampliamente utilizados para cultivos de hortalizas, flores, frutas y plantas ornamentales. Están construidos con materiales transparentes, como vidrio o plásticos especiales, que permiten la entrada de luz solar mientras protegen a los cultivos de las condiciones climáticas adversas. Los invernaderos se pueden clasificar según su tipo de estructura, nivel de automatización y los sistemas de control de clima con los que cuentan.

- **Invernaderos de Vidrio:** Los invernaderos de vidrio son duraderos y permiten una excelente transmisión de luz. Son ideales para cultivos que requieren alta luminosidad y son especialmente populares en zonas con climas fríos o de baja radiación solar. Estos invernaderos suelen estar equipados con sistemas de calefacción y ventilación para mantener un ambiente controlado.
- **Invernaderos de Plástico:** Los invernaderos cubiertos con materiales plásticos, como polietileno o policarbonato, son más económicos y fáciles de instalar que los de vidrio. Estos materiales tienen una buena transmisión de luz y ayudan a mantener el calor dentro del invernadero. Son una opción rentable y flexible para productores en climas templados y cálidos, aunque suelen requerir reemplazos de cubierta cada cierto tiempo debido al desgaste.
- **Invernaderos de Alta Tecnología:** Estos invernaderos cuentan con sistemas de control de clima completamente automatizados que ajustan factores como la temperatura, la humedad, la luz y el CO_2. Equipados con sensores, sistemas de riego automatizados y calefacción, permiten un control preciso y optimizado para maximizar la productividad y calidad de los cultivos. Son comunes en la producción de cultivos de alto valor y en regiones donde las condiciones exteriores son extremas.

Casas Sombra o Sombráculos

Las casas sombra, también conocidas como sombráculos, son estructuras diseñadas para proteger los cultivos de la luz solar intensa, reducir la temperatura y minimizar el estrés hídrico. En lugar de cubrirse con materiales totalmente transparentes, estas estructuras utilizan mallas o redes que filtran la luz y permiten la circulación de aire, creando un ambiente de sombra parcial. Son ideales para climas cálidos y secos donde las temperaturas altas pueden afectar el crecimiento de las plantas.

- **Ventajas de las Casas Sombra:** Al reducir la intensidad de la luz solar, las casas sombra disminuyen el riesgo de quemaduras en las plantas y reducen la temperatura interna. La estructura abierta permite una buena circulación de aire, lo que ayuda a mantener un ambiente fresco y a reducir la humedad, minimizando así el riesgo de enfermedades fúngicas.
- **Materiales y Tipos de Mallas:** Las mallas utilizadas pueden variar en densidad y color, lo que permite ajustar la cantidad de luz que penetra en la estructura. Por ejemplo, las mallas de color negro ofrecen mayor sombra, mientras que las mallas blancas permiten un mayor paso de luz. Los productores pueden seleccionar la malla adecuada según el tipo de cultivo y las condiciones climáticas locales.

Las casas sombra son populares para el cultivo de plantas ornamentales, hortalizas de hoja y otros cultivos sensibles a la luz intensa. Su estructura es menos costosa que la de los invernaderos y puede adaptarse fácilmente en zonas de clima cálido, ofreciendo una opción de protección efectiva con bajo costo.

Sistemas de Cultivo Vertical

El cultivo vertical es una modalidad innovadora de agricultura en ambiente controlado que maximiza el uso del espacio al cultivar plantas en múltiples niveles. Este sistema es especialmente popular en áreas urbanas, donde el espacio es limitado, y en sistemas de producción de alimentos en interiores. Las plantas se cultivan en estanterías verticales o torres, aprovechando al máximo el espacio disponible.

- **Ventajas del Cultivo Vertical:** Este sistema permite cultivar una gran cantidad de plantas en espacios reducidos, aumentando significativamente la densidad de producción. Al ser un sistema cerrado, el cultivo vertical facilita el control del clima y el manejo de los nutrientes, mejorando la eficiencia en el uso de agua y fertilizantes. Además, el cultivo vertical puede combinarse con iluminación LED específica para la fotosíntesis, optimizando el crecimiento de las plantas.
- **Aplicaciones y Limitaciones:** El cultivo vertical es ideal para hortalizas de hoja, hierbas y plantas de rápido crecimiento. Sin embargo, requiere una inversión inicial considerable en infraestructura y tecnología, así como conocimientos técnicos avanzados para su manejo. Es una opción atractiva para la agricultura urbana y sistemas de producción en interiores, ya que permite cultivar alimentos frescos cerca de los centros de consumo, reduciendo los costos de transporte y la huella de carbono.

Sistemas Hidropónicos

La hidroponía es una técnica de cultivo sin suelo en la que las plantas crecen en soluciones de nutrientes en lugar de en tierra. Este sistema permite un control preciso de los nutrientes y el riego, maximizando la eficiencia del agua y reduciendo el uso de fertilizantes. Los sistemas hidropónicos se utilizan tanto en invernaderos como en instalaciones interiores y pueden adoptar diversas configuraciones.

- **Tipos de Sistemas Hidropónicos:**
  - **NFT (Nutrient Film Technique):** En el sistema NFT, las plantas se colocan en canales ligeramente inclinados por los que fluye una película de solución nutritiva que baña las raíces de manera constante. Es ideal para cultivos de hortalizas de hoja como lechuga y espinaca.
  - **Sistema de Raíz Flotante:** Las plantas se colocan en bandejas flotantes sobre una solución de nutrientes. Este sistema es común en la producción de hortalizas de hoja y permite un acceso constante al agua y nutrientes.
  - **Sistemas de Riego por Goteo:** En este sistema, la solución nutritiva se aplica directamente a cada planta mediante pequeños emisores de goteo, lo que permite una distribución precisa del agua y nutrientes.
- **Ventajas y Desafíos de la Hidroponía:** La hidroponía reduce el consumo de agua en comparación con la agricultura convencional y permite un crecimiento más rápido y controlado. Sin embargo, requiere conocimientos técnicos específicos y una inversión en infraestructura. Además, los sistemas hidropónicos son sensibles a fallas en el suministro de agua y nutrientes, lo que hace esencial el monitoreo constante.

Sistemas Aeropónicos

La aeroponía es una técnica avanzada de cultivo sin suelo en la que las raíces de las plantas se suspenden en el aire y son rociadas regularmente con una solución de nutrientes. Este sistema ofrece un nivel aún mayor de eficiencia en el uso de agua y nutrientes, ya que la solución se aplica directamente a las raíces sin necesidad de un medio de cultivo.

- **Ventajas del Sistema Aeropónico:** La aeroponía permite un crecimiento rápido y una alta densidad de plantación. Al proporcionar oxígeno de manera constante a las raíces, este sistema maximiza la absorción de nutrientes y promueve un desarrollo vigoroso de las plantas. Es una técnica adecuada para cultivos de alto valor y plantas de crecimiento rápido.
- **Limitaciones:** Aunque es un sistema altamente eficiente, la aeroponía requiere una infraestructura sofisticada y un monitoreo constante, ya que cualquier interrupción en el suministro de nutrientes o en la aplicación del riego puede afectar rápidamente a las plantas. Es una opción adecuada para instalaciones de alta tecnología, pero puede ser costosa y compleja de implementar a gran escala.

4. Tecnologías Básicas en Ambiente Controlado

La agricultura en ambiente controlado (CEA, por sus siglas en inglés) es una práctica avanzada que emplea diversas tecnologías para crear un entorno ideal en el que los cultivos puedan desarrollarse sin depender de las condiciones climáticas externas. Estas tecnologías permiten a los *growers* controlar variables críticas como temperatura, humedad, luz, dióxido de carbono y riego, optimizando el crecimiento y rendimiento de las plantas. A continuación, se describen las tecnologías básicas que hacen posible la CEA, sus funciones y beneficios en la producción agrícola.

Sistemas de Ventilación y Control de Temperatura

El control de la temperatura es fundamental en cualquier sistema de agricultura en ambiente controlado, ya que influye directamente en el crecimiento, desarrollo y calidad de los cultivos. Los sistemas de ventilación y control de temperatura ayudan a mantener un ambiente estable y adecuado para las plantas.

- **Ventilación Natural y Forzada:** La ventilación ayuda a regular la temperatura interna del invernadero y reduce la acumulación de humedad, minimizando el riesgo de enfermedades fúngicas. La ventilación natural utiliza ventanas y aperturas en el techo o laterales del invernadero, permitiendo que el aire circule de forma pasiva. En climas cálidos, la ventilación forzada con ventiladores eléctricos es esencial para mover el aire y mantener una temperatura adecuada.
- **Sistemas de Calefacción y Refrigeración:** En climas fríos o estaciones de invierno, los sistemas de calefacción son necesarios para mantener la temperatura dentro del invernadero en niveles óptimos. Estos sistemas pueden incluir calefactores eléctricos, de gas o de biomasa. En climas cálidos, los sistemas de refrigeración, como paneles de enfriamiento evaporativo y ventiladores de extracción, ayudan a reducir la temperatura, creando un ambiente más fresco y adecuado para los cultivos.

La combinación de ventilación, calefacción y refrigeración permite mantener la temperatura adecuada para cada tipo de cultivo, garantizando un crecimiento constante y saludable.

Iluminación Artificial y Suplementación de Luz

La luz es esencial para la fotosíntesis y el desarrollo de las plantas. En sistemas de CEA, la iluminación artificial se utiliza para complementar la luz solar, especialmente en regiones o estaciones con baja luminosidad, o en instalaciones interiores donde la luz natural es limitada. Las tecnologías de iluminación han evolucionado para satisfacer las necesidades específicas de las plantas.

- **Iluminación LED:** Las luces LED se han convertido en la opción más popular en la agricultura en ambiente controlado debido a su eficiencia energética y capacidad para emitir espectros específicos de luz. Las LED pueden ajustarse para proporcionar luz roja y azul, que son las más necesarias para la fotosíntesis. Esto permite a los *growers* optimizar el crecimiento de las plantas y mejorar la calidad de los cultivos sin un gasto energético excesivo.

- **Luces de Sodio de Alta Presión y Halogenuros Metálicos:** Aunque el LED es la opción preferida actualmente, las luces de sodio de alta presión y halogenuros metálicos todavía se utilizan en algunas instalaciones. Estas luces tienen una alta intensidad y se usan comúnmente en invernaderos de gran tamaño. Sin embargo, consumen más energía y generan más calor, por lo que requieren sistemas de ventilación adicionales para evitar el sobrecalentamiento.

La suplementación de luz permite extender el fotoperiodo y ajustar la intensidad lumínica en función de las necesidades de cada cultivo, lo que contribuye a un crecimiento rápido y uniforme de las plantas.

Sistemas de Riego y Fertirrigación Automatizados

La gestión del agua y la nutrición es crucial en la CEA. Los sistemas de riego automatizados permiten aplicar agua y nutrientes de manera precisa y eficiente, optimizando el consumo de recursos y mejorando el desarrollo de las plantas.

- **Riego por Goteo:** Este sistema es ampliamente utilizado en invernaderos, ya que permite una distribución gradual y controlada del agua directamente en la zona de las raíces de las plantas. El riego por goteo minimiza el desperdicio de agua y reduce el riesgo de enfermedades al evitar la acumulación de humedad en las hojas.
- **Sistemas de Fertirrigación:** La fertirrigación es la aplicación de fertilizantes a través del sistema de riego, lo cual permite suministrar nutrientes de manera uniforme y en dosis precisas según las necesidades de las plantas. En sistemas hidropónicos, la fertirrigación es esencial, ya que el medio de cultivo no contiene nutrientes, y estos se aplican directamente en la solución nutritiva.
- **Sensores de Humedad del Suelo y del Ambiente:** Los sensores de humedad monitorean el nivel de agua en el sustrato y en el ambiente, permitiendo ajustar la frecuencia y cantidad de riego en función de las necesidades reales del cultivo. Esto evita tanto el exceso como la falta de agua, garantizando un suministro adecuado y optimizando el uso de recursos.

La automatización del riego y la fertilización permite a los *growers* reducir el desperdicio de agua y nutrientes, mejorar la eficiencia y reducir costos operativos.

Sensores y Sistemas de Monitoreo Ambiental

El monitoreo en tiempo real de las condiciones ambientales es esencial para mantener un ambiente óptimo y realizar ajustes de manera precisa. Los sensores permiten recopilar datos sobre diversos factores, como temperatura, humedad, luz y CO_2, proporcionando a los *growers* información detallada sobre el estado del invernadero y las necesidades del cultivo.

- **Sensores de Temperatura y Humedad:** Estos sensores miden la temperatura y humedad relativa del ambiente dentro del invernadero, factores críticos para el crecimiento de las plantas. Los datos recopilados permiten ajustar los sistemas de ventilación, calefacción o refrigeración para mantener un ambiente estable y evitar condiciones desfavorables para las plantas.

- **Sensores de CO_2:** Los niveles de dióxido de carbono influyen directamente en el proceso de fotosíntesis. Los sensores de CO_2 monitorean su concentración en el ambiente y, en algunos sistemas avanzados, ajustan automáticamente la inyección de CO_2 cuando los niveles son bajos, maximizando así el crecimiento de las plantas.
- **Sensores de Luz y PAR:** La radiación fotosintéticamente activa (PAR) es la luz que las plantas pueden utilizar para la fotosíntesis. Los sensores de PAR miden la cantidad e intensidad de esta luz en el ambiente, permitiendo ajustar la iluminación artificial en función de las necesidades específicas del cultivo.

Los datos recopilados por los sensores se integran en sistemas de control automatizados que permiten ajustes en tiempo real, manteniendo un ambiente ideal y minimizando la intervención manual.

Sistemas de Control y Automatización

Los sistemas de control y automatización son fundamentales en la CEA, ya que permiten gestionar de manera eficiente todos los factores ambientales. Estos sistemas integran los datos de los sensores y ajustan automáticamente los diferentes elementos del invernadero o estructura de cultivo.

- **Controladores Climáticos:** Los controladores climáticos son dispositivos que centralizan la gestión de temperatura, humedad, CO_2 y luz, permitiendo a los *growers* ajustar las condiciones en función de las necesidades del cultivo. Algunos controladores avanzados están programados para realizar ajustes automáticos basados en condiciones predeterminadas o en el análisis de datos en tiempo real.
- **Software de Gestión y Monitoreo:** El software especializado permite monitorear y controlar los sistemas desde una plataforma centralizada. Los *growers* pueden acceder a esta información a través de dispositivos móviles o computadoras, recibir alertas en caso de variaciones críticas y realizar ajustes remotos. Esta tecnología facilita la supervisión y el control de grandes instalaciones y mejora la eficiencia operativa.
- **Automatización del Riego y la Fertilización:** La automatización permite ajustar la frecuencia y cantidad de riego y fertilización en función de los datos de los sensores, manteniendo un suministro adecuado y optimizando el uso de recursos. La automatización del riego y la fertilización reduce la carga de trabajo manual y asegura que las plantas reciban agua y nutrientes en el momento y cantidad exactos.

Beneficios de las Tecnologías Básicas en la Agricultura en Ambiente Controlado

La implementación de estas tecnologías en la CEA ofrece múltiples beneficios, entre ellos:

- **Optimización del Crecimiento y la Productividad:** Al controlar y ajustar las condiciones ambientales en función de las necesidades del cultivo, los *growers* logran obtener altos rendimientos y productos de alta calidad.

- **Reducción de Costos y Eficiencia en el Uso de Recursos:** La automatización del riego y la fertilización reduce el desperdicio de agua y nutrientes, disminuyendo los costos operativos y promoviendo una producción más sostenible.
- **Minimización del Impacto Ambiental:** Al reducir el uso de insumos como fertilizantes y pesticidas y optimizar el consumo de agua y energía, estas tecnologías contribuyen a una agricultura más responsable y amigable con el medio ambiente.
- **Mayor Control y Flexibilidad:** La automatización y los sistemas de monitoreo en tiempo real permiten a los *growers* tener un control completo sobre sus cultivos, ajustando las condiciones según los objetivos de producción y las necesidades específicas del mercado.

5. Importancia de la Agricultura en Ambiente Controlado en el Contexto Actual

La agricultura en ambiente controlado (CEA, por sus siglas en inglés) ha emergido como una solución fundamental para enfrentar los desafíos agrícolas y alimentarios que se presentan en el contexto actual. En un mundo donde el crecimiento de la población, el cambio climático y la degradación de recursos naturales ejercen presión sobre los sistemas de producción agrícola, la CEA ofrece una forma innovadora y eficiente de cultivar alimentos en condiciones óptimas y sostenibles. Gracias a esta tecnología, es posible producir hortalizas, frutas, hierbas y otros cultivos de alta calidad de manera constante, maximizando el uso de recursos y minimizando el impacto ambiental. A continuación, se exploran las razones clave que destacan la relevancia de la CEA en la actualidad.

Producción Constante y Resiliencia ante el Cambio Climático

Uno de los desafíos más críticos para la agricultura tradicional es su dependencia de las condiciones climáticas, las cuales son cada vez más inestables debido al cambio climático. Fenómenos como sequías, inundaciones, olas de calor y heladas extremas afectan la producción de alimentos y amenazan la seguridad alimentaria en muchas regiones del mundo. En este contexto, la CEA ofrece una ventaja significativa, ya que permite controlar el clima interno, independientemente de las condiciones externas.

En invernaderos y otras estructuras de cultivo protegido, los *growers* pueden ajustar la temperatura, la humedad, el nivel de CO_2 y otros factores ambientales para optimizar el crecimiento de los cultivos. Esta capacidad de control garantiza una producción continua y estable durante todo el año, independientemente de la estación o las variaciones climáticas. Así, la CEA ayuda a reducir la vulnerabilidad de la agricultura ante el cambio climático, lo que resulta crucial para mantener un suministro alimentario constante y seguro.

Optimización en el Uso de Recursos

En el contexto de escasez de agua y degradación de tierras agrícolas, la CEA se presenta como una alternativa eficiente y sostenible. La agricultura convencional consume grandes cantidades de agua y depende del suelo, el cual puede deteriorarse debido a prácticas intensivas y al uso excesivo de agroquímicos. En cambio, la CEA permite un uso eficiente del agua y, en muchos casos, no requiere suelo, como en los sistemas hidropónicos y aeropónicos.

Los sistemas de riego por goteo y la recirculación de agua en la CEA minimizan las pérdidas y maximizan la eficiencia, permitiendo que el agua llegue directamente a las raíces de las plantas sin desperdicio. En comparación con la agricultura tradicional, la CEA puede reducir el consumo de agua en hasta un 90%, lo cual es fundamental en regiones áridas o con problemas de escasez hídrica. Además, el control preciso de los nutrientes mediante la fertirrigación disminuye el uso de fertilizantes, reduciendo la contaminación de suelos y cuerpos de agua.

Reducción de la Huella Ambiental

El impacto ambiental de la agricultura convencional es considerable debido al uso intensivo de recursos y a la emisión de gases de efecto invernadero. La CEA, por otro lado, ofrece una forma de cultivo más sostenible y con una huella ecológica reducida. En los sistemas de cultivo controlado, el uso de pesticidas y herbicidas es mínimo o inexistente, ya que el ambiente protegido reduce la incidencia de plagas y enfermedades. Esto contribuye a la conservación de la biodiversidad y a la reducción de la contaminación del suelo y del agua.

Además, los sistemas de CEA que incorporan energías renovables, como paneles solares o energía geotérmica, ayudan a reducir el consumo de combustibles fósiles y las emisiones de carbono. En zonas urbanas, la CEA puede implementarse en espacios reducidos, como azoteas o interiores, lo cual reduce la necesidad de transportar alimentos desde largas distancias y disminuye la huella de carbono asociada con el transporte de alimentos.

Incremento en la Productividad y Calidad de los Alimentos

La CEA permite a los *growers* maximizar el rendimiento de sus cultivos, obteniendo mayores volúmenes de producción en comparación con la agricultura tradicional. Esto es especialmente relevante en un contexto de crecimiento poblacional y aumento de la demanda de alimentos. La capacidad de ajustar el clima y los nutrientes en función de las necesidades de las plantas promueve un crecimiento uniforme y rápido, lo que resulta en una mayor productividad por metro cuadrado.

Además, la calidad de los productos obtenidos en la CEA es superior en términos de frescura, sabor y valor nutricional, lo cual responde a la demanda de los consumidores por alimentos saludables y de alta calidad. Las hortalizas y frutas cultivadas en ambiente controlado suelen ser más ricas en nutrientes y tienen una apariencia uniforme y atractiva, lo que mejora su valor en el mercado y genera confianza en los consumidores.

Producción Cercana al Consumidor y Agricultura Urbana

La CEA facilita la producción de alimentos en entornos urbanos, acercando los cultivos a los consumidores finales y promoviendo la agricultura urbana. En un contexto de urbanización creciente, la agricultura en ambiente controlado permite que las ciudades se vuelvan más autosuficientes al producir sus propios alimentos frescos. Esto no solo reduce los costos y tiempos de transporte, sino que también mejora la frescura y calidad de los productos.

La producción local en ambientes controlados también reduce la dependencia de los sistemas de distribución y facilita la creación de redes alimentarias más resilientes y sostenibles. Además, al implementar la CEA en zonas urbanas, se promueve la conciencia sobre la importancia de la agricultura y se fomenta un estilo de vida más saludable y cercano a la producción de alimentos.

Oportunidades para la Innovación y el Desarrollo Tecnológico

La CEA es un campo que fomenta la innovación y el desarrollo tecnológico en la agricultura, impulsando avances en áreas como la robótica, la inteligencia artificial y el Internet de las cosas (IoT). Estas tecnologías permiten a los *growers* monitorear y ajustar las condiciones de cultivo en tiempo real, mejorando la eficiencia y facilitando la toma de decisiones. Por ejemplo, los sensores de humedad, temperatura y CO_2, junto con sistemas de riego y fertilización automatizados, permiten realizar ajustes precisos y optimizar el uso de recursos.

El uso de tecnología avanzada en la CEA crea nuevas oportunidades para el desarrollo de modelos de producción más eficientes y sostenibles, y permite la creación de empleos en áreas especializadas, como la ingeniería agrícola y la biotecnología. Este avance hacia la agricultura de precisión impulsa la profesionalización del sector y crea un entorno favorable para la investigación y la educación en prácticas sostenibles.

Contribución a la Seguridad Alimentaria

La seguridad alimentaria es un desafío global en el contexto actual, y la CEA tiene un papel fundamental en la construcción de sistemas alimentarios más resilientes y accesibles. Al garantizar una producción constante y de alta calidad, la CEA contribuye a estabilizar el suministro de alimentos en épocas de crisis o en regiones vulnerables. En un contexto de pandemia o inestabilidad económica, la producción local en ambientes controlados ofrece una fuente confiable de alimentos frescos y reduce la dependencia de importaciones.

Además, la CEA permite producir alimentos frescos y saludables en áreas donde las condiciones naturales son inadecuadas para la agricultura convencional, como zonas desérticas o regiones afectadas por desastres naturales. Esto ayuda a mejorar la disponibilidad de alimentos frescos en áreas desfavorecidas, fortaleciendo la seguridad alimentaria y promoviendo una dieta balanceada y nutritiva.

Capítulo 2

Manejo del Clima y Sistemas de Control

El módulo de "Manejo del Clima y Sistemas de Control" es un pilar esencial en la formación de un *grower* especializado en la producción de hortalizas en ambiente protegido. El manejo adecuado del clima en un invernadero permite crear las condiciones óptimas para el desarrollo de los cultivos, lo que se traduce en mayor productividad y mejor calidad de producto. Este módulo explora los fundamentos del control climático en ambientes controlados, así como las tecnologías y técnicas utilizadas para monitorear y ajustar factores críticos como temperatura, humedad, luz y niveles de dióxido de carbono.

1. Importancia del Control Climático en la Producción de Hortalizas

El control climático es un aspecto fundamental en la producción de hortalizas en ambientes controlados, ya que permite regular de manera precisa las condiciones de cultivo para optimizar el crecimiento y la calidad de los productos. En invernaderos y otras estructuras cerradas, los factores ambientales como la temperatura, la humedad, la luz y la concentración de CO_2 influyen directamente en los procesos fisiológicos de las plantas, afectando su desarrollo, rendimiento y resistencia a enfermedades. A continuación, se analiza la importancia del control climático en la producción de hortalizas y cómo impacta en la eficiencia y sostenibilidad de la operación agrícola.

Optimización del Crecimiento y Desarrollo de las Plantas

Las hortalizas requieren condiciones específicas para alcanzar su máximo potencial de crecimiento. El control climático permite ajustar los factores ambientales para proporcionar un entorno óptimo, asegurando que las plantas reciban la cantidad de luz, temperatura y humedad adecuada durante cada etapa de su ciclo de vida.

- **Temperatura y Desarrollo Vegetal:** La temperatura es un factor crítico que regula procesos como la fotosíntesis, la respiración y la transpiración. Las temperaturas ideales varían según la especie, y un control preciso permite que las plantas crezcan en condiciones óptimas, evitando los efectos negativos de temperaturas demasiado altas o bajas. Un entorno con temperaturas constantes y adecuadas promueve un crecimiento uniforme y reduce el tiempo hasta la cosecha, incrementando la eficiencia de la producción.
- **Control de Humedad y Reducción de Enfermedades:** La humedad relativa del aire tiene un impacto directo en la salud de las plantas y en su susceptibilidad a enfermedades. Una humedad excesiva puede propiciar el crecimiento de hongos y bacterias, mientras que una humedad baja puede afectar la transpiración y el balance hídrico de las plantas. Mediante sistemas de control de humedad, los productores pueden reducir el riesgo de enfermedades y mantener un ambiente propicio para el desarrollo de las hortalizas.

Maximización de la Producción y Calidad del Producto

El control climático permite producir hortalizas de alta calidad y aumentar el rendimiento del cultivo. Al regular las condiciones ambientales de manera precisa, los agricultores pueden mantener una producción constante durante todo el año, independientemente de las condiciones climáticas externas. Esto es especialmente importante en regiones con estaciones extremas o en áreas donde el clima es desfavorable para el cultivo al aire libre.

- **Producción Continua y Constante:** En un entorno controlado, los productores pueden mantener condiciones óptimas durante todo el año, lo que permite programar ciclos de producción para satisfacer la demanda del mercado en cualquier temporada. Esto proporciona una ventaja competitiva, ya que permite acceder a precios estables y mercados exigentes que demandan productos frescos todo el año.
- **Mejora de la Calidad del Producto:** Las hortalizas cultivadas en condiciones controladas suelen tener mejor sabor, color y textura que las producidas al aire libre, debido a que el control climático reduce el estrés en las plantas y les permite concentrarse en su desarrollo. Además, un entorno libre de estrés también ayuda a que las plantas acumulen menos residuos de agroquímicos, lo que mejora la inocuidad del producto y su atractivo para los consumidores.

Ahorro de Recursos y Sostenibilidad

El control climático contribuye a la sostenibilidad de la producción agrícola al optimizar el uso de recursos como el agua y la energía. Al ajustar las condiciones ambientales de manera precisa, se reduce el desperdicio de estos recursos y se minimiza el impacto ambiental de la operación.

- **Uso Eficiente del Agua:** En un ambiente controlado, los sistemas de riego pueden ajustarse según las necesidades hídricas de las plantas, reduciendo el consumo de agua en comparación con los cultivos al aire libre, donde una parte del agua se pierde por evaporación y escorrentía. Esto es especialmente relevante en áreas con escasez de agua, donde el uso eficiente de este recurso es fundamental para la sostenibilidad.
- **Reducción en el Uso de Fertilizantes y Pesticidas:** Al controlar el clima, se crea un entorno menos propenso a las plagas y enfermedades, lo cual reduce la necesidad de agroquímicos. Además, el control de factores como la temperatura y la humedad permite una mejor absorción de nutrientes por parte de las plantas, disminuyendo la cantidad de fertilizantes necesarios. Esto no solo reduce los costos de producción, sino que también minimiza la contaminación del suelo y el agua.

Adaptación al Cambio Climático y Resiliencia

El control climático en la producción de hortalizas ofrece una solución ante los desafíos del cambio climático, como las temperaturas extremas, sequías, inundaciones y otros fenómenos que pueden afectar la agricultura al aire libre. La capacidad de regular el entorno interno de producción permite a los agricultores adaptarse a estas condiciones externas y mantener la estabilidad en su operación.

- **Resiliencia Frente a Condiciones Climáticas Adversas:** Los cambios bruscos en las condiciones ambientales pueden afectar gravemente el rendimiento y calidad de los cultivos al aire libre. En un ambiente controlado, los productores pueden ajustar rápidamente las condiciones internas, protegiendo las hortalizas de los efectos de temperaturas extremas, heladas o fuertes lluvias, lo cual garantiza una producción estable y rentable.
- **Respuesta a la Escasez de Recursos Naturales:** A medida que el cambio climático avanza, la disponibilidad de agua y otros recursos se vuelve más limitada en algunas regiones. El control climático permite una agricultura más eficiente y menos dependiente de estos recursos, lo que asegura que la producción de alimentos pueda mantenerse en el futuro, incluso en condiciones ambientales menos favorables.

Mejoramiento de la Seguridad Alimentaria y Competitividad

La capacidad de producir hortalizas en un ambiente controlado y asegurar una producción constante durante todo el año contribuye a mejorar la seguridad alimentaria y aumenta la competitividad de los productores agrícolas. Al disponer de productos frescos y de alta calidad de manera regular, los agricultores pueden satisfacer la demanda del mercado y mejorar su posición en él.

- **Estabilidad de la Oferta de Alimentos:** La producción constante en ambientes controlados asegura la disponibilidad de hortalizas frescas durante todo el año, lo que contribuye a la seguridad alimentaria y reduce la dependencia de importaciones de productos. Además, los productores pueden programar la producción para cubrir picos de demanda, optimizando así la rentabilidad de su operación.
- **Competitividad en Mercados Exigentes:** Los consumidores actuales demandan productos de alta calidad y cultivados de manera sostenible. La producción en ambientes controlados permite cumplir con estos estándares, ofreciendo hortalizas que cumplen con los requisitos de calidad, inocuidad y responsabilidad ambiental que valoran los consumidores. Esta ventaja competitiva es especialmente importante para los agricultores que buscan acceder a mercados premium o de exportación.

2. Principales Factores Climáticos y su Efecto en el Cultivo

En la producción agrícola en ambientes controlados, los factores climáticos son determinantes para el crecimiento, desarrollo y calidad de las hortalizas. Las plantas requieren condiciones específicas de temperatura, luz, humedad y niveles de CO_2 para realizar procesos fisiológicos esenciales, como la fotosíntesis y la transpiración. Cuando estos factores no se mantienen dentro de los rangos óptimos, el rendimiento de los cultivos puede verse comprometido, afectando tanto la cantidad como la calidad del producto final. A continuación, se presentan los principales factores climáticos y su efecto en el cultivo de hortalizas.

Temperatura

La temperatura es uno de los factores más importantes que influye en el desarrollo de las plantas. La temperatura regula procesos clave como la fotosíntesis, la respiración y la absorción de nutrientes, y cada tipo de cultivo tiene un rango de temperatura óptimo para crecer de manera saludable. Tanto las temperaturas demasiado bajas como las extremadamente altas pueden afectar negativamente el rendimiento y la calidad del cultivo.

- **Efectos de las Temperaturas Bajas:** Las temperaturas por debajo del rango óptimo pueden ralentizar el crecimiento de las plantas, reducir la tasa de fotosíntesis y aumentar la susceptibilidad a enfermedades. En algunos casos, las heladas pueden causar daños severos, especialmente en hortalizas sensibles, como los tomates y los pimientos. En ambientes controlados, el sistema de calefacción permite mantener la temperatura dentro de un rango adecuado, protegiendo las plantas de las bajas temperaturas y asegurando un crecimiento continuo.
- **Efectos de las Temperaturas Altas:** Las temperaturas excesivamente altas pueden provocar estrés térmico en las plantas, acelerando la tasa de transpiración y provocando un déficit de agua. Este estrés reduce la tasa de fotosíntesis y puede afectar la calidad del producto, causando problemas como quemaduras en las hojas, pérdida de firmeza en los frutos y reducción en el tamaño de las hortalizas. En sistemas de ambiente controlado, se utilizan ventilación y enfriadores evaporativos para regular la temperatura y mantener un ambiente estable, protegiendo las plantas del estrés térmico.

Luz

La luz es el motor de la fotosíntesis, el proceso mediante el cual las plantas producen energía. La cantidad, calidad y duración de la luz son factores fundamentales para el desarrollo y crecimiento de las hortalizas. Cada especie de planta tiene diferentes requerimientos de luz, y un control adecuado de este factor es clave para maximizar el rendimiento y la calidad del cultivo.

- **Intensidad y Duración de la Luz:** La cantidad de luz que reciben las plantas afecta directamente la tasa de fotosíntesis y el crecimiento. Una intensidad de luz insuficiente puede provocar un crecimiento débil y etiolación (tallos largos y delgados), ya que las plantas buscan fuentes de luz. Por otro lado, una exposición excesiva a la luz, especialmente en condiciones de alta intensidad, puede causar estrés en las plantas y dañar el tejido foliar. En los sistemas de agricultura controlada, se pueden utilizar luces artificiales (como luces LED) para complementar la luz natural y ajustar la duración e intensidad de la exposición de acuerdo con las necesidades de cada cultivo.

- **Espectro de Luz y Calidad del Producto:** La calidad de la luz, es decir, el espectro de colores que emite, también influye en el desarrollo de las plantas. La luz azul favorece el crecimiento vegetativo, mientras que la luz roja estimula la floración y el desarrollo de frutos. Los sistemas de iluminación en ambientes controlados permiten ajustar el espectro de luz para optimizar el crecimiento en diferentes etapas del ciclo de vida de la planta, lo cual es especialmente útil en cultivos de hortalizas de fruto, como tomates y pimientos.

Humedad Relativa

La humedad relativa (HR) es el porcentaje de agua en el aire en relación con la cantidad máxima que puede contener a una temperatura específica. Este factor afecta el balance hídrico de las plantas y tiene un impacto importante en su capacidad para absorber nutrientes y realizar la fotosíntesis. Mantener una humedad adecuada es esencial para el desarrollo saludable de las hortalizas.

- **Humedad Baja y Estrés Hídrico:** Cuando la humedad relativa es baja, la tasa de transpiración de las plantas aumenta, lo que puede llevar a un déficit hídrico y afectar el crecimiento. La pérdida de agua a través de las hojas puede ser mayor que la capacidad de la planta para absorberla, causando marchitamiento y disminución en la producción. En un sistema de ambiente controlado, los productores pueden ajustar la humedad relativa mediante el uso de humidificadores o sistemas de nebulización, reduciendo el riesgo de estrés hídrico.
- **Humedad Alta y Enfermedades Fúngicas:** Una humedad relativa excesivamente alta crea un ambiente favorable para el desarrollo de hongos y enfermedades, como el mildiú y la botritis. Estas enfermedades pueden afectar la calidad del cultivo y reducir el rendimiento. Para evitar la acumulación de humedad, los sistemas de ventilación y deshumidificación en ambientes controlados ayudan a mantener un equilibrio que minimice los riesgos de enfermedades, promoviendo un ambiente saludable para el cultivo.

Concentración de CO_2

El dióxido de carbono (CO_2) es esencial para la fotosíntesis, el proceso mediante el cual las plantas producen energía y crecen. En ambientes controlados, la concentración de CO_2 puede ser manipulada para aumentar la tasa de fotosíntesis y, por lo tanto, mejorar el rendimiento de los cultivos.

- **Aumento en la Fotosíntesis y Crecimiento Rápido:** En condiciones normales, la concentración de CO_2 en el aire es de alrededor de 400 ppm (partes por millón). En ambientes controlados, el enriquecimiento de CO_2 hasta niveles de 800-1200 ppm puede aumentar significativamente la fotosíntesis y el crecimiento de las plantas, lo cual permite obtener cosechas más rápidas y abundantes. Esto es especialmente beneficioso para cultivos de rápido crecimiento como lechugas, espinacas y hierbas aromáticas.
- **Optimización de Recursos y Reducción de Costos:** Al aumentar la concentración de CO_2 y, en consecuencia, la eficiencia de la fotosíntesis, se optimiza el uso de recursos como el agua y los

nutrientes. Las plantas pueden crecer más rápidamente con la misma cantidad de insumos, lo que reduce los costos de producción y mejora la eficiencia en el uso de recursos. Sin embargo, el enriquecimiento de CO_2 debe manejarse cuidadosamente, ya que niveles demasiado altos pueden tener efectos negativos en algunas especies.

Movimiento y Circulación del Aire

El movimiento del aire es un factor clave para evitar el estancamiento de la humedad y promover una distribución uniforme de la temperatura y el CO_2 en el ambiente controlado. La ventilación adecuada es esencial para el desarrollo de cultivos saludables y para reducir la incidencia de enfermedades.

- **Ventilación y Reducción de Enfermedades:** El movimiento del aire ayuda a eliminar la humedad excesiva alrededor de las plantas, reduciendo el riesgo de enfermedades fúngicas y bacterianas. La ventilación también ayuda a mantener una temperatura uniforme, evitando que se acumulen zonas de calor o frío que puedan afectar el desarrollo de las hortalizas. En sistemas de ambiente controlado, los ventiladores y sistemas de ventilación natural o mecánica permiten asegurar un flujo constante de aire que beneficia la salud del cultivo.
- **Distribución de CO_2 y Oxígeno:** La circulación del aire también asegura que el CO_2 esté uniformemente distribuido en el ambiente, lo cual es fundamental para la fotosíntesis. Además, un flujo de aire adecuado permite que las plantas eliminen el oxígeno producido durante la fotosíntesis, evitando la acumulación de gases que puedan interferir con sus procesos fisiológicos.

3. Sistemas de Control Climático

En la producción de hortalizas en ambientes controlados, como invernaderos y otras instalaciones cerradas, los sistemas de control climático son fundamentales para regular las condiciones ambientales y optimizar el crecimiento de las plantas. Estos sistemas permiten ajustar factores clave como la temperatura, la humedad, la luz y la concentración de dióxido de carbono (CO_2) de acuerdo con las necesidades específicas de cada cultivo, lo cual asegura un entorno ideal para el desarrollo de las plantas durante todo el año. La implementación de sistemas de control climático no solo mejora el rendimiento y calidad del producto, sino que también contribuye a la sostenibilidad de la producción agrícola al optimizar el uso de recursos. A continuación, se presentan los principales sistemas de control climático y su importancia en la producción de hortalizas.

Sistemas de Control de Temperatura

La temperatura es uno de los factores climáticos más críticos para el desarrollo de las plantas. Un sistema de control de temperatura adecuado permite mantener el ambiente dentro del rango óptimo para cada tipo de cultivo, evitando problemas de estrés térmico que puedan afectar el crecimiento y rendimiento de las plantas.

- **Sistemas de Calefacción:** Los sistemas de calefacción son necesarios en regiones o estaciones frías para evitar que las temperaturas bajen demasiado y afecten el desarrollo de las plantas. En los invernaderos, se pueden utilizar calefactores de gas, radiadores o sistemas de calefacción por agua caliente para mantener una temperatura constante. Algunos sistemas avanzados también cuentan con sensores de temperatura que permiten ajustar la calefacción de manera automática para mantener condiciones ideales, evitando fluctuaciones bruscas de temperatura que puedan afectar la salud de los cultivos.
- **Sistemas de Enfriamiento:** En climas cálidos o durante los meses de verano, los sistemas de enfriamiento son fundamentales para evitar el sobrecalentamiento en el invernadero, lo cual puede provocar estrés térmico en las plantas. Los métodos de enfriamiento incluyen ventilación forzada, sistemas de enfriamiento evaporativo (como paneles de enfriamiento) y sistemas de nebulización. Estos sistemas ayudan a reducir la temperatura del aire mediante la evaporación del agua, creando un ambiente más fresco y cómodo para el cultivo.

Sistemas de Control de Humedad

La humedad relativa (HR) es otro factor importante en el control climático de los invernaderos, ya que afecta la transpiración de las plantas y la susceptibilidad a enfermedades. Un control adecuado de la humedad permite optimizar el balance hídrico de las plantas y reducir el riesgo de enfermedades fúngicas.

- **Sistemas de Humidificación:** En condiciones de baja humedad, es necesario incrementar la humedad relativa para evitar que las plantas pierdan demasiada agua por transpiración. Los sistemas de humidificación, como los nebulizadores y vaporizadores, son útiles para aumentar la humedad en el ambiente de cultivo. Estos sistemas dispersan pequeñas gotas de agua en el aire, creando una atmósfera más húmeda sin llegar a saturar las hojas, lo cual es especialmente importante en cultivos que requieren una humedad específica para un desarrollo óptimo.
- **Sistemas de Deshumidificación:** En climas húmedos o en épocas de alta humedad, el exceso de humedad puede favorecer el desarrollo de hongos y otras enfermedades. Los sistemas de deshumidificación, como los ventiladores y extractores, ayudan a reducir la humedad relativa al eliminar el aire húmedo y reemplazarlo con aire seco. La ventilación adecuada no solo reduce el riesgo de enfermedades, sino que también mejora la circulación de aire y mantiene un ambiente equilibrado para las plantas.

Sistemas de Iluminación Artificial

La luz es esencial para la fotosíntesis, el proceso mediante el cual las plantas convierten la luz en energía. En ambientes controlados, los sistemas de iluminación artificial permiten complementar la luz natural y extender el fotoperiodo para promover un crecimiento óptimo, especialmente en regiones con baja luminosidad o durante el invierno.

- **Luces LED y su Eficiencia Energética:** Las luces LED son una opción popular en la agricultura controlada debido a su eficiencia energética y capacidad para emitir luz en diferentes espectros, como luz azul y roja, que son beneficiosas para el crecimiento vegetativo y la floración, respectivamente. Las luces LED permiten ajustar la intensidad y duración de la iluminación, lo cual es especialmente útil para cultivos como tomates y lechugas que requieren fotoperiodos específicos. Además, el bajo consumo energético de los LED reduce los costos de operación y contribuye a la sostenibilidad de la producción.
- **Sistemas de Control Automático de Luz:** Los sistemas de control de luz automatizados ajustan la intensidad y duración de la iluminación de acuerdo con las necesidades del cultivo y las condiciones externas. Estos sistemas pueden utilizar sensores de luz que miden la cantidad de luz natural disponible y activan la iluminación artificial solo cuando es necesario, maximizando la eficiencia energética y asegurando que las plantas reciban la cantidad de luz óptima para su desarrollo.

Sistemas de Enriquecimiento de CO_2

El dióxido de carbono (CO_2) es un elemento clave para la fotosíntesis, y su concentración en el ambiente afecta directamente la tasa de crecimiento de las plantas. Los sistemas de enriquecimiento de CO_2 permiten aumentar la concentración de este gas en el invernadero, mejorando la fotosíntesis y promoviendo un crecimiento más rápido y saludable.

- **Inyección de CO_2 Controlada:** Los sistemas de enriquecimiento de CO_2 inyectan dióxido de carbono en el ambiente de cultivo de forma controlada, elevando la concentración de CO_2 hasta niveles de 800-1200 ppm, que han demostrado ser óptimos para muchos cultivos de hortalizas. Este aumento en la concentración de CO_2 mejora la eficiencia fotosintética, permitiendo a las plantas absorber más luz y crecer más rápidamente, lo que puede reducir el tiempo hasta la cosecha y mejorar el rendimiento.
- **Monitoreo de Niveles de CO_2:** Los sistemas avanzados de control climático incluyen sensores de CO_2 que permiten monitorear la concentración de este gas en tiempo real y ajustar la inyección de CO_2 de acuerdo con las necesidades del cultivo. Esto asegura que las plantas reciban la cantidad adecuada de CO_2 sin que se generen niveles excesivos, lo cual podría ser contraproducente. Este tipo de sistemas permite maximizar los beneficios del enriquecimiento de CO_2 sin desperdiciar recursos, optimizando el proceso de fotosíntesis y contribuyendo a una producción más eficiente.

Sistemas de Ventilación y Circulación de Aire

La ventilación y circulación de aire son aspectos cruciales del control climático en invernaderos, ya que ayudan a mantener una temperatura homogénea, reducir la acumulación de humedad y distribuir uniformemente el CO_2 y el oxígeno.

- **Ventilación Natural y Forzada:** Los sistemas de ventilación natural, como ventanas y aberturas en el techo, permiten que el aire caliente y húmedo salga del invernadero, mientras que el aire fresco entra, manteniendo un ambiente equilibrado. En climas donde la ventilación natural no es suficiente, se utilizan ventiladores y extractores para forzar el flujo de aire y mantener la temperatura y humedad adecuadas. La ventilación forzada es particularmente útil en invernaderos grandes, donde la circulación de aire es difícil de lograr de manera natural.

- **Circuladores de Aire Interno:** Además de la ventilación, los circuladores de aire internos ayudan a mantener una distribución uniforme de la temperatura y la humedad dentro del invernadero. Los ventiladores distribuyen el aire, evitando la formación de zonas calientes o frías y mejorando el crecimiento de las plantas. La circulación constante también ayuda a evitar la acumulación de humedad alrededor de las hojas, lo cual reduce el riesgo de enfermedades y mejora el ambiente de cultivo.

Sistemas de Automatización y Monitoreo Integrado

La automatización y el monitoreo de los sistemas de control climático son esenciales para mantener condiciones óptimas de manera eficiente y sin necesidad de intervención constante. Los sistemas de automatización permiten ajustar de forma precisa y automática los parámetros climáticos de acuerdo con los cambios en el entorno, lo cual reduce el margen de error y mejora la eficiencia operativa.

- **Sensores de Monitoreo en Tiempo Real:** Los sensores de temperatura, humedad, luz y CO_2 permiten monitorear continuamente las condiciones dentro del invernadero. Estos sensores están conectados a sistemas de control automático que ajustan los parámetros climáticos en función de los datos recopilados, asegurando que el ambiente de cultivo se mantenga en niveles óptimos para el crecimiento de las plantas.
- **Control Remoto y Gestión Inteligente:** Los sistemas modernos de control climático permiten la gestión remota a través de aplicaciones móviles o plataformas en línea, lo cual facilita el monitoreo y ajuste de las condiciones del invernadero desde cualquier lugar. Esto es especialmente útil en operaciones de gran escala, donde el control manual de cada factor sería impráctico. La tecnología inteligente y el control remoto mejoran la capacidad de respuesta y aseguran que el cultivo esté siempre en condiciones ideales.

4. Tecnologías de Monitoreo y Automatización

La producción agrícola en ambientes controlados, como invernaderos y sistemas hidropónicos, se ha beneficiado enormemente de las tecnologías de monitoreo y automatización. Estas herramientas permiten a los agricultores mantener condiciones óptimas de cultivo al medir y ajustar en tiempo real factores clave como la temperatura, la humedad, la luz y la concentración de CO_2. La automatización no solo optimiza el crecimiento y la salud de las plantas, sino que también mejora la eficiencia en el uso de recursos, reduce el trabajo manual y promueve la sostenibilidad de la operación agrícola. A continuación, se presentan algunas de las principales tecnologías de monitoreo y automatización en la producción de hortalizas en ambientes controlados y los beneficios que aportan.

Sensores de Monitoreo en Tiempo Real

Los sensores son el núcleo de las tecnologías de monitoreo, ya que permiten medir constantemente las condiciones ambientales dentro del área de cultivo. Los datos recopilados por estos sensores son fundamentales para tomar decisiones informadas y para activar sistemas automáticos de ajuste climático.

- **Sensores de Temperatura y Humedad:** Estos sensores permiten medir en tiempo real la temperatura y la humedad relativa en el invernadero o sistema cerrado. Mantener estos factores dentro de los rangos óptimos es esencial para la salud de las plantas, ya que influye en su transpiración, fotosíntesis y absorción de nutrientes. Cuando la temperatura o humedad exceden los niveles recomendados, el sistema automatizado puede activar calefactores, enfriadores o deshumidificadores, asegurando un ambiente estable para el crecimiento.
- **Sensores de Luz y Radiación Solar:** Los sensores de luz miden la cantidad e intensidad de luz disponible para las plantas, permitiendo ajustar la iluminación artificial cuando la luz natural es insuficiente. Estos sensores también pueden medir la radiación solar, lo cual es útil para ajustar las cortinas de sombra en un invernadero y evitar que las plantas reciban una cantidad excesiva de luz, especialmente en días muy soleados. El control de la luz es crucial para cultivos que requieren fotoperiodos específicos o una intensidad de luz constante para un crecimiento óptimo.
- **Sensores de CO_2:** La concentración de dióxido de carbono en el ambiente afecta directamente la tasa de fotosíntesis y el crecimiento de las plantas. Los sensores de CO_2 permiten monitorear este gas y activar sistemas de inyección de CO_2 cuando los niveles son bajos, aumentando la eficiencia fotosintética de las plantas. Este tipo de enriquecimiento es particularmente útil en cultivos de crecimiento rápido, como lechugas y espinacas, donde el rendimiento se beneficia de niveles elevados de CO_2 en el entorno de cultivo.

Sistemas de Automatización Climática

La automatización climática es clave en la producción en ambientes controlados, ya que permite ajustar las condiciones ambientales de manera automática y en tiempo real. Los sistemas automatizados eliminan la necesidad de intervención constante y aseguran que el cultivo se mantenga en un entorno óptimo.

- **Control Automático de Temperatura y Humedad:** Estos sistemas utilizan datos de los sensores de temperatura y humedad para ajustar los sistemas de calefacción, enfriamiento y humidificación. Por ejemplo, cuando la temperatura en el invernadero supera el límite establecido, el sistema activa automáticamente ventiladores o enfriadores evaporativos para reducir el calor. Del mismo modo, los humidificadores se activan en condiciones de baja humedad para evitar el estrés hídrico en las plantas.

Este control automático no solo mejora la eficiencia operativa, sino que también reduce el consumo de energía y agua al activar los sistemas solo cuando es necesario.
- **Automatización de Luz y Sombra:** La iluminación es fundamental en la agricultura en ambientes controlados, y los sistemas automáticos permiten ajustar la cantidad de luz artificial de acuerdo con las necesidades del cultivo y la disponibilidad de luz natural. Además, algunos invernaderos cuentan con cortinas de sombreado que se abren o cierran automáticamente en función de la radiación solar, evitando que las plantas reciban luz excesiva. Esto es particularmente útil para cultivos sensibles a la intensidad lumínica, como las hortalizas de hoja.

Sistemas de Riego Automatizado y Fertirrigación

El riego y la fertilización son esenciales para el desarrollo saludable de las plantas, y los sistemas automatizados de riego y fertirrigación permiten aplicar agua y nutrientes de manera precisa y en el momento adecuado. Estos sistemas son especialmente útiles en la agricultura en ambientes controlados, donde la eficiencia en el uso del agua y nutrientes es una prioridad.

- **Riego por Goteo y Nebulización Automatizada:** Los sistemas de riego por goteo, combinados con sensores de humedad del suelo o sustrato, permiten aplicar agua directamente en la zona de raíces, minimizando el desperdicio y asegurando que las plantas reciban la cantidad adecuada de agua. En cultivos hidropónicos, los sistemas de nebulización controlados por sensores mantienen el ambiente con una humedad ideal, lo cual es clave para prevenir el estrés hídrico y fomentar un crecimiento óptimo.
- **Fertirrigación Automatizada:** La fertirrigación automatizada permite suministrar nutrientes disueltos en el agua de riego de acuerdo con las necesidades del cultivo en cada etapa de su ciclo de vida. Los sistemas de automatización de fertirrigación miden la concentración de nutrientes y ajustan la proporción de fertilizantes en función de las necesidades de las plantas, evitando tanto la deficiencia como el exceso de nutrientes. Este sistema no solo optimiza el crecimiento, sino que también reduce el impacto ambiental al prevenir la lixiviación de nutrientes en el suelo y el desperdicio de fertilizantes.

Control y Monitoreo Remoto

Una de las ventajas de las tecnologías de monitoreo y automatización es la posibilidad de gestionar los sistemas de control climático de manera remota, lo que permite a los agricultores monitorear y ajustar las condiciones de cultivo desde cualquier lugar.

- **Aplicaciones Móviles y Plataformas en Línea:** Los sistemas de monitoreo remoto permiten acceder a datos en tiempo real a través de aplicaciones móviles o plataformas en línea, facilitando la supervisión de los cultivos sin necesidad de estar físicamente en el invernadero. Los agricultores pueden verificar el estado de los parámetros climáticos y ajustar los sistemas de riego, calefacción o iluminación desde cualquier dispositivo con conexión a Internet, lo cual es especialmente útil para operaciones de gran escala o en ubicaciones geográficas distantes.

- **Alertas en Tiempo Real:** Además de la supervisión remota, estos sistemas envían alertas a los agricultores cuando se detectan condiciones fuera de los rangos óptimos, como temperaturas extremas, baja humedad o concentración inadecuada de CO_2. Estas alertas permiten tomar medidas correctivas de inmediato y evitan daños potenciales en los cultivos. El monitoreo remoto es una herramienta que incrementa la capacidad de respuesta y reduce los riesgos asociados con cambios bruscos en el ambiente de cultivo.

Integración con Tecnologías IoT y Big Data

La Internet de las Cosas (IoT) y el análisis de Big Data están revolucionando la agricultura en ambientes controlados al ofrecer una integración avanzada de todos los sistemas de monitoreo y automatización. La recopilación de datos a gran escala y el análisis predictivo permiten a los agricultores tomar decisiones basadas en datos y mejorar la eficiencia de sus operaciones.

- **Recopilación y Análisis de Datos a Gran Escala:** Los sensores y sistemas de automatización generan una gran cantidad de datos que pueden ser recopilados y analizados para obtener información valiosa sobre las condiciones de cultivo. Al analizar los datos históricos y en tiempo real, los agricultores pueden identificar patrones y tendencias, lo cual les permite anticiparse a problemas potenciales y mejorar sus estrategias de producción. Esto incluye optimizar el uso de agua y fertilizantes, ajustar la iluminación y mejorar el control de plagas y enfermedades.
- **Predicción y Optimización del Rendimiento:** Las tecnologías de Big Data y el análisis predictivo permiten prever el rendimiento del cultivo en función de las condiciones climáticas y ajustar los parámetros de manera proactiva. La inteligencia artificial también juega un papel clave al sugerir ajustes automáticos y optimizaciones en tiempo real. Esta capacidad de anticipación y optimización es crucial para maximizar el rendimiento de los cultivos y asegurar que los recursos se utilicen de manera eficiente.

5. Estrategias para un Manejo Climático Eficiente

En la producción de hortalizas en ambientes controlados, como invernaderos, un manejo climático eficiente es esencial para optimizar el crecimiento y desarrollo de las plantas, mejorar la calidad del producto y reducir el consumo de recursos. Al controlar factores climáticos como la temperatura, humedad, luz y concentración de CO_2, los productores pueden crear un entorno óptimo para las plantas, lo que permite una producción continua y de alta calidad. A continuación, se presentan algunas de las estrategias clave para lograr un manejo climático eficiente en la producción de hortalizas.

Implementación de Sistemas Automatizados de Control Climático

La automatización es una herramienta fundamental para el manejo climático eficiente en ambientes controlados. Los sistemas automatizados permiten ajustar en tiempo real los factores climáticos según las necesidades del cultivo, eliminando la intervención manual constante y garantizando una precisión mayor en el control de las condiciones ambientales.

- **Sensores de Monitoreo en Tiempo Real:** Los sensores de temperatura, humedad, luz y CO_2 proporcionan datos en tiempo real sobre las condiciones dentro del invernadero. Estos sensores están conectados a sistemas de control que ajustan automáticamente los calefactores, ventiladores, humidificadores o sistemas de sombreado, según los valores deseados. Esta capacidad de ajuste automático es clave para mantener un ambiente estable, independientemente de los cambios externos, optimizando el crecimiento de las plantas y reduciendo el desperdicio de recursos.
- **Control Remoto y Gestión Inteligente:** Las tecnologías de monitoreo remoto permiten supervisar y ajustar los sistemas de control climático desde cualquier lugar mediante aplicaciones móviles o plataformas en línea. Esta capacidad de control remoto es especialmente útil en operaciones a gran escala, donde sería complejo monitorear manualmente cada invernadero. La tecnología de gestión inteligente facilita el manejo climático al permitir ajustes instantáneos en respuesta a cambios imprevistos en las condiciones externas.

Optimización de la Temperatura y el Uso de Energía

La temperatura es uno de los factores climáticos más importantes para el crecimiento de las plantas, ya que influye en la fotosíntesis, la respiración y otros procesos vitales. Un manejo eficiente de la temperatura implica no solo mantener el rango óptimo para el cultivo, sino también reducir el consumo energético y los costos de calefacción o enfriamiento.

- **Uso de Pantallas Térmicas y Aislantes:** Las pantallas térmicas y materiales aislantes permiten reducir las pérdidas de calor en los invernaderos durante las noches o en climas fríos. Estas pantallas reflejan el calor hacia el interior, evitando que la temperatura descienda demasiado y reduciendo el uso de calefacción. Durante el día, algunas pantallas pueden abrirse para dejar entrar la luz natural, maximizando el uso de energía solar y reduciendo la necesidad de iluminación artificial. Este enfoque permite una regulación térmica más eficiente y un ahorro energético significativo.
- **Enfriamiento Evaporativo y Ventilación Natural:** En climas cálidos o durante el verano, el enfriamiento evaporativo y la ventilación natural son estrategias eficaces para evitar el sobrecalentamiento del invernadero. El enfriamiento evaporativo se logra mediante sistemas de nebulización o paneles de enfriamiento que reducen la temperatura del aire al evaporar pequeñas gotas de agua. La ventilación natural, por su parte, utiliza aberturas y ventanas para permitir la circulación de aire fresco, disipando el calor de forma natural. Estas estrategias no solo mantienen la temperatura en niveles óptimos, sino que también reducen el consumo de energía al minimizar el uso de equipos de enfriamiento eléctrico.

Manejo de la Humedad Relativa para Reducir Riesgos de Enfermedades

La humedad relativa es un factor crucial en el manejo climático, ya que afecta el balance hídrico de las plantas y la incidencia de enfermedades fúngicas. Un manejo adecuado de la humedad permite reducir el riesgo de enfermedades y mantener un ambiente propicio para el crecimiento saludable de las plantas.

- **Control de Humedad Mediante Humidificadores y Deshumidificadores:** En condiciones de baja humedad, los humidificadores pueden aumentar la humedad relativa, lo cual es necesario para evitar la deshidratación de las plantas. En situaciones de humedad excesiva, los deshumidificadores o extractores de aire ayudan a reducir la humedad relativa y prevenir el desarrollo de hongos y otros patógenos. Estos equipos, cuando se integran a sistemas automatizados, se activan según las mediciones de los sensores de humedad, manteniendo un ambiente equilibrado y libre de enfermedades.
- **Ventilación y Circulación de Aire Interno:** La circulación de aire es una estrategia clave para mantener la humedad relativa dentro de un rango adecuado. Los ventiladores internos distribuyen el aire de manera uniforme en el invernadero, evitando la acumulación de humedad en las hojas y zonas estancadas donde podrían proliferar hongos. La ventilación natural o mecánica también reduce la concentración de humedad en el ambiente, creando un entorno más seco y saludable para las plantas. Esto disminuye la necesidad de productos químicos y favorece una producción más limpia y sostenible.

Gestión de la Luz para un Crecimiento Óptimo

La luz es esencial para la fotosíntesis y el crecimiento de las plantas. Un manejo eficiente de la iluminación permite ajustar la cantidad, calidad y duración de la luz de acuerdo con las necesidades de cada cultivo, lo que mejora la eficiencia del proceso fotosintético y promueve un crecimiento uniforme.

- **Uso de Iluminación Artificial LED y Fotoperiodos Ajustables:** Las luces LED son ideales para la producción agrícola en ambientes controlados, ya que permiten ajustar la intensidad y el espectro de luz según las necesidades de las plantas. Los sistemas LED pueden programarse para simular ciclos de luz específicos, conocidos como fotoperiodos, que favorecen el crecimiento vegetativo o la floración de acuerdo con la etapa del cultivo. Este control de la iluminación asegura que las plantas reciban la cantidad y calidad de luz adecuadas, maximizando la eficiencia del crecimiento y reduciendo el consumo de energía.
- **Sistemas de Sombreado Automatizados:** En días de alta radiación solar, los sistemas de sombreado automatizados permiten proteger a las plantas de un exceso de luz que podría causar quemaduras o estrés. Las cortinas de sombreado pueden abrirse o cerrarse automáticamente en función de la radiación solar medida por los sensores, manteniendo niveles de luz adecuados y evitando daños en las plantas. Además, el uso de sombreado reduce la carga térmica dentro del invernadero, minimizando el uso de equipos de enfriamiento y contribuyendo a un manejo climático más eficiente.

Enriquecimiento de CO_2 y su Eficiencia

El dióxido de carbono es fundamental para la fotosíntesis y el crecimiento de las plantas. El enriquecimiento de CO_2 es una estrategia común en la producción en ambientes controlados, ya que permite aumentar la tasa de fotosíntesis y mejorar el rendimiento de los cultivos.

- **Inyección Controlada de CO_2:** El enriquecimiento de CO_2 implica inyectar dióxido de carbono en el ambiente de cultivo para elevar su concentración y mejorar la eficiencia fotosintética. Un sistema de control de CO_2, integrado con sensores que miden su concentración en tiempo real, permite ajustar la inyección de CO_2 para mantener niveles óptimos. Esta estrategia es especialmente útil en cultivos de rápido crecimiento, como lechugas y espinacas, que responden positivamente a concentraciones elevadas de CO_2. La inyección controlada asegura un uso eficiente de este recurso, maximizando el rendimiento sin desperdiciar gas.
- **Monitoreo de Consumo de CO_2 y Optimización:** La eficiencia del uso de CO_2 puede mejorarse mediante el monitoreo constante de su concentración y el ajuste de la inyección según el ciclo de fotosíntesis de las plantas. Durante el día, cuando la fotosíntesis es más activa, se puede aumentar la concentración de CO_2, mientras que en la noche, se puede reducir, ya que las plantas no realizan fotosíntesis en ausencia de luz. Esta estrategia permite optimizar el consumo de CO_2, disminuyendo costos y reduciendo el impacto ambiental.

Integración de Tecnología IoT para una Gestión Inteligente

La Internet de las Cosas (IoT) y el análisis de datos están revolucionando el manejo climático en la agricultura en ambientes controlados. La integración de tecnologías IoT permite conectar todos los sistemas de monitoreo y control, brindando una visión integral de las condiciones ambientales y facilitando la toma de decisiones basadas en datos.

- **Monitoreo Integral y Análisis de Datos en Tiempo Real:** Con IoT, los sensores y sistemas de control climático están conectados y pueden enviar datos a una plataforma central, donde se analizan y almacenan. Este análisis en tiempo real permite identificar patrones y ajustar automáticamente las condiciones de cultivo para mejorar la eficiencia y rendimiento. Los datos históricos también pueden usarse para optimizar las estrategias de manejo climático, ya que permiten identificar tendencias y planificar de acuerdo con el comportamiento del cultivo y las condiciones externas.
- **Automatización Basada en Inteligencia Artificial:** La inteligencia artificial y el aprendizaje automático pueden utilizarse para predecir las necesidades de ajuste en los sistemas de control climático y tomar decisiones automáticamente. Estas herramientas analizan grandes cantidades de datos y sugieren o implementan ajustes precisos para mantener las condiciones ideales. La automatización inteligente permite un manejo climático más eficiente, con una mayor precisión y un menor margen de error, mejorando así el rendimiento de los cultivos y optimizando los recursos.

Capítulo 3

Fisiología de las Plantas en Ambiente Controlado

El módulo de "Fisiología de las Plantas en Ambiente Controlado" es esencial para comprender cómo las plantas se desarrollan y responden a las condiciones de un invernadero o sistema de cultivo protegido. La fisiología vegetal en ambientes controlados implica el estudio de los procesos internos que determinan el crecimiento, la reproducción y la calidad de los cultivos, así como de cómo estos procesos se ven influenciados por factores climáticos y de manejo. A través de este módulo, los *growers* desarrollan una comprensión profunda de las necesidades fisiológicas de las plantas, lo que les permite manipular el ambiente y los recursos para maximizar la eficiencia y productividad.

1. Introducción a la Fisiología Vegetal en Ambientes Controlados

La fisiología vegetal en ambientes controlados es una disciplina fundamental que permite a los *growers* comprender cómo responden las plantas a las condiciones manipuladas en sistemas como invernaderos, cultivos hidropónicos, y otras estructuras protegidas. La fisiología vegetal estudia los procesos internos de las plantas, como la fotosíntesis, la respiración, la absorción de nutrientes y la transpiración, y cómo estos son influenciados por factores ambientales. En ambientes controlados, es posible manipular estos factores —luz, agua, nutrientes, dióxido de carbono, temperatura y humedad— para optimizar el crecimiento y desarrollo de los cultivos, lo cual es esencial para maximizar la productividad y la calidad.

La introducción a la fisiología vegetal en este módulo permite que los *growers* comprendan los principios básicos de cómo funcionan las plantas en estos entornos específicos y cómo el manejo de los factores ambientales puede influir directamente en el rendimiento de los cultivos. Este conocimiento es crucial para enfrentar los desafíos de la producción agrícola moderna, ya que un control preciso sobre el ambiente permite a los productores adaptar el crecimiento de sus cultivos a las demandas del mercado y optimizar el uso de recursos.

Factores Ambientales Clave en la Fisiología Vegetal

En la agricultura en ambiente controlado, los principales factores que influyen en los procesos fisiológicos de las plantas son la luz, el dióxido de carbono (CO_2), la temperatura, el agua, los nutrientes y la humedad relativa. Al ajustar cada uno de estos factores, los *growers* pueden crear un entorno de crecimiento ideal para sus cultivos, controlando con precisión cómo las plantas llevan a cabo procesos esenciales como la fotosíntesis, la respiración y la transpiración.

- **Luz:** La luz es el principal impulsor de la fotosíntesis, el proceso en el cual las plantas convierten la energía solar en energía química. En ambientes controlados, se utilizan luces artificiales (principalmente LED) para complementar o sustituir la luz solar, proporcionando los espectros necesarios para el crecimiento de las plantas, como el rojo y el azul, que son más efectivos en el proceso fotosintético. La duración e intensidad de la luz se ajustan en función del tipo de planta y la fase de crecimiento, ya que diferentes etapas, como la germinación, el crecimiento vegetativo y la floración, requieren distintos niveles de luz.

- **CO_2:** El dióxido de carbono es esencial para la fotosíntesis, ya que las plantas lo absorben y lo utilizan para producir glucosa, un proceso que les permite crecer y desarrollarse. En ambientes controlados, se puede ajustar la concentración de CO_2 para optimizar la fotosíntesis, acelerando el crecimiento de las plantas. Al aumentar la concentración de CO_2 en el invernadero, los *growers* logran mejorar la tasa de fotosíntesis, especialmente en cultivos de alto valor como los tomates.
- **Temperatura:** La temperatura afecta tanto la fotosíntesis como la respiración y otros procesos metabólicos de las plantas. Cada cultivo tiene un rango de temperatura óptimo, y en ambientes controlados, los *growers* pueden ajustar la temperatura para maximizar el rendimiento. Por ejemplo, una temperatura elevada puede incrementar la fotosíntesis, pero si es excesiva, puede aumentar la respiración y reducir el crecimiento neto de la planta.
- **Humedad Relativa:** La humedad relativa regula la transpiración y, por lo tanto, el transporte de agua y nutrientes dentro de la planta. Una humedad muy baja puede causar un exceso de transpiración, deshidratando la planta, mientras que una humedad muy alta puede reducir la transpiración y afectar el transporte de nutrientes. En ambientes controlados, la humedad se ajusta para mantener un equilibrio que favorezca tanto el crecimiento como la salud de las plantas.
- **Agua y Nutrientes:** El agua es esencial para la fotosíntesis, la transpiración y la absorción de nutrientes. En sistemas de cultivo controlado, como la hidroponía, el agua es el medio de crecimiento principal y se utiliza en combinación con soluciones nutritivas específicas. La concentración de nutrientes en el agua se ajusta para asegurar que las plantas reciban los elementos esenciales, como nitrógeno, fósforo y potasio, en la cantidad exacta para cada etapa de su desarrollo.

Procesos Fisiológicos Fundamentales en Ambientes Controlados

La fisiología vegetal en ambientes controlados se centra en optimizar tres procesos fisiológicos fundamentales: la fotosíntesis, la respiración y la transpiración. La comprensión de estos procesos permite a los *growers* ajustar el ambiente para maximizar la eficiencia en cada etapa del crecimiento de las plantas.

- **Fotosíntesis:** La fotosíntesis es el proceso por el cual las plantas capturan la energía de la luz y la convierten en energía química en forma de glucosa. En un ambiente controlado, se puede ajustar la intensidad y el espectro de la luz para maximizar la eficiencia fotosintética, lo que se traduce en un crecimiento acelerado y mayor producción de biomasa. La inyección de CO_2 y el control de temperatura también ayudan a aumentar la tasa fotosintética, optimizando la producción y calidad del cultivo.
- **Respiración:** La respiración es el proceso inverso a la fotosíntesis y permite a las plantas descomponer los carbohidratos producidos para liberar energía, la cual es utilizada en la formación de tejidos y funciones vitales. En la respiración, se consume una parte de la energía producida por la

fotosíntesis. Controlar la temperatura, especialmente durante la noche, permite minimizar la respiración excesiva y conservar más energía para el crecimiento de la planta.
- **Transpiración:** La transpiración es el proceso mediante el cual las plantas pierden agua a través de las hojas, lo que ayuda a regular la temperatura interna y facilita el transporte de nutrientes. En ambientes controlados, la transpiración se ajusta a través de la humedad relativa y el riego, evitando el estrés hídrico. Un adecuado manejo de la transpiración favorece un transporte eficiente de nutrientes desde las raíces hasta las hojas, lo cual es vital para un crecimiento equilibrado.

Impacto de la Fisiología Vegetal en la Producción y Calidad de los Cultivos

El manejo adecuado de los procesos fisiológicos en un ambiente controlado tiene un impacto directo en la producción y calidad de los cultivos. La optimización de la fotosíntesis y la transpiración permite que las plantas crezcan de manera rápida y uniforme, logrando una mayor densidad de producción en menos tiempo. Este manejo de la fisiología también asegura que las plantas mantengan su salud y resistencia, lo que reduce la incidencia de plagas y enfermedades.

Además, la calidad de los productos agrícolas mejora significativamente en la CEA. Las plantas cultivadas en condiciones óptimas suelen tener una mejor apariencia, mayor contenido de nutrientes y mejores características organolépticas, como sabor y textura. En sistemas de cultivo de alto valor, como el de frutas y hortalizas frescas, estos beneficios permiten ofrecer productos de alta calidad que cumplen con las expectativas del mercado.

El Rol de la Tecnología en la Fisiología Vegetal de Ambientes Controlados

La tecnología es una aliada clave para monitorear y ajustar los factores ambientales que afectan la fisiología de las plantas. Los sensores de temperatura, humedad, CO_2, y pH permiten a los *growers* obtener información en tiempo real sobre las condiciones del ambiente, mientras que los sistemas de control automatizados ajustan estos parámetros según las necesidades específicas de cada cultivo. Esto no solo reduce la intervención manual, sino que también asegura que cada etapa del crecimiento se desarrolle en condiciones óptimas.

El uso de tecnología avanzada, como iluminación LED ajustable, sistemas de fertirrigación y controladores climáticos, permite a los *growers* personalizar las condiciones de cultivo para maximizar el rendimiento y la calidad de los productos. Además, los datos recopilados en estos sistemas pueden utilizarse para análisis predictivo y mejora continua, haciendo que la producción sea más eficiente y sostenible.

2. Procesos Fisiológicos Clave en el Crecimiento de las Plantas

El crecimiento de las plantas es el resultado de una serie de procesos fisiológicos interconectados que ocurren a nivel celular y están influenciados por factores ambientales como la luz, el agua, los nutrientes, la temperatura y el dióxido de carbono. En ambientes controlados, donde estos factores pueden ser manipulados, comprender y optimizar los procesos fisiológicos clave permite a los *growers* maximizar el crecimiento, el rendimiento y la calidad de los cultivos. Los procesos principales que determinan el crecimiento de las plantas son la fotosíntesis, la respiración, la transpiración y la absorción de nutrientes, cada uno desempeñando un papel fundamental en el desarrollo y salud de la planta.

Fotosíntesis: La Base de la Producción de Energía

La fotosíntesis es el proceso mediante el cual las plantas convierten la energía de la luz en energía química, produciendo glucosa y oxígeno a partir de dióxido de carbono y agua. Este proceso es la base del crecimiento vegetal, ya que la glucosa producida se utiliza para formar nuevos tejidos y proporcionar la energía necesaria para las funciones vitales de la planta.

- **Factores que Influyen en la Fotosíntesis:** En ambientes controlados, la fotosíntesis puede ser optimizada mediante el control de la luz, el CO_2 y la temperatura. La luz es el motor de la fotosíntesis, y en sistemas de cultivo controlado, como los invernaderos y la hidroponía, se utilizan luces LED ajustables que permiten proporcionar espectros específicos de luz roja y azul, que son los más efectivos para este proceso. La concentración de CO_2 también puede aumentarse mediante inyección controlada, lo cual incrementa la tasa fotosintética y promueve un crecimiento más rápido.
- **Importancia de la Fotosíntesis en el Crecimiento:** La glucosa producida durante la fotosíntesis es fundamental para el desarrollo de hojas, tallos, raíces y frutos. Al optimizar la fotosíntesis, los *growers* logran aumentar la producción de biomasa, lo cual se traduce en un crecimiento acelerado y en una mayor densidad de cultivo. Este proceso permite que las plantas acumulen reservas de energía que podrán ser utilizadas en etapas de mayor demanda, como la floración y la fructificación.

Respiración: Liberación de Energía para el Crecimiento

La respiración es el proceso mediante el cual las plantas descomponen la glucosa producida en la fotosíntesis para liberar energía en forma de ATP, que es utilizada en la división celular, el crecimiento y otras funciones metabólicas. A diferencia de la fotosíntesis, la respiración ocurre tanto de día como de noche y permite que la planta utilice la energía almacenada para mantener sus funciones vitales.

- **Relación entre Fotosíntesis y Respiración:** La respiración consume parte de la energía que se produce en la fotosíntesis. En ambientes controlados, el control de la temperatura es crucial para regular la respiración, ya que una temperatura elevada puede incrementar la tasa de respiración y reducir la energía disponible para el crecimiento. Mantener una temperatura nocturna moderada ayuda a

minimizar la respiración excesiva, lo que permite conservar más energía para la producción de biomasa y para etapas de alto consumo, como la floración.
- **Importancia de la Respiración en el Desarrollo:** La energía liberada en la respiración permite a la planta construir nuevas estructuras y mantener su crecimiento. Este proceso también es esencial para la absorción de nutrientes y el transporte de agua, lo que permite un crecimiento equilibrado. En sistemas de producción intensiva, el manejo de la respiración a través del control de temperatura es clave para maximizar el rendimiento y la eficiencia en el uso de recursos.

Transpiración: Regulación Térmica y Movimiento de Nutrientes

La transpiración es el proceso por el cual las plantas liberan agua en forma de vapor a través de sus hojas, regulando así la temperatura interna y generando una corriente que transporta los nutrientes desde las raíces hasta las hojas y otros tejidos. Este proceso también es fundamental para la absorción de agua y el movimiento de minerales dentro de la planta.

- **Función de la Transpiración en el Transporte de Nutrientes:** La transpiración permite que los nutrientes disueltos en el agua asciendan desde las raíces hasta las hojas y los tallos, donde son utilizados para la fotosíntesis y el crecimiento celular. En sistemas de cultivo controlado, como la hidroponía, el equilibrio de la transpiración es esencial para asegurar que las plantas reciban una cantidad adecuada de agua y nutrientes. Un riego adecuado y una regulación precisa de la humedad relativa garantizan que la planta mantenga un flujo constante y equilibrado de nutrientes.
- **Regulación de la Humedad Relativa:** La humedad relativa en el ambiente controlado afecta directamente la transpiración. En ambientes con una humedad muy baja, la transpiración se acelera, lo que puede llevar a la deshidratación de la planta. Por otro lado, una humedad muy alta reduce la transpiración, afectando el transporte de nutrientes. Los *growers* pueden ajustar la humedad relativa para mantener un nivel adecuado de transpiración que permita la regulación térmica y un transporte eficiente de nutrientes.

Absorción de Nutrientes: Alimentación y Crecimiento Óptimo

La absorción de nutrientes es un proceso vital para el crecimiento de las plantas, ya que los elementos esenciales como nitrógeno, fósforo y potasio son necesarios para la formación de proteínas, ácidos nucleicos y otras moléculas fundamentales. En ambientes controlados, los *growers* pueden ajustar la cantidad y tipo de nutrientes para satisfacer las necesidades de cada cultivo en cada etapa de crecimiento.

- **Nutrición en Sistemas Hidropónicos:** En la hidroponía, las plantas reciben nutrientes a través de una solución nutritiva que se aplica directamente en la zona radicular. Este método permite un control preciso de la concentración de nutrientes, optimizando la absorción y evitando tanto la deficiencia como el exceso de elementos. El monitoreo regular de la solución nutritiva asegura que los cultivos mantengan un crecimiento saludable y uniforme.

- **pH y Conductividad Eléctrica (CE):** En sistemas de ambiente controlado, el pH y la conductividad eléctrica de la solución nutritiva son factores cruciales para la absorción de nutrientes. El pH afecta la disponibilidad de ciertos nutrientes, y un nivel fuera del rango óptimo puede limitar la absorción. La CE, que mide la concentración de nutrientes en la solución, debe ser controlada para asegurar un suministro adecuado. Ajustar el pH y la CE de la solución nutritiva permite que las plantas absorban los nutrientes de manera eficiente y en las cantidades correctas.

Importancia de los Procesos Fisiológicos en la Producción Agrícola

La comprensión y el control de los procesos fisiológicos clave en ambientes controlados permiten a los *growers* maximizar el rendimiento de sus cultivos y producir alimentos de alta calidad. Al optimizar la fotosíntesis, la respiración, la transpiración y la absorción de nutrientes, los *growers* pueden asegurar un crecimiento rápido y uniforme, lo que se traduce en mayores rendimientos y menor tiempo de producción. Además, un manejo adecuado de estos procesos reduce el riesgo de problemas de salud en las plantas, promoviendo una producción más estable y sostenible.

Por ejemplo, un adecuado manejo de la fotosíntesis mediante la regulación de la luz y el CO_2 mejora la producción de biomasa, mientras que el control de la transpiración a través de la humedad y el riego asegura un transporte eficiente de nutrientes. Asimismo, la regulación de la temperatura para equilibrar la fotosíntesis y la respiración maximiza el uso de energía y reduce el estrés en la planta.

3. Factores Ambientales que Afectan la Fisiología de las Plantas

En la agricultura en ambiente controlado, los factores ambientales juegan un papel crucial en la fisiología de las plantas y en el desarrollo óptimo de los cultivos. Las plantas responden de manera activa a elementos como la luz, la temperatura, el dióxido de carbono, la humedad y el agua, los cuales influyen en procesos fisiológicos esenciales como la fotosíntesis, la respiración, la transpiración y la absorción de nutrientes. Entender cómo estos factores afectan la fisiología de las plantas permite a los *growers* ajustar y optimizar las condiciones de cultivo, promoviendo el crecimiento y asegurando la calidad y cantidad de la producción.

Luz: Fuente Primaria de Energía para la Fotosíntesis

La luz es uno de los factores más importantes en la fisiología vegetal, ya que proporciona la energía necesaria para la fotosíntesis, el proceso mediante el cual las plantas convierten la luz en energía química para su crecimiento. La calidad, intensidad y duración de la luz tienen un impacto directo en el rendimiento de la fotosíntesis y, por lo tanto, en el crecimiento de las plantas.

- **Espectro de Luz:** En ambientes controlados, se utilizan principalmente luces LED que permiten ajustar el espectro lumínico según las necesidades del cultivo. La luz azul y roja son especialmente importantes, ya que se ha demostrado que son las más eficaces para la fotosíntesis. La luz azul estimula el crecimiento vegetativo y la formación de hojas, mientras que la luz roja promueve la floración y la fructificación.

- **Intensidad de la Luz:** La intensidad de la luz afecta la velocidad de la fotosíntesis. Una baja intensidad de luz limita la fotosíntesis y, en consecuencia, el crecimiento de las plantas. En ambientes controlados, los *growers* pueden ajustar la intensidad de la luz para mantener una tasa fotosintética óptima, asegurando así un crecimiento vigoroso.
- **Fotoperiodo:** La duración de la exposición a la luz también es crucial, ya que cada planta tiene un fotoperiodo óptimo. Las plantas pueden ser de día corto, día largo o neutrales al fotoperiodo, y en ambientes controlados, es posible ajustar el tiempo de exposición a la luz para estimular diferentes etapas de crecimiento, como la floración o la maduración.

Temperatura: Regulador de los Procesos Metabólicos

La temperatura es otro factor determinante en la fisiología vegetal, ya que influye en la velocidad de reacciones bioquímicas como la fotosíntesis y la respiración. Cada especie de planta tiene un rango de temperatura óptimo en el cual sus procesos metabólicos se desarrollan eficientemente.

- **Efecto sobre la Fotosíntesis y la Respiración:** A medida que la temperatura aumenta, la velocidad de la fotosíntesis también lo hace hasta llegar a un punto óptimo, después del cual la actividad enzimática se reduce. Sin embargo, si la temperatura es excesivamente alta, la respiración aumenta a un ritmo más rápido que la fotosíntesis, lo que provoca un déficit de energía disponible para el crecimiento. En ambientes controlados, es crucial ajustar la temperatura para maximizar la fotosíntesis mientras se minimiza la respiración excesiva.
- **Impacto en el Crecimiento Vegetativo y Reproductivo:** La temperatura también afecta el crecimiento vegetativo y la reproducción. En la etapa vegetativa, una temperatura más baja puede retardar el crecimiento, mientras que en la etapa reproductiva, una temperatura controlada dentro del rango óptimo es esencial para una adecuada formación de flores y frutos. Los sistemas de calefacción y enfriamiento en ambientes controlados permiten a los *growers* ajustar la temperatura para cada fase de crecimiento, maximizando la eficiencia y calidad del cultivo.

Dióxido de Carbono (CO_2): Combustible para la Fotosíntesis

El dióxido de carbono es uno de los insumos esenciales para la fotosíntesis. En condiciones normales, el CO_2 en el aire es suficiente para el crecimiento de las plantas, pero en ambientes controlados, aumentar la concentración de CO_2 puede mejorar significativamente la tasa fotosintética y la producción de biomasa.

- **Inyección de CO_2 en Ambientes Controlados:** En invernaderos y sistemas hidropónicos, la concentración de CO_2 puede ser incrementada artificialmente para estimular la fotosíntesis. Estudios han demostrado que niveles de CO_2 más altos aceleran la producción de carbohidratos y promueven un crecimiento más rápido. En algunos casos, duplicar la concentración de CO_2 puede incrementar la fotosíntesis en un 50% o más, lo cual es especialmente beneficioso para cultivos de alto rendimiento como los tomates.

- **Interacción con la Temperatura y la Luz:** La eficacia de la inyección de CO_2 depende de la temperatura y la luz, ya que una baja intensidad de luz o una temperatura inadecuada pueden limitar la fotosíntesis. Por lo tanto, es esencial que los *growers* optimicen todos estos factores para maximizar el impacto del CO_2 adicional en el crecimiento de las plantas.

Humedad Relativa: Balance Hídrico y Transpiración

La humedad relativa es el porcentaje de vapor de agua en el aire en comparación con la cantidad máxima que puede retener a una determinada temperatura. Este factor influye directamente en la transpiración, el proceso por el cual las plantas liberan agua a través de sus hojas, lo que ayuda a regular su temperatura y permite el movimiento de nutrientes desde las raíces.

- **Efecto sobre la Transpiración y Absorción de Nutrientes:** En ambientes controlados, una humedad relativa adecuada es esencial para mantener un nivel de transpiración óptimo. Una humedad muy baja incrementa la transpiración, lo cual puede deshidratar la planta y reducir la eficiencia en la absorción de nutrientes. En contraste, una humedad excesivamente alta puede reducir la transpiración y limitar el transporte de nutrientes.
- **Prevención de Enfermedades Fúngicas:** La humedad elevada aumenta el riesgo de enfermedades fúngicas en cultivos, especialmente en invernaderos cerrados. Los *growers* pueden controlar la humedad mediante ventilación y deshumidificadores para reducir la proliferación de hongos y otros patógenos. Mantener una humedad balanceada es clave para asegurar la salud de los cultivos y promover un crecimiento eficiente.

Agua y Nutrientes: Elementos Esenciales para el Crecimiento

El agua y los nutrientes son elementos fundamentales para la fisiología de las plantas. El agua es necesaria no solo para la fotosíntesis, sino también para la transpiración y el transporte de nutrientes desde las raíces. En ambientes controlados, el suministro de agua y nutrientes puede ser ajustado de manera precisa, asegurando que las plantas reciban los elementos necesarios en cada etapa de su desarrollo.

- **Manejo del Riego y Fertilización:** Los sistemas de riego, como el riego por goteo y los sistemas hidropónicos, permiten un control exacto de la cantidad de agua y nutrientes que reciben las plantas. La fertirrigación, que combina riego y fertilización, asegura que las plantas tengan acceso constante a los nutrientes, evitando tanto deficiencias como excesos.
- **Ajuste del pH y Conductividad Eléctrica (CE):** En sistemas hidropónicos, el pH y la conductividad eléctrica de la solución nutritiva son factores críticos que afectan la absorción de nutrientes. Un pH adecuado permite que los nutrientes estén disponibles para las raíces, mientras que

una CE correcta asegura que las plantas reciban la cantidad óptima de nutrientes. Controlar estos factores permite maximizar la eficiencia en la absorción de nutrientes y promover un crecimiento saludable.

4. Etapas del Ciclo de Vida de las Plantas y sus Necesidades Fisiológicas

Las plantas pasan por diferentes etapas a lo largo de su ciclo de vida, y cada una de estas fases tiene necesidades fisiológicas específicas que deben ser atendidas para garantizar un crecimiento óptimo y un desarrollo saludable. En la agricultura en ambiente controlado, es posible ajustar factores como la luz, el agua, los nutrientes, la temperatura y el dióxido de carbono para satisfacer las necesidades de cada etapa y maximizar el rendimiento y la calidad del cultivo. Conocer estas etapas y sus requerimientos permite a los *growers* manejar las plantas de forma eficiente y precisa. Las principales etapas del ciclo de vida de las plantas incluyen la germinación, el crecimiento vegetativo, la floración y la fructificación, y finalmente, la maduración y cosecha.

Germinación: El Inicio del Ciclo de Vida

La germinación es la primera etapa del ciclo de vida de una planta, en la cual la semilla comienza a desarrollarse y se convierte en una plántula. Durante esta fase, la semilla absorbe agua y nutrientes, lo que activa procesos metabólicos que resultan en la ruptura de la cubierta de la semilla y el crecimiento inicial de la raíz y el tallo.

- **Requerimientos de Agua:** El agua es esencial en esta etapa, ya que permite la activación de enzimas y el inicio de la absorción de nutrientes. La semilla necesita un ambiente húmedo para germinar, y en ambientes controlados, es común emplear sistemas de riego automatizado para asegurar una humedad constante sin exceso de agua.
- **Temperatura Óptima:** La temperatura es otro factor clave en la germinación, ya que influye en la velocidad de crecimiento de la plántula. Cada tipo de planta tiene un rango de temperatura ideal para germinar, que debe mantenerse de manera constante. En ambientes controlados, el uso de calefacción o refrigeración permite alcanzar y mantener este rango óptimo, garantizando un crecimiento uniforme de las plántulas.
- **Luz y Oxígeno:** Aunque la mayoría de las semillas no requieren luz directa para germinar, necesitan oxígeno para realizar la respiración celular, un proceso esencial para la producción de energía. La luz suele ser importante inmediatamente después de que la plántula emerge del suelo, ya que estimula el crecimiento de las primeras hojas y el inicio de la fotosíntesis.

Crecimiento Vegetativo: Desarrollo de Raíces, Tallos y Hojas

La etapa de crecimiento vegetativo es cuando la planta comienza a desarrollar sus estructuras fundamentales, como raíces, tallos y hojas. Durante esta fase, la planta se enfoca en acumular biomasa y en prepararse para la producción de flores y frutos. Este es un período de alta actividad metabólica, en el cual la fotosíntesis, la absorción de nutrientes y la respiración juegan un papel crucial.

- **Luz para la Fotosíntesis:** En la etapa vegetativa, las plantas requieren una cantidad significativa de luz para la fotosíntesis. En ambientes controlados, los *growers* pueden emplear luces LED ajustadas en el espectro azul, que promueve el crecimiento de hojas y tallos. La duración y la intensidad de la luz deben ser óptimas para asegurar un crecimiento rápido y saludable.
- **Nutrientes Esenciales:** La planta necesita mayores cantidades de nutrientes durante el crecimiento vegetativo, especialmente nitrógeno, que es fundamental para la formación de proteínas y el desarrollo de hojas. Otros nutrientes clave incluyen fósforo, para el desarrollo de raíces, y potasio, que apoya el crecimiento celular. En sistemas hidropónicos y otros entornos controlados, la concentración de nutrientes se ajusta en función de las necesidades de cada planta para optimizar el desarrollo.
- **Temperatura y Humedad Relativa:** La temperatura óptima para el crecimiento vegetativo varía según la especie, pero en general, debe mantenerse en un rango que promueva la fotosíntesis sin incrementar excesivamente la respiración. La humedad relativa también es importante para evitar el estrés hídrico; en esta etapa, las plantas necesitan un ambiente que permita una transpiración balanceada, promoviendo el transporte de nutrientes y agua hacia las hojas y el tallo.

Floración: Preparación para la Reproducción

La etapa de floración es el momento en el cual la planta comienza a producir flores, en preparación para la reproducción y posterior formación de frutos y semillas. Esta fase requiere un ajuste de las condiciones ambientales para favorecer la producción de flores y asegurar su calidad.

- **Fotoperiodo y Espectro de Luz:** Muchas plantas dependen del fotoperiodo (la duración de la exposición a la luz) para iniciar la floración. En ambientes controlados, los *growers* pueden ajustar el fotoperiodo para inducir la floración en el momento adecuado. Además, el uso de luz roja en el espectro de iluminación ayuda a estimular la producción de flores y asegurar una floración uniforme.
- **Nutrientes para la Floración:** Durante la floración, las necesidades nutricionales de la planta cambian. El fósforo es especialmente importante en esta etapa, ya que ayuda en la formación y desarrollo de flores. También se necesita potasio, que contribuye a la resistencia y calidad de las flores. En la fertirrigación y sistemas de control de nutrientes, se ajustan las concentraciones para optimizar el desarrollo floral.
- **Temperatura y Humedad:** La temperatura y la humedad relativa deben ser ajustadas en la etapa de floración para evitar el estrés en las plantas. La temperatura ligeramente más baja durante la floración puede ser beneficiosa para algunas especies, ayudando a prolongar la fase de floración y

mejorar la calidad de las flores. La humedad debe estar controlada para evitar la aparición de enfermedades fúngicas que puedan afectar las flores.

Fructificación: Desarrollo de Frutos y Semillas

La etapa de fructificación es cuando la planta produce frutos y semillas. En esta fase, la planta dirige gran parte de su energía hacia el crecimiento y maduración de los frutos, lo cual requiere un ajuste en las condiciones de luz, nutrientes y agua.

- **Luz para el Engrosamiento de Frutos:** Durante la fructificación, las plantas necesitan una luz que apoye la fotosíntesis para acumular carbohidratos y producir frutos de mayor tamaño y calidad. En ambientes controlados, se puede continuar utilizando luz roja, que estimula la formación de frutos, y ajustar la intensidad de luz para maximizar el rendimiento.
- **Nutrientes Específicos para Fructificación:** En esta fase, el potasio es el nutriente más importante, ya que apoya el llenado y maduración de los frutos. El calcio también es esencial, ya que ayuda a fortalecer las paredes celulares y mejora la calidad y vida útil de los frutos. Los niveles de nitrógeno se reducen ligeramente en esta etapa, para evitar el crecimiento excesivo de hojas que compitan con los frutos.
- **Temperatura y Riego Controlado:** La temperatura óptima en esta fase ayuda a la acumulación de azúcares y otros compuestos en los frutos, lo cual influye en su sabor y textura. El riego debe ser controlado cuidadosamente para evitar el exceso de agua, que puede diluir el sabor de los frutos y reducir su calidad.

Maduración y Cosecha: Etapa Final del Ciclo de Vida

La maduración y cosecha es la etapa final del ciclo de vida de una planta productiva. En esta fase, los frutos alcanzan su madurez, adquiriendo las características de color, sabor y textura deseadas. Un manejo adecuado en esta etapa asegura que los frutos lleguen al mercado en óptimas condiciones.

- **Control de la Temperatura y la Luz para Maduración:** Durante la maduración, la temperatura puede ajustarse para mejorar la acumulación de compuestos aromáticos y azúcares en los frutos. En algunas plantas, reducir la intensidad de luz en esta etapa contribuye a la maduración uniforme de los frutos.
- **Riego Moderado:** Un riego controlado ayuda a concentrar los nutrientes y mejorar el sabor de los frutos. En esta fase, una ligera reducción en el riego puede aumentar la calidad de los frutos, ya que reduce el contenido de agua y aumenta la concentración de azúcares.
- **Cosecha en el Momento Óptimo:** La cosecha debe realizarse en el momento en que los frutos han alcanzado su máxima calidad y están listos para el consumo. En ambientes controlados, los *growers* pueden ajustar las condiciones para prolongar la maduración y coordinar la cosecha en función de la demanda del mercado, asegurando que el producto llegue al consumidor en las mejores condiciones.

5. Estrategias para Mejorar la Fisiología Vegetal en Ambientes Controlados

La fisiología vegetal en ambientes controlados se refiere a la gestión precisa de los procesos internos de las plantas, como la fotosíntesis, la respiración, la transpiración y la absorción de nutrientes, para optimizar el crecimiento y la productividad. En la agricultura en ambiente controlado, donde se cultivan plantas en invernaderos, sistemas hidropónicos o sistemas de cultivo vertical, se utilizan estrategias avanzadas para ajustar el ambiente de manera óptima. Estas estrategias permiten a los *growers* manipular factores clave como la luz, el CO_2, la temperatura, la humedad y los nutrientes, asegurando un rendimiento y una calidad de producción superiores. A continuación, se presentan algunas de las estrategias más efectivas para mejorar la fisiología de las plantas en estos entornos.

Optimización de la Luz para Maximizar la Fotosíntesis

La fotosíntesis es el proceso central en el crecimiento vegetal, y la luz es el recurso principal que impulsa esta reacción. En ambientes controlados, donde se puede utilizar luz artificial, los *growers* pueden ajustar la intensidad, el espectro y el fotoperiodo de la luz para optimizar la fotosíntesis en cada fase de desarrollo de las plantas.

- **Espectro Lumínico Personalizado:** La iluminación LED permite ajustar el espectro de luz para satisfacer las necesidades específicas de las plantas. La luz azul es ideal para el crecimiento vegetativo, promoviendo la formación de hojas y tallos, mientras que la luz roja es fundamental en la etapa de floración y fructificación. Al combinar diferentes espectros de luz, los *growers* pueden fomentar un crecimiento equilibrado y asegurar una alta tasa de fotosíntesis durante todo el ciclo de vida de la planta.
- **Control de la Intensidad y el Fotoperiodo:** La intensidad de la luz debe ajustarse para cada tipo de planta y fase de crecimiento. Por ejemplo, en la etapa de crecimiento vegetativo, una alta intensidad de luz promueve el desarrollo robusto de la planta, mientras que una intensidad moderada en la etapa de maduración puede mejorar la calidad de los frutos. Además, el fotoperiodo, o la duración de la exposición a la luz, puede manipularse para inducir la floración en plantas de día corto o largo, lo cual ayuda a controlar el tiempo de producción y la sincronización de la cosecha.

Incremento de CO_2 para Aumentar la Producción de Biomasa

El dióxido de carbono (CO_2) es un insumo esencial para la fotosíntesis, ya que es utilizado por las plantas para producir glucosa. En ambientes controlados, la concentración de CO_2 puede aumentarse para maximizar la fotosíntesis y acelerar el crecimiento de las plantas.

- **Inyección de CO_2:** En sistemas cerrados como invernaderos, es posible inyectar CO_2 en el aire para elevar su concentración y estimular una mayor actividad fotosintética. Estudios han demostrado que un aumento de CO_2 en el rango de 800-1000 ppm puede incrementar significativamente la tasa fotosintética y, en consecuencia, la producción de biomasa. Esto es especialmente beneficioso en cultivos de alto rendimiento, donde el objetivo es maximizar el crecimiento y reducir el tiempo hasta la cosecha.

- **Combinación con Luz y Temperatura:** Para que el aumento de CO_2 sea efectivo, debe combinarse con condiciones óptimas de luz y temperatura, ya que estos factores trabajan en conjunto para permitir la fotosíntesis. Los *growers* deben ajustar estos elementos de manera equilibrada para evitar desperdicios y maximizar la eficiencia del CO_2 adicional, logrando un ambiente que favorezca la producción constante y de alta calidad.

Control de la Temperatura para Balancear Fotosíntesis y Respiración

La temperatura afecta tanto la fotosíntesis como la respiración, dos procesos fisiológicos que impactan el crecimiento de las plantas. En ambientes controlados, el manejo preciso de la temperatura permite maximizar el rendimiento fotosintético y minimizar la pérdida de energía en la respiración.

- **Temperaturas Óptimas para Cada Etapa del Crecimiento:** Cada fase de desarrollo de las plantas tiene un rango de temperatura óptimo. En la fase de crecimiento vegetativo, temperaturas cálidas favorecen el desarrollo de hojas y tallos, mientras que en la etapa de floración y fructificación, un ligero descenso en la temperatura puede mejorar la calidad y resistencia de las flores y frutos. Los sistemas de calefacción y enfriamiento en los invernaderos permiten mantener la temperatura en el rango ideal para cada fase.
- **Control Nocturno de la Temperatura para Reducir la Respiración:** Durante la noche, las plantas no realizan fotosíntesis y dependen de la respiración para generar energía. Mantener una temperatura moderada durante la noche ayuda a reducir la tasa de respiración y, por lo tanto, minimiza el consumo de carbohidratos. Esto permite a la planta conservar más energía para su crecimiento durante el día, mejorando la eficiencia general del cultivo.

Manejo de la Humedad para Optimizar la Transpiración y el Transporte de Nutrientes

La transpiración es el proceso por el cual las plantas liberan agua a través de sus hojas, lo que ayuda a regular la temperatura interna y facilita el movimiento de nutrientes desde las raíces hacia el resto de la planta. En ambientes controlados, el ajuste de la humedad relativa permite manejar la transpiración y optimizar el transporte de nutrientes.

- **Ajuste de la Humedad Relativa para Controlar la Transpiración:** La humedad relativa ideal varía según la fase de desarrollo de la planta. En la etapa vegetativa, una humedad más alta favorece el desarrollo de las hojas, mientras que en la fase de fructificación, una humedad ligeramente menor ayuda a reducir el riesgo de enfermedades fúngicas en los frutos. Controlar la humedad en el invernadero mediante ventilación y deshumidificadores permite mantener un equilibrio adecuado que promueve un crecimiento sano.

- **Regulación de la Transpiración para Evitar Estrés Hídrico:** Una humedad relativa demasiado baja aumenta la transpiración y puede provocar estrés hídrico en las plantas. Por otro lado, una humedad demasiado alta puede reducir la transpiración y afectar el transporte de nutrientes. Mantener la humedad en el rango adecuado permite un flujo constante de agua y nutrientes, evitando desequilibrios y promoviendo un desarrollo óptimo.

Optimización de la Nutrición a través de la Fertirrigación

La absorción de nutrientes es esencial para el crecimiento de las plantas, y en ambientes controlados, los sistemas de fertirrigación permiten ajustar la cantidad y tipo de nutrientes en función de las necesidades de cada fase de desarrollo.

- **Control de la Concentración de Nutrientes:** En sistemas hidropónicos, la fertirrigación permite una aplicación precisa de nutrientes, garantizando que las plantas reciban la cantidad exacta que necesitan en cada etapa. Durante el crecimiento vegetativo, las plantas requieren más nitrógeno, mientras que en la fase de floración y fructificación, el fósforo y el potasio se vuelven más importantes. El monitoreo regular de la solución nutritiva y la realización de ajustes según el crecimiento asegura una nutrición balanceada y evita deficiencias.
- **Ajuste del pH y la Conductividad Eléctrica (CE):** El pH y la conductividad eléctrica son parámetros cruciales para la absorción de nutrientes. Un pH adecuado permite la disponibilidad de nutrientes esenciales, mientras que una CE correcta asegura que las plantas reciban la cantidad de nutrientes necesarios. El monitoreo constante y el ajuste del pH y CE en sistemas de riego automático permiten una absorción eficiente, maximizando el crecimiento y evitando problemas de toxicidad o deficiencia de nutrientes.

Uso de Tecnología de Monitoreo para el Control en Tiempo Real

Las tecnologías de monitoreo y control en tiempo real son herramientas clave en la mejora de la fisiología vegetal en ambientes controlados. Estas herramientas permiten obtener datos precisos sobre factores ambientales y realizar ajustes automáticos para mantener condiciones óptimas de crecimiento.

- **Sensores y Controladores Climáticos:** Los sensores de temperatura, humedad, CO_2 y luz permiten un monitoreo continuo del ambiente de cultivo. Los datos recopilados se integran en sistemas de control que ajustan automáticamente los factores ambientales para mantener un entorno estable. Esto minimiza la intervención manual y asegura que las plantas se desarrollen en condiciones óptimas durante todo el ciclo de vida.
- **Análisis de Datos y Mejora Continua:** El análisis de datos históricos permite identificar patrones y realizar ajustes para mejorar la eficiencia en el manejo de los cultivos. Los *growers* pueden utilizar estos datos para ajustar las estrategias de cultivo en función de las demandas específicas de cada planta, mejorando así la productividad y sostenibilidad del sistema.

Capitulo 4

Nutrición y Manejo de Fertilizantes

El módulo "Nutrición y Manejo de Fertilizantes" es fundamental para la formación de *growers* en la producción de hortalizas en ambiente controlado, ya que una nutrición adecuada es clave para el desarrollo óptimo de las plantas y la obtención de altos rendimientos y calidad de producto. Este módulo permite a los estudiantes comprender la importancia de los nutrientes esenciales, las técnicas de fertilización y las estrategias para ajustar y equilibrar la nutrición de las plantas en sistemas de cultivo protegido, como invernaderos e hidroponía. Mediante este conocimiento, los *growers* podrán formular planes de fertilización precisos y eficientes que aseguren el crecimiento saludable de las plantas.

1. Importancia de la Nutrición Vegetal en Ambientes Controlados

La nutrición vegetal es uno de los factores más cruciales para el éxito de la agricultura en ambientes controlados, ya que proporciona a las plantas los elementos esenciales que necesitan para su crecimiento y desarrollo óptimo. En estos sistemas, como los invernaderos, la hidroponía y los cultivos verticales, los *growers* tienen la capacidad de regular con precisión la cantidad y calidad de los nutrientes que reciben las plantas, lo que permite maximizar el rendimiento y mejorar la calidad de los productos. Una gestión adecuada de la nutrición vegetal no solo favorece el crecimiento saludable de las plantas, sino que también optimiza el uso de recursos, reduce los desechos y promueve una producción más sostenible. Este módulo aborda la importancia de la nutrición vegetal en ambientes controlados, destacando los elementos esenciales y las prácticas de manejo que permiten ajustar la nutrición en función de las necesidades de cada etapa de crecimiento.

Elementos Esenciales para el Crecimiento Vegetal

Para crecer y desarrollarse, las plantas necesitan una serie de elementos esenciales que se dividen en macronutrientes y micronutrientes. Los macronutrientes son aquellos que las plantas necesitan en mayores cantidades, como el nitrógeno (N), fósforo (P) y potasio (K), mientras que los micronutrientes, aunque necesarios en menores cantidades, también son fundamentales para la salud y productividad de la planta. Entre los micronutrientes más importantes están el hierro (Fe), el zinc (Zn) y el cobre (Cu).

- **Macronutrientes y su Función:**
  - **Nitrógeno (N):** Es esencial para el crecimiento vegetativo y la formación de proteínas, clorofila y ácidos nucleicos. El nitrógeno es particularmente importante durante las fases iniciales de crecimiento, ya que promueve la formación de hojas y tallos.
  - **Fósforo (P):** Es clave en el desarrollo de las raíces y en la fase de floración y fructificación, ya que participa en la transferencia de energía dentro de la planta.

- **Potasio (K):** Ayuda en la regulación de la transpiración y en la activación de enzimas que intervienen en la fotosíntesis y la respiración, además de mejorar la calidad de frutos y flores.
- **Micronutrientes y su Importancia:** Aunque las plantas requieren micronutrientes en menores cantidades, estos desempeñan funciones críticas. Por ejemplo, el hierro es esencial para la formación de clorofila y el zinc es importante para la síntesis de proteínas y el crecimiento celular. La deficiencia de cualquiera de estos elementos puede afectar seriamente el crecimiento y la salud de la planta.

Ventajas de la Nutrición Controlada en Sistemas de CEA

En ambientes controlados, los *growers* tienen la ventaja de ajustar la nutrición vegetal de manera precisa y oportuna, lo cual es un factor clave para mejorar el rendimiento y la calidad de los cultivos. A continuación, se describen algunas de las principales ventajas de la nutrición controlada en sistemas de CEA:

- **Optimización del Crecimiento en Cada Etapa del Ciclo de Vida:** A diferencia de la agricultura tradicional, en la CEA se puede ajustar la solución nutritiva en cada etapa del ciclo de vida de la planta. Durante el crecimiento vegetativo, la planta puede recibir una mayor proporción de nitrógeno, mientras que en la etapa de fructificación, se aumenta el contenido de fósforo y potasio. Esto asegura que las plantas tengan acceso a los nutrientes adecuados en cada fase, promoviendo un crecimiento equilibrado y saludable.
- **Maximización de la Eficiencia de Absorción de Nutrientes:** En sistemas como la hidroponía y la fertirrigación, los nutrientes se suministran directamente en el agua de riego, lo que facilita su absorción por las raíces y minimiza las pérdidas. Esta aplicación precisa permite que las plantas absorban los nutrientes de manera más eficiente y uniforme, reduciendo el riesgo de deficiencias o acumulaciones de elementos tóxicos en el sustrato.
- **Reducción del Impacto Ambiental y Desperdicio de Recursos:** Una nutrición bien gestionada permite utilizar solo la cantidad necesaria de fertilizantes, evitando el desperdicio y reduciendo la contaminación ambiental. En sistemas cerrados como la hidroponía, los nutrientes no se filtran al suelo ni contaminan fuentes de agua, lo cual contribuye a una agricultura más sostenible y respetuosa con el medio ambiente.

Desafíos en la Nutrición Vegetal de Ambientes Controlados

Si bien la CEA permite un control preciso de la nutrición, también presenta desafíos que deben ser abordados para lograr una gestión eficiente de los nutrientes:

- **Monitoreo Constante de pH y Conductividad Eléctrica (CE):** En sistemas de CEA, es fundamental monitorear el pH y la CE de la solución nutritiva, ya que estos parámetros afectan la disponibilidad de nutrientes para las plantas. Un pH fuera del rango óptimo puede impedir la absorción de ciertos nutrientes, mientras que una CE inadecuada puede provocar toxicidad o deficiencia. Los *growers* deben realizar ajustes constantes para mantener estos parámetros en niveles óptimos, lo cual requiere conocimiento y tecnología adecuada.

- **Balance de Nutrientes para Evitar Deficiencias y Excesos:** En ambientes controlados, la falta o exceso de un nutriente puede afectar el crecimiento de las plantas. El desequilibrio de nutrientes puede causar síntomas como clorosis, necrosis o crecimiento atrofiado. Para evitar estos problemas, es esencial que los *growers* ajusten cuidadosamente la solución nutritiva, adaptándola a las necesidades específicas de cada cultivo y monitoreando su evolución.
- **Diferencias en Requerimientos Nutricionales entre Especies:** No todas las plantas tienen los mismos requerimientos nutricionales, y en sistemas de CEA donde se cultivan múltiples especies, los *growers* deben adaptar la solución nutritiva para satisfacer las necesidades individuales de cada tipo de planta. Esta diversidad requiere un manejo preciso de la nutrición y, en algunos casos, la creación de soluciones nutritivas específicas para cada especie o fase de desarrollo.

Prácticas de Manejo para Optimizar la Nutrición en CEA

Para mejorar la nutrición en ambientes controlados, existen varias prácticas de manejo que los *growers* pueden implementar, garantizando una absorción eficiente de nutrientes y promoviendo el crecimiento saludable de las plantas.

- **Fertirrigación y Ajuste de Concentraciones Nutritivas:** La fertirrigación es una práctica que permite suministrar nutrientes a través del sistema de riego, ajustando la concentración de cada elemento en función de la etapa de desarrollo del cultivo. Esta técnica asegura una distribución uniforme de nutrientes y reduce la necesidad de aplicar fertilizantes de manera independiente, optimizando el uso de recursos y maximizando la eficiencia.
- **Uso de Soluciones Nutritivas Específicas:** En sistemas hidropónicos y aeropónicos, las soluciones nutritivas se diseñan de manera específica para satisfacer las necesidades de las plantas en cada fase. Los *growers* pueden ajustar las proporciones de nitrógeno, fósforo y potasio, así como de micronutrientes, según el ciclo de vida del cultivo, lo cual permite un crecimiento más equilibrado y evita problemas nutricionales.
- **Monitoreo y Ajuste del pH y la CE en Tiempo Real:** Los sistemas de monitoreo automático permiten a los *growers* medir el pH y la CE en tiempo real, ajustando estos parámetros de manera oportuna. Esto asegura que la solución nutritiva esté siempre en el rango ideal para la absorción de nutrientes y minimiza el riesgo de deficiencias o acumulación de sales.

Impacto de una Nutrición Óptima en la Calidad y Rendimiento de los Cultivos

Una nutrición adecuada no solo influye en el crecimiento y desarrollo de las plantas, sino que también impacta directamente en la calidad y el rendimiento de los cultivos. Las plantas bien nutridas producen frutos, hojas y flores de mayor tamaño, mejor sabor y contenido nutricional, lo cual resulta en productos de alta calidad que cumplen con las expectativas del mercado.

- **Mejora en la Calidad de los Frutos y Hortalizas:** Un adecuado suministro de nutrientes, especialmente de potasio y calcio, contribuye a mejorar el sabor, la textura y la vida útil de los frutos. Además, una buena nutrición promueve un color y apariencia más atractivos, lo cual es fundamental para aumentar la competitividad de los productos en el mercado.
- **Incremento en la Productividad:** Al proporcionar a las plantas los nutrientes necesarios en cada fase de su desarrollo, los *growers* pueden aumentar el rendimiento de sus cultivos, obteniendo cosechas más abundantes en menos tiempo. Esto es especialmente importante en la CEA, donde se busca maximizar la eficiencia y la producción en un espacio limitado.

2. Nutrientes Esenciales para el Crecimiento de las Plantas

Los nutrientes esenciales son elementos fundamentales que las plantas necesitan para crecer, desarrollarse y cumplir sus funciones fisiológicas. Estos nutrientes se dividen en macronutrientes y micronutrientes, y aunque cada uno cumple un papel específico, todos son necesarios para garantizar la salud y productividad de las plantas. En ambientes controlados, donde los *growers* pueden ajustar con precisión la nutrición de los cultivos, es especialmente importante entender la función de cada nutriente y cómo influyen en el desarrollo de las plantas. La disponibilidad y el equilibrio de estos nutrientes son claves para maximizar el crecimiento y optimizar el rendimiento y la calidad de los cultivos.

Macronutrientes: Elementos Primordiales para la Estructura y Energía

Los macronutrientes son aquellos que las plantas requieren en mayores cantidades. Se dividen en tres principales: nitrógeno (N), fósforo (P) y potasio (K), conocidos como N-P-K. Estos tres nutrientes son vitales para la fotosíntesis, el crecimiento celular y la producción de energía.

- **Nitrógeno (N):** El nitrógeno es un componente clave de las proteínas, los ácidos nucleicos y la clorofila. Promueve el crecimiento vegetativo y es especialmente importante en la formación de hojas y tallos. En los sistemas de cultivo controlado, la cantidad de nitrógeno se ajusta cuidadosamente, ya que un exceso puede causar un crecimiento vegetativo excesivo en detrimento de la producción de flores y frutos, mientras que una deficiencia provoca hojas amarillas y un crecimiento débil.
- **Fósforo (P):** El fósforo desempeña un papel crucial en la transferencia de energía dentro de la planta, siendo un componente esencial del ATP, la molécula que almacena y transfiere energía en los procesos celulares. Además, el fósforo es vital para el desarrollo de raíces y la formación de flores y frutos. En la CEA, ajustar los niveles de fósforo durante la floración y fructificación ayuda a aumentar la producción de frutos y mejora la resistencia de la planta.
- **Potasio (K):** El potasio regula la apertura y cierre de los estomas en las hojas, controlando la transpiración y ayudando en el transporte de agua y nutrientes. Este nutriente también activa varias enzimas relacionadas con la fotosíntesis y la respiración, mejorando la eficiencia en el uso de agua y aumentando la resistencia de las plantas a enfermedades y estrés. El potasio es especialmente

importante en la etapa de fructificación, donde su presencia asegura frutos de alta calidad y buena textura.

Además de estos tres nutrientes principales, otros macronutrientes como el calcio, el magnesio y el azufre son necesarios en cantidades moderadas para funciones estructurales y metabólicas.

- **Calcio (Ca):** El calcio es esencial para la formación y estabilidad de las paredes celulares, lo que refuerza la estructura de la planta y mejora la resistencia contra plagas y enfermedades. También juega un papel en la división celular y en el desarrollo de raíces y frutos. La deficiencia de calcio suele manifestarse en problemas de calidad, como el "tip burn" en lechugas o la pudrición apical en tomates y pimientos.
- **Magnesio (Mg):** Este elemento es el núcleo central de la molécula de clorofila, por lo que es indispensable para la fotosíntesis. También participa en la activación de enzimas y el transporte de fosfatos. En ambientes controlados, el magnesio es ajustado para evitar deficiencias que pueden causar clorosis en las hojas inferiores.
- **Azufre (S):** El azufre es necesario para la formación de proteínas y enzimas. Aunque se necesita en menores cantidades en comparación con los principales macronutrientes, su deficiencia puede afectar la producción de proteínas y causar un crecimiento lento y hojas amarillas.

Micronutrientes: Elementos Vitales en Pequeñas Cantidades

Los micronutrientes, aunque necesarios en menores cantidades, son igualmente esenciales para el crecimiento saludable de las plantas. Estos incluyen hierro (Fe), zinc (Zn), manganeso (Mn), cobre (Cu), molibdeno (Mo), boro (B) y cloro (Cl). Cada micronutriente cumple una función específica y su deficiencia puede afectar de manera significativa la fisiología de la planta.

- **Hierro (Fe):** El hierro es esencial para la síntesis de clorofila y la fotosíntesis. Actúa en la cadena de transporte de electrones y en la activación de enzimas. La deficiencia de hierro se manifiesta como clorosis en las hojas jóvenes, debido a que la planta no puede producir suficiente clorofila.
- **Zinc (Zn):** El zinc es importante para la producción de auxinas, hormonas que regulan el crecimiento de las plantas, y para la síntesis de proteínas. Su deficiencia puede provocar crecimiento atrofiado, hojas pequeñas y clorosis en las hojas más jóvenes.
- **Manganeso (Mn):** El manganeso juega un papel crucial en la fotosíntesis y en el metabolismo del nitrógeno. También participa en la activación de diversas enzimas. La deficiencia de manganeso puede causar manchas necróticas y clorosis en las hojas.
- **Cobre (Cu):** El cobre es necesario para la fotosíntesis y la síntesis de lignina, un componente estructural de las paredes celulares que aumenta la resistencia de las plantas a enfermedades. Una deficiencia de cobre se presenta como puntas secas en las hojas jóvenes y disminución en la producción de flores.

- **Molibdeno (Mo):** Este micronutriente es necesario para el metabolismo del nitrógeno, ya que actúa en la reducción de nitratos. Aunque se requiere en cantidades muy pequeñas, su deficiencia puede afectar la absorción de nitrógeno y causar manchas en las hojas.
- **Boro (B):** El boro es esencial para la formación de paredes celulares y en la división celular. En ambientes controlados, el boro es especialmente importante para el desarrollo de flores y frutos. Su deficiencia puede causar deformación en los frutos, crecimiento atrofiado y la muerte de los brotes.
- **Cloro (Cl):** El cloro es necesario para la fotosíntesis y el equilibrio osmótico. Su deficiencia es rara, pero puede afectar la turgencia de las células y el crecimiento de las raíces.

Monitoreo y Balance de Nutrientes en la Agricultura en Ambiente Controlado

En sistemas de agricultura en ambiente controlado, como la hidroponía y la fertirrigación, los *growers* tienen la capacidad de suministrar los nutrientes de manera precisa y ajustar las concentraciones de acuerdo con las necesidades de las plantas en cada etapa de crecimiento. Esto se hace monitoreando parámetros clave, como el pH y la conductividad eléctrica (CE), que influyen en la disponibilidad y absorción de nutrientes.

- **Ajuste del pH y CE para Absorción Eficiente:** Cada nutriente tiene un rango de pH óptimo para su absorción. Por ejemplo, el hierro es mejor absorbido en un pH ligeramente ácido, mientras que el calcio y el magnesio son absorbidos eficientemente en pH neutro. La CE indica la concentración de nutrientes en la solución, y un nivel inadecuado puede llevar a deficiencias o toxicidad.
- **Uso de Soluciones Nutritivas Balanceadas:** En ambientes controlados, se preparan soluciones nutritivas específicas para cada cultivo y etapa de desarrollo, lo cual permite una absorción óptima. Estos ajustes aseguran que las plantas reciban la cantidad exacta de cada nutriente, reduciendo el riesgo de deficiencias o acumulación de sales.

Impacto de una Nutrición Óptima en el Rendimiento y Calidad de los Cultivos

La disponibilidad equilibrada de nutrientes en cada etapa de desarrollo permite a las plantas maximizar su rendimiento y mejorar la calidad de los productos. Una nutrición adecuada no solo aumenta la producción de biomasa, sino que también asegura frutos de mejor sabor, textura y vida útil, lo cual es fundamental para cumplir con las demandas del mercado.

- **Mejora en la Resistencia a Enfermedades y Estrés:** Una nutrición adecuada refuerza las paredes celulares y promueve una mayor producción de compuestos de defensa, como las ligninas. Esto aumenta la resistencia de las plantas a plagas y enfermedades, reduciendo la necesidad de pesticidas.
- **Incremento en la Productividad y Calidad de los Frutos:** La presencia equilibrada de potasio y calcio durante la fructificación, por ejemplo, asegura frutos más firmes, con un mejor sabor y contenido nutricional. Además, una adecuada nutrición ayuda a prolongar la vida postcosecha, lo cual es fundamental para la comercialización.

3. Tipos de Fertilizantes y sus Aplicaciones en Ambiente Controlado

En la agricultura en ambiente controlado, como la hidroponía, los invernaderos y los cultivos verticales, los fertilizantes son un componente esencial para proporcionar a las plantas los nutrientes que necesitan para crecer y desarrollarse en condiciones óptimas. Estos fertilizantes pueden clasificarse según su composición y forma de aplicación, adaptándose a las necesidades específicas de los cultivos y al sistema de producción. El uso de fertilizantes de manera controlada permite a los *growers* ajustar las dosis de nutrientes en cada etapa de crecimiento, asegurando una absorción eficiente y promoviendo una producción sostenible y de alta calidad. Este módulo analiza los principales tipos de fertilizantes utilizados en ambientes controlados, sus características y sus aplicaciones en diferentes sistemas de cultivo.

Fertilizantes Inorgánicos o Sintéticos

Los fertilizantes inorgánicos, también conocidos como fertilizantes sintéticos, son compuestos químicos diseñados para proporcionar nutrientes esenciales a las plantas de manera rápida y eficiente. Estos fertilizantes se producen industrialmente y se encuentran en formas solubles que permiten una absorción directa por las raíces de las plantas, lo cual es particularmente útil en sistemas hidropónicos y en riego por fertirrigación.

- **Fertilizantes N-P-K (Nitrógeno, Fósforo, Potasio):** Los fertilizantes N-P-K son los más comunes en la agricultura y están formulados para proporcionar los tres macronutrientes principales necesarios para el crecimiento de las plantas. Cada uno de estos nutrientes desempeña un papel específico:
  - **Nitrógeno (N):** Promueve el crecimiento vegetativo y es esencial en la formación de hojas y tallos.
  - **Fósforo (P):** Favorece el desarrollo de raíces y la floración.
  - **Potasio (K):** Regula la transpiración y mejora la calidad de los frutos.
- En ambientes controlados, se utilizan formulaciones específicas de N-P-K ajustadas a las etapas de crecimiento de las plantas. Por ejemplo, durante el crecimiento vegetativo, se emplean fórmulas con mayor contenido de nitrógeno, mientras que en la etapa de fructificación se incrementa el potasio para mejorar el desarrollo y la calidad de los frutos.
- **Fertilizantes Complejos:** Estos son fertilizantes que contienen una combinación de varios nutrientes, tanto macronutrientes como micronutrientes, en una sola formulación. Los fertilizantes complejos se disuelven fácilmente en agua, lo cual los hace ideales para sistemas de riego por fertirrigación y para cultivos hidropónicos. Permiten una aplicación uniforme de nutrientes y ayudan a evitar deficiencias nutricionales en ambientes controlados.
- **Sales Solubles en Hidroponía:** En cultivos hidropónicos, donde las plantas no crecen en suelo, las sales solubles (como nitrato de calcio, sulfato de magnesio y fosfato monopotásico) son

fundamentales. Estas sales se disuelven en soluciones nutritivas para proporcionar nutrientes en una forma directamente absorbible. Los *growers* pueden ajustar la concentración de estas sales para personalizar la solución nutritiva en función de la especie de planta y la fase de crecimiento.

Fertilizantes Orgánicos

Los fertilizantes orgánicos se derivan de fuentes naturales, como desechos vegetales, compost, estiércol y otros materiales orgánicos. Aunque son más comunes en la agricultura convencional, los fertilizantes orgánicos también se utilizan en algunos sistemas de ambiente controlado, especialmente en la producción de cultivos orgánicos certificados. Estos fertilizantes liberan nutrientes de manera más lenta que los inorgánicos y mejoran la estructura y microbiología del sustrato.

- **Compost y Humus:** El compost y el humus son ricos en materia orgánica y proporcionan una liberación gradual de nutrientes, además de mejorar la estructura del sustrato. En sistemas de sustrato controlado, el uso de compost puede incrementar la capacidad de retención de agua y promover una actividad microbiana beneficiosa, lo cual mejora la salud del sistema radicular y reduce el riesgo de enfermedades.
- **Emulsión de Pescado y Algas Marinas:** Estos productos se derivan de fuentes marinas y son ricos en nitrógeno, fósforo, potasio y micronutrientes como el hierro y el magnesio. La emulsión de pescado y los extractos de algas marinas se aplican mediante riego o en pulverizaciones foliares y son altamente efectivos en cultivos de hojas y en la fase de crecimiento vegetativo. Además, las algas contienen compuestos hormonales que estimulan el crecimiento y aumentan la resistencia al estrés.
- **Biofertilizantes:** Los biofertilizantes contienen microorganismos beneficiosos que ayudan a fijar nitrógeno, solubilizar fósforo y mejorar la disponibilidad de nutrientes en el sustrato. Estos fertilizantes fomentan una microbiota saludable en el entorno radicular, lo cual aumenta la absorción de nutrientes y mejora el crecimiento general de las plantas. En sistemas de cultivo controlado, los biofertilizantes pueden aplicarse como inoculantes en el sustrato o como parte de la solución nutritiva.

Fertilizantes de Liberación Controlada

Los fertilizantes de liberación controlada están formulados para liberar nutrientes lentamente a lo largo del tiempo, lo cual es particularmente útil en sistemas de ambiente controlado donde se busca un suministro constante de nutrientes sin la necesidad de aplicaciones frecuentes. Estos fertilizantes están recubiertos con materiales que regulan la liberación de nutrientes en función de factores como la temperatura y la humedad.

- **Pellets y Gránulos de Liberación Lenta:** Los pellets y gránulos de liberación lenta están diseñados para descomponerse gradualmente, proporcionando una fuente continua de nutrientes durante semanas o incluso meses. Son especialmente útiles en cultivos que requieren menos intervención y para reducir el trabajo de mantenimiento en sistemas de sustrato controlado, como los cultivos en macetas.

- **Fertilizantes de Polímero Recubierto:** Estos fertilizantes están encapsulados en una cubierta de polímero que libera nutrientes de manera controlada en respuesta a la temperatura y la humedad del sustrato. Este sistema de liberación es ideal en ambientes controlados donde se puede ajustar el suministro de nutrientes según las necesidades de las plantas, evitando el riesgo de sobrealimentación o deficiencias.

Aplicación de Fertilizantes en Sistemas de Ambiente Controlado

En la agricultura en ambiente controlado, los fertilizantes se aplican principalmente mediante sistemas de fertirrigación y soluciones nutritivas en hidroponía, lo cual permite una dosificación precisa y eficiente de nutrientes.

- **Fertirrigación:** La fertirrigación es una técnica que combina el riego y la fertilización, permitiendo que los nutrientes se disuelvan en el agua de riego y se apliquen directamente en la zona radicular de las plantas. Esta técnica es especialmente eficaz en sistemas de invernadero y en cultivo hidropónico. La fertirrigación permite ajustar la solución nutritiva en función de las etapas de crecimiento y las necesidades de cada cultivo, maximizando la absorción de nutrientes y reduciendo el desperdicio.
- **Aplicación Foliar:** En ambientes controlados, la aplicación foliar se utiliza para suministrar micronutrientes y hormonas de crecimiento directamente en las hojas. Este método es útil cuando se detectan deficiencias de nutrientes que deben corregirse rápidamente, ya que la absorción foliar es más rápida que la absorción por las raíces. Los fertilizantes foliares se aplican en solución diluida y se pulverizan sobre las hojas, proporcionando un refuerzo nutricional que complementa la fertilización por fertirrigación.
- **Soluciones Nutritivas en Hidroponía:** En sistemas hidropónicos, la solución nutritiva es el único medio de suministro de nutrientes, ya que las plantas no crecen en suelo. Esta solución se formula específicamente para proporcionar los nutrientes esenciales en las concentraciones adecuadas, asegurando que las plantas reciban un suministro constante y equilibrado de elementos necesarios para su crecimiento. El monitoreo del pH y la conductividad eléctrica (CE) es fundamental para mantener la solución nutritiva en niveles óptimos y evitar deficiencias o toxicidades.

Impacto del Uso Preciso de Fertilizantes en la Calidad y Rendimiento de los Cultivos

La aplicación controlada y balanceada de fertilizantes en ambientes controlados ofrece varios beneficios en términos de rendimiento, calidad y sostenibilidad. Al ajustar la dosis de nutrientes a las necesidades específicas de cada etapa de desarrollo, los *growers* pueden maximizar la producción y reducir los efectos negativos en el medio ambiente.

- **Incremento en el Rendimiento y Calidad del Cultivo:** La aplicación precisa de fertilizantes asegura que las plantas reciban los nutrientes que necesitan en cada fase de su ciclo de vida, lo que resulta en un crecimiento más rápido y una mayor producción de biomasa. Además, un suministro

adecuado de nutrientes promueve frutos de mayor tamaño, mejor sabor y mayor vida útil, lo cual es fundamental para satisfacer las demandas del mercado.
- **Reducción del Impacto Ambiental:** En sistemas de fertirrigación e hidroponía, la aplicación de fertilizantes es precisa, lo cual minimiza las pérdidas por lixiviación y evita la contaminación de suelos y aguas subterráneas. Esto no solo beneficia el entorno natural, sino que también reduce el costo de fertilizantes, haciendo la producción más sostenible.

4. Técnicas de Fertilización y Fertirrigación

La fertilización y la fertirrigación son técnicas esenciales en la agricultura en ambiente controlado, ya que permiten proporcionar a las plantas los nutrientes necesarios de manera precisa y eficiente. La fertilización implica la aplicación de nutrientes en el suelo o sustrato, mientras que la fertirrigación combina el riego y la aplicación de fertilizantes, permitiendo una dosificación controlada de nutrientes disueltos en el agua de riego. En sistemas como la hidroponía, los invernaderos y los cultivos verticales, estas técnicas aseguran que las plantas reciban los nutrientes esenciales en cada etapa de su desarrollo, optimizando el crecimiento y aumentando la productividad de los cultivos. Este módulo explora las principales técnicas de fertilización y fertirrigación y su aplicación en la agricultura en ambientes controlados.

Fertilización en Sistemas de Ambiente Controlado

La fertilización es el proceso mediante el cual se aplican nutrientes directamente al suelo o sustrato en el que crecen las plantas. En ambientes controlados, la fertilización se realiza de manera cuidadosa para garantizar que las plantas tengan acceso a los nutrientes necesarios sin causar desequilibrios ni acumulaciones excesivas de sales.

- **Fertilización de Base o Pre-siembra:** Este tipo de fertilización se realiza antes de la siembra o trasplante, y tiene como objetivo enriquecer el sustrato con los nutrientes necesarios para el desarrollo inicial de las plantas. Los fertilizantes utilizados en la fertilización de base suelen ser de liberación lenta, liberando nutrientes gradualmente y proporcionando un suministro constante en las primeras etapas del crecimiento.
- **Fertilización de Mantenimiento:** Durante el ciclo de crecimiento, las plantas necesitan un suministro continuo de nutrientes para mantener su desarrollo y producción. La fertilización de mantenimiento permite reponer los nutrientes que se han agotado en el sustrato, manteniendo un nivel constante de elementos esenciales. En ambientes controlados, la fertilización de mantenimiento puede adaptarse según la etapa de crecimiento de las plantas, aplicando formulaciones específicas para el crecimiento vegetativo, la floración o la fructificación.
- **Fertilizantes de Liberación Controlada:** Los fertilizantes de liberación controlada son ideales para la fertilización de base y de mantenimiento, ya que están diseñados para liberar nutrientes de

manera gradual durante un período prolongado. En sistemas de sustrato, estos fertilizantes ayudan a reducir la necesidad de aplicaciones frecuentes y aseguran que las plantas reciban nutrientes de manera continua. Son útiles en cultivos que requieren menos intervención o en aquellos donde se busca un bajo mantenimiento del sustrato.

Fertirrigación: Combinar Riego y Nutrición

La fertirrigación es una técnica avanzada que consiste en disolver fertilizantes en el agua de riego y aplicarlos directamente en la zona radicular de las plantas. Esta técnica es particularmente eficaz en ambientes controlados, ya que permite una aplicación precisa y homogénea de nutrientes, optimizando su absorción y reduciendo el desperdicio. La fertirrigación se emplea en sistemas hidropónicos, invernaderos y otros sistemas de cultivo controlado, y permite ajustar la nutrición de las plantas en función de sus necesidades específicas.

- **Ventajas de la Fertirrigación:** La fertirrigación permite una distribución uniforme de nutrientes en el sistema radicular, mejorando su absorción y evitando desequilibrios. Además, facilita el ajuste de la solución nutritiva en cada etapa de crecimiento, optimizando la fertilización en función del ciclo de vida de la planta. Otra ventaja importante es la reducción de costos y del impacto ambiental, ya que la fertirrigación minimiza las pérdidas de nutrientes y reduce el riesgo de contaminación por lixiviación.
- **Monitoreo y Control del pH y la Conductividad Eléctrica (CE):** En sistemas de fertirrigación, el pH y la CE de la solución nutritiva son parámetros críticos que deben monitorearse constantemente. El pH afecta la disponibilidad de nutrientes y la eficiencia de absorción en las raíces, mientras que la CE indica la concentración total de nutrientes en la solución. Un pH inadecuado puede causar deficiencias o toxicidades, mientras que una CE demasiado alta puede provocar acumulación de sales y estrés en las plantas. Los sistemas de monitoreo automático permiten a los *growers* ajustar estos parámetros en tiempo real, asegurando un suministro óptimo de nutrientes.

Técnicas de Fertirrigación en Ambientes Controlados

Existen varias técnicas de fertirrigación que se adaptan a diferentes sistemas de cultivo y tipos de plantas. Cada técnica ofrece un enfoque específico para optimizar la entrega de nutrientes, dependiendo de las necesidades de las plantas y las características del sistema de producción.

- **Fertirrigación en Sistemas Hidropónicos:** En la hidroponía, donde las plantas crecen sin suelo, la fertirrigación es la única fuente de nutrientes. La solución nutritiva se aplica directamente en la zona radicular, y la concentración de nutrientes se ajusta regularmente para mantener un equilibrio. Existen varios métodos de fertirrigación en hidroponía, como el sistema NFT (técnica de película nutritiva) y el sistema de raíz flotante, cada uno adaptado a diferentes tipos de cultivos. En estos sistemas, la solución nutritiva circula constantemente, lo que asegura un suministro continuo de nutrientes y permite a las plantas acceder a los elementos esenciales en todo momento.

- **Fertirrigación por Goteo:** El riego por goteo es una de las técnicas de fertirrigación más utilizadas en invernaderos y en cultivos de sustrato controlado. En este sistema, la solución nutritiva se aplica mediante emisores de goteo que proporcionan una cantidad constante de agua y nutrientes directamente en la base de cada planta. Esta técnica minimiza el desperdicio de agua y nutrientes y asegura una absorción eficiente. La fertirrigación por goteo permite ajustar la frecuencia y duración del riego según la etapa de crecimiento, optimizando el uso de recursos y promoviendo un crecimiento saludable.
- **Fertirrigación Foliar:** La aplicación foliar consiste en pulverizar una solución nutritiva sobre las hojas, permitiendo que los nutrientes sean absorbidos directamente a través de los estomas. Esta técnica es útil para corregir deficiencias de micronutrientes o para aplicar hormonas de crecimiento y productos bioestimulantes. La aplicación foliar complementa la fertirrigación radicular y puede utilizarse cuando se necesitan resultados rápidos, ya que la absorción foliar es más rápida que la absorción radicular. Sin embargo, debe realizarse con cuidado para evitar daños en las hojas y minimizar el riesgo de quemaduras solares.

Formulación y Preparación de Soluciones Nutritivas

La formulación y preparación de soluciones nutritivas es un aspecto esencial en la fertirrigación, especialmente en sistemas de ambiente controlado donde los nutrientes deben aplicarse en concentraciones específicas. Los *growers* deben ajustar la solución nutritiva en función de la especie de planta, su fase de crecimiento y las condiciones ambientales.

- **Formulación Específica para Cada Etapa del Ciclo de Vida:** Durante la etapa vegetativa, las plantas requieren más nitrógeno para el desarrollo de hojas y tallos, mientras que en la etapa de floración y fructificación, el fósforo y el potasio son más importantes para la producción de flores y frutos. La formulación de la solución nutritiva debe adaptarse a estas necesidades, garantizando un suministro balanceado de nutrientes en cada fase. Los fertilizantes N-P-K y otros nutrientes secundarios se ajustan en proporciones específicas para maximizar el crecimiento y el rendimiento.
- **Ajuste de Micronutrientes:** Aunque los micronutrientes se requieren en menores cantidades, su presencia es fundamental para evitar deficiencias que puedan afectar el crecimiento de las plantas. La solución nutritiva debe incluir elementos como hierro, zinc, manganeso y cobre en concentraciones adecuadas. Estos micronutrientes contribuyen a la fotosíntesis, la síntesis de proteínas y la activación de enzimas, y su falta puede limitar seriamente el desarrollo de las plantas.

Impacto de una Fertilización y Fertirrigación Óptimas en la Producción y Sostenibilidad

La correcta aplicación de técnicas de fertilización y fertirrigación en ambientes controlados tiene un impacto significativo en la productividad y sostenibilidad de los cultivos. Un manejo adecuado de estos métodos permite a los *growers* maximizar el rendimiento de sus plantas, reducir el desperdicio de recursos y promover una producción más eficiente.

- **Aumento en la Productividad y Calidad del Cultivo:** La aplicación precisa de nutrientes asegura que las plantas reciban los elementos que necesitan en cada fase de crecimiento, lo cual se traduce en un crecimiento más rápido, una mayor producción de biomasa y una calidad superior de los frutos, flores y hojas. Una fertirrigación adecuada también mejora la resistencia de las plantas a enfermedades y factores de estrés, lo cual contribuye a una producción estable y de alta calidad.
- **Reducción del Impacto Ambiental:** Las técnicas de fertirrigación reducen el desperdicio de fertilizantes y minimizan el riesgo de lixiviación y contaminación del suelo y las fuentes de agua. Esto hace que la fertirrigación sea una opción más sostenible, permitiendo una producción agrícola con menor impacto ambiental. Además, al optimizar el uso de agua y nutrientes, se contribuye a una agricultura más responsable y eficiente.

5. Estrategias para Optimizar la Nutrición en Cultivos de Ambiente Controlado

En la agricultura en ambiente controlado, la nutrición de las plantas es uno de los factores críticos que determinan la productividad y calidad de los cultivos. Dado que los cultivos en sistemas controlados, como invernaderos e hidroponía, no dependen del suelo, es necesario aplicar estrategias avanzadas para asegurar que las plantas reciban todos los nutrientes esenciales en las cantidades y proporciones adecuadas en cada etapa de su crecimiento. Optimizar la nutrición en estos sistemas requiere un monitoreo constante y ajustes precisos de los nutrientes para evitar deficiencias o excesos, que pueden afectar negativamente la salud de las plantas y el rendimiento del cultivo. A continuación, se presentan algunas estrategias clave para optimizar la nutrición en cultivos de ambiente controlado.

Monitoreo y Control de pH y Conductividad Eléctrica (CE)

El pH y la conductividad eléctrica (CE) de la solución nutritiva son parámetros fundamentales para la absorción eficiente de nutrientes en sistemas de ambiente controlado. Un pH adecuado asegura que los nutrientes estén disponibles para las raíces de las plantas, mientras que la CE indica la concentración total de nutrientes en la solución.

- **Ajuste del pH para una Absorción Óptima:** Cada nutriente tiene un rango de pH óptimo para su disponibilidad. En sistemas hidropónicos, el rango de pH ideal suele ser de 5.5 a 6.5. Si el pH es demasiado alto o demasiado bajo, algunos nutrientes, como el hierro, el manganeso o el fósforo, pueden volverse menos disponibles para las plantas, causando deficiencias nutricionales. Para mantener el pH en el rango óptimo, se utilizan soluciones de ajuste de pH, como ácidos o bases, y se monitorea constantemente con medidores electrónicos.
- **Control de la Conductividad Eléctrica (CE):** La CE permite medir la concentración de sales en la solución nutritiva, lo cual es esencial para ajustar la cantidad de nutrientes según las necesidades de las plantas en cada etapa de crecimiento. Un nivel de CE demasiado alto puede causar acumulación de sales y dañar las raíces, mientras que un nivel bajo puede resultar en deficiencias nutricionales. El

monitoreo continuo de la CE permite a los *growers* ajustar la concentración de nutrientes para mantener un equilibrio adecuado y evitar problemas de toxicidad o insuficiencia.

Formulación de Soluciones Nutritivas Personalizadas

En ambientes controlados, es posible diseñar soluciones nutritivas específicas para cada cultivo y etapa de desarrollo. Esta estrategia permite optimizar la cantidad y el tipo de nutrientes que reciben las plantas, asegurando que cada elemento esté disponible en la proporción adecuada para promover un crecimiento saludable.

- **Formulación de Soluciones según la Fase de Crecimiento:** Durante el crecimiento vegetativo, las plantas necesitan una mayor cantidad de nitrógeno para formar hojas y tallos, mientras que en la fase de floración y fructificación, el fósforo y el potasio son más importantes. Al ajustar la composición de la solución nutritiva en cada etapa, se garantiza que las plantas reciban los nutrientes necesarios para desarrollar estructuras fuertes en la etapa vegetativa y para mejorar la calidad y el tamaño de los frutos en la etapa de producción.
- **Ajuste de Micronutrientes para Evitar Deficiencias:** Aunque los micronutrientes son necesarios en pequeñas cantidades, su falta puede afectar gravemente la salud de las plantas. La formulación de soluciones nutritivas debe incluir micronutrientes como hierro, zinc, manganeso y cobre en concentraciones adecuadas, evitando deficiencias que puedan limitar la fotosíntesis, la síntesis de proteínas y la resistencia a enfermedades.

Uso de Fertilizantes de Liberación Controlada

Los fertilizantes de liberación controlada son una opción eficiente para optimizar la nutrición en ambientes controlados, especialmente en sistemas de sustrato o en cultivo de macetas. Estos fertilizantes están recubiertos con materiales que liberan nutrientes de manera gradual, lo cual permite un suministro constante y reduce la necesidad de aplicaciones frecuentes.

- **Suministro Gradual de Nutrientes:** La liberación lenta de nutrientes garantiza que las plantas tengan acceso a los elementos necesarios durante un período prolongado, evitando picos de concentración que podrían causar toxicidad. Esta estrategia es útil para mantener un equilibrio nutricional en sustratos de crecimiento prolongado y es particularmente beneficiosa en cultivos de bajo mantenimiento.
- **Reducción de la Lixiviación y el Desperdicio:** La liberación controlada reduce la pérdida de nutrientes por lixiviación, ya que los fertilizantes se descomponen en función de factores como la temperatura y la humedad. Esto hace que la fertilización sea más eficiente y reduce el impacto ambiental, ya que minimiza la contaminación de las aguas subterráneas y el desperdicio de fertilizantes.

Estrategias de Fertirrigación en Sistemas Hidropónicos e Invernaderos

La fertirrigación es una técnica esencial en ambientes controlados, ya que permite la aplicación de nutrientes a través del sistema de riego. Esto asegura que los nutrientes lleguen directamente a la zona radicular, optimizando su absorción y permitiendo un manejo más preciso de la nutrición en cada fase del ciclo de vida de la planta.

- **Ajuste de la Solución Nutritiva en Tiempo Real:** En sistemas de fertirrigación automatizados, es posible ajustar la solución nutritiva en tiempo real en función de las condiciones ambientales y las necesidades de las plantas. Los sensores de humedad, pH y CE permiten a los *growers* realizar ajustes automáticos, lo cual asegura un suministro adecuado de nutrientes y reduce la intervención manual.
- **Frecuencia y Duración del Riego:** La frecuencia y duración del riego en sistemas de fertirrigación afectan directamente la cantidad de nutrientes que reciben las plantas. En etapas de crecimiento rápido, como la fase vegetativa, puede ser necesario aumentar la frecuencia de riego para satisfacer las altas demandas de nutrientes. En la fase de fructificación, se reduce la frecuencia para evitar el exceso de agua, lo cual ayuda a concentrar los nutrientes y mejorar la calidad de los frutos.

Aplicación Foliar para Corrección Rápida de Deficiencias

La aplicación foliar es una técnica complementaria que permite suministrar nutrientes directamente a través de las hojas. Este método es útil para corregir rápidamente deficiencias de micronutrientes o aplicar hormonas de crecimiento en momentos específicos.

- **Corrección de Deficiencias de Micronutrientes:** La aplicación foliar es particularmente eficaz para corregir deficiencias de elementos como el hierro, el zinc y el manganeso, que se absorben fácilmente a través de las hojas. Esta técnica permite una absorción rápida y evita que la deficiencia se agrave, lo cual es importante en ambientes controlados donde un desequilibrio nutricional puede afectar gravemente el rendimiento.
- **Uso de Bioestimulantes y Hormonas de Crecimiento:** Además de los nutrientes, la aplicación foliar permite aplicar bioestimulantes y hormonas que promueven el crecimiento y la resistencia al estrés. En la fase de floración y fructificación, los bioestimulantes foliares pueden mejorar la calidad y cantidad de los frutos, mientras que las hormonas de crecimiento pueden ayudar a superar el estrés causado por cambios de temperatura o humedad.

Monitoreo y Análisis de la Salud Nutricional

El monitoreo regular de la salud nutricional de las plantas es una estrategia esencial para optimizar la nutrición en ambientes controlados. Los análisis de tejidos y las observaciones visuales permiten identificar deficiencias o excesos de nutrientes antes de que afecten el crecimiento y la calidad del cultivo.

- **Análisis de Tejidos para Detectar Deficiencias y Excesos:** El análisis de tejidos vegetales permite determinar la concentración de nutrientes en hojas, tallos o frutos, identificando deficiencias o toxicidades que no son visibles a simple vista. Este monitoreo ayuda a ajustar la solución nutritiva y prevenir problemas nutricionales en etapas tempranas.

- **Observación Visual de Síntomas Nutricionales:** Los *growers* pueden detectar deficiencias o excesos observando síntomas como clorosis, necrosis, deformaciones y retraso en el crecimiento. Estos síntomas suelen indicar problemas específicos de nutrientes, como deficiencia de nitrógeno, hierro o magnesio. La corrección oportuna de estos problemas asegura que las plantas se desarrollen de manera saludable y mantengan su productividad.

Capítulo 5

Gestión del Agua y Sistemas de Riego

El módulo "Gestión del Agua y Sistemas de Riego" es clave para el desarrollo de competencias en el manejo eficiente y sostenible del recurso hídrico en la producción de hortalizas en ambiente controlado. En un contexto donde el agua es cada vez más escasa y costosa, este módulo tiene como objetivo proporcionar a los *growers* los conocimientos y habilidades necesarios para optimizar el uso del agua y elegir los sistemas de riego más adecuados para sus cultivos y condiciones. Además de aprender sobre los diferentes sistemas de riego, los estudiantes también comprenderán cómo monitorear y ajustar el suministro de agua para satisfacer las necesidades específicas de cada etapa de crecimiento del cultivo, reducir el desperdicio y mejorar la rentabilidad.

1. Importancia de la Gestión del Agua en Ambientes Controlados

La gestión del agua es un aspecto fundamental en la agricultura en ambientes controlados, ya que es uno de los recursos más críticos para el crecimiento, desarrollo y productividad de los cultivos. En sistemas como invernaderos, hidroponía y cultivos verticales, el control preciso de la cantidad y calidad del agua permite asegurar que las plantas reciban el suministro adecuado para maximizar su crecimiento y rendimiento. Dado que en estos entornos las plantas dependen completamente de los sistemas de riego para recibir agua y nutrientes, una gestión eficiente del agua no solo mejora la salud de los cultivos, sino que también optimiza el uso de recursos y reduce el impacto ambiental. A continuación, se explora la importancia de la gestión del agua en ambientes controlados, así como las prácticas y tecnologías que permiten su uso eficiente.

Agua como Medio de Transporte de Nutrientes

En sistemas de agricultura en ambiente controlado, el agua actúa como medio de transporte para los nutrientes, ya que estos son disueltos y aplicados en soluciones nutritivas. En la hidroponía, donde las plantas crecen sin suelo, el agua es el único medio por el cual las raíces pueden absorber nutrientes, lo que hace que el control de la solución nutritiva sea esencial para garantizar un crecimiento equilibrado y evitar problemas de deficiencia o toxicidad.

- **Absorción Óptima de Nutrientes:** La disponibilidad de agua en la zona radicular permite que las raíces absorban los nutrientes necesarios para el crecimiento y desarrollo de las plantas. Sin una gestión adecuada, la falta o el exceso de agua puede afectar la absorción de nutrientes, resultando en desequilibrios que pueden impactar el rendimiento de los cultivos.
- **Control de la Conductividad Eléctrica (CE) y el pH:** La calidad del agua influye en el pH y la conductividad eléctrica de la solución nutritiva, los cuales deben mantenerse dentro de ciertos rangos para asegurar la disponibilidad de nutrientes. Un control preciso de estos parámetros permite maximizar

la eficiencia de absorción de nutrientes y evitar problemas como la acumulación de sales en el sistema radicular, lo que podría causar estrés en las plantas y reducir su crecimiento.

Eficiencia en el Uso del Agua para Reducir el Desperdicio

La eficiencia en el uso del agua es uno de los principales objetivos en la gestión de recursos en ambientes controlados, especialmente en regiones donde el agua es un recurso escaso. La agricultura convencional suele desperdiciar grandes cantidades de agua debido a la filtración y evaporación, mientras que en los sistemas de ambiente controlado se busca minimizar estas pérdidas y maximizar el aprovechamiento del agua aplicada.

- **Sistemas de Riego de Precisión:** En los ambientes controlados, se emplean sistemas de riego de precisión, como el riego por goteo, que permiten suministrar pequeñas cantidades de agua directamente en la zona de las raíces. Esto evita el desperdicio por evaporación y filtración y asegura que el agua se use de manera eficiente. Además, el riego por goteo permite un control más exacto de la cantidad de agua aplicada, ajustándola a las necesidades específicas de cada etapa de crecimiento de la planta.
- **Recirculación y Reutilización del Agua:** En sistemas como la hidroponía y el cultivo en sustratos, es posible recircular el agua no absorbida por las plantas, lo que reduce considerablemente el desperdicio y permite su reutilización. Esta técnica no solo ahorra agua, sino que también reduce la cantidad de fertilizantes necesarios, ya que los nutrientes disueltos en el agua pueden ser aprovechados en ciclos sucesivos. La recirculación es especialmente útil en áreas donde el agua es un recurso limitado y permite una producción más sostenible y económica.

Regulación de la Humedad para Evitar el Estrés Hídrico

En ambientes controlados, el riego excesivo o insuficiente puede provocar estrés hídrico en las plantas, afectando su desarrollo y rendimiento. La gestión adecuada del agua implica regular la cantidad y frecuencia de riego para mantener una humedad óptima en el sustrato y evitar condiciones que puedan causar estrés en las plantas.

- **Efectos del Exceso de Agua:** Un riego excesivo puede reducir el oxígeno disponible en el sustrato, afectando la respiración de las raíces y causando problemas de anoxia (falta de oxígeno) que pueden llevar al debilitamiento y muerte de las raíces. Además, el exceso de humedad aumenta el riesgo de enfermedades fúngicas, como el mildiu y el oídio, que pueden afectar seriamente la salud de los cultivos.
- **Control del Estrés por Déficit de Agua:** La falta de agua también provoca estrés en las plantas, reduciendo la fotosíntesis y la absorción de nutrientes, lo que puede llevar a un crecimiento deficiente y una menor producción. En ambientes controlados, el monitoreo constante de la humedad en el sustrato y la frecuencia de riego ayuda a prevenir el estrés hídrico y asegura un desarrollo equilibrado de las plantas.

Impacto en la Productividad y Calidad de los Cultivos

La gestión eficiente del agua no solo contribuye a la sostenibilidad de los recursos, sino que también tiene un impacto directo en la productividad y calidad de los cultivos. Un suministro adecuado y equilibrado de agua permite que las plantas crezcan de manera uniforme y produzcan frutos de mayor calidad, lo cual es esencial para satisfacer las demandas del mercado.

- **Mayor Rendimiento de Biomasa y Producción de Frutos:** Cuando las plantas reciben la cantidad de agua necesaria en cada etapa de su desarrollo, pueden alcanzar su máximo potencial de crecimiento, produciendo una mayor cantidad de biomasa y frutos. La disponibilidad de agua en la fase de fructificación es particularmente importante, ya que ayuda a mejorar el tamaño, el peso y la calidad de los frutos, lo que aumenta el rendimiento y valor del cultivo.
- **Calidad y Sabor de los Productos:** La cantidad de agua aplicada también influye en la concentración de azúcares y otros compuestos que determinan el sabor y calidad de los productos agrícolas. En algunos cultivos, como los tomates, una ligera reducción en el riego durante la fase final de maduración puede aumentar la concentración de azúcares y mejorar el sabor del fruto. Esta práctica permite ofrecer productos de mayor calidad, con características organolépticas superiores, que cumplen con las expectativas del consumidor.

Uso de Tecnología para el Monitoreo y Control del Agua

El uso de tecnología avanzada en la gestión del agua permite un control preciso y automatizado de los sistemas de riego, lo cual es fundamental en ambientes controlados para optimizar el uso de recursos y mejorar la eficiencia de los cultivos. Los sensores y sistemas de monitoreo permiten recopilar datos en tiempo real sobre las condiciones de humedad y la cantidad de agua disponible, permitiendo a los *growers* tomar decisiones informadas sobre el riego.

- **Sensores de Humedad y Temperatura:** Los sensores de humedad instalados en el sustrato o en el sistema de hidroponía permiten medir el nivel de humedad y ajustar el riego en función de las necesidades de las plantas. Estos sensores también pueden estar conectados a sistemas de control automático que activan el riego cuando se detecta una disminución en el nivel de humedad, asegurando que las plantas siempre tengan acceso al agua que necesitan.
- **Sistemas de Control Automatizado:** Los sistemas de riego automatizados permiten a los *growers* programar el riego en función de las condiciones ambientales y el estado de desarrollo de los cultivos. Con el uso de tecnología avanzada, como el Internet de las Cosas (IoT) y la inteligencia artificial, los sistemas de riego pueden analizar datos en tiempo real y ajustar la frecuencia y cantidad de agua aplicada, mejorando la eficiencia y reduciendo el desperdicio.

2. Factores Clave en la Gestión del Agua

La gestión del agua en ambientes controlados es una práctica compleja que involucra el monitoreo, control y optimización de diferentes factores para asegurar que las plantas reciban el suministro adecuado de agua en cada etapa de su crecimiento. En sistemas de cultivo como invernaderos, hidroponía y cultivos verticales, donde el agua es un recurso controlado y esencial para la nutrición de las plantas, una gestión eficiente permite maximizar la productividad, reducir el desperdicio y minimizar el impacto ambiental. Comprender los factores clave en la gestión del agua ayuda a los *growers* a ajustar el riego y mejorar la eficiencia del uso de este recurso. A continuación, se detallan los principales factores que influyen en la gestión del agua en ambientes controlados.

Calidad del Agua

La calidad del agua es fundamental para la salud de las plantas y la efectividad de la nutrición en ambientes controlados. La presencia de sales, contaminantes, patógenos y el nivel de pH afectan la disponibilidad de nutrientes y la capacidad de absorción de las raíces. Utilizar agua de alta calidad ayuda a reducir el riesgo de problemas fisiológicos y de crecimiento en las plantas.

- **pH y Alcalinidad:** El pH del agua influye directamente en la disponibilidad de nutrientes. Un pH muy alto o muy bajo puede limitar la absorción de ciertos nutrientes y causar deficiencias. En sistemas hidropónicos, por ejemplo, el pH ideal suele estar entre 5.5 y 6.5 para asegurar una óptima absorción. La alcalinidad del agua, o su capacidad de resistir cambios en el pH, también es un factor importante, ya que el agua altamente alcalina puede afectar la estabilidad de la solución nutritiva.
- **Concentración de Sales y Conductividad Eléctrica (CE):** El nivel de sales en el agua, medido a través de la CE, es crucial en sistemas de ambiente controlado. Una CE elevada puede indicar una concentración excesiva de sales, lo cual podría provocar estrés en las raíces, reducción en la absorción de agua y problemas de toxicidad. En ambientes controlados, es importante monitorear y ajustar la CE de la solución nutritiva para mantener un balance adecuado de nutrientes y evitar problemas de salinidad.
- **Filtración y Purificación del Agua:** En algunos casos, es necesario purificar el agua para remover impurezas o contaminantes que podrían dañar las plantas o afectar la eficiencia del sistema de riego. La filtración y purificación mediante sistemas de ósmosis inversa o filtros de carbón activado son técnicas comunes para mejorar la calidad del agua y asegurar que las plantas reciban un suministro libre de contaminantes.

Frecuencia y Cantidad de Riego

La cantidad y frecuencia de riego son factores clave para asegurar un crecimiento adecuado y evitar el estrés hídrico en las plantas. En ambientes controlados, estos factores se ajustan de acuerdo con las necesidades específicas de cada tipo de cultivo, la fase de crecimiento y las condiciones ambientales del sistema de producción.

- **Frecuencia de Riego Basada en el Ciclo de Vida de la Planta:** Durante el crecimiento vegetativo, las plantas suelen requerir más agua para soportar el desarrollo de hojas y tallos, mientras que en la etapa de floración y fructificación, la frecuencia puede reducirse para evitar un exceso de humedad y mejorar la calidad de los frutos. Ajustar la frecuencia de riego en función del ciclo de vida permite un suministro adecuado de agua y evita problemas de sobrehumedecimiento o deshidratación.
- **Cantidad de Agua en Cada Aplicación:** La cantidad de agua aplicada en cada riego debe ser la necesaria para alcanzar la zona radicular sin causar saturación en el sustrato o en el sistema hidropónico. En sistemas de riego por goteo, por ejemplo, el volumen de agua se ajusta para que las raíces reciban una cantidad constante sin exceso, evitando la acumulación de humedad y minimizando el riesgo de enfermedades fúngicas.

Humedad Relativa y Control de la Transpiración

La humedad relativa en el ambiente controlado es un factor que influye directamente en la transpiración de las plantas, el proceso por el cual liberan agua a través de las hojas. Controlar la humedad relativa permite ajustar la transpiración y, en consecuencia, el uso de agua.

- **Regulación de la Humedad para la Transpiración Equilibrada:** En ambientes controlados, es esencial mantener una humedad relativa que permita una transpiración óptima. Una humedad muy baja incrementa la transpiración, lo cual puede llevar a un consumo excesivo de agua y al riesgo de deshidratación en las plantas. Por otro lado, una humedad alta reduce la transpiración, afectando el transporte de nutrientes y promoviendo la acumulación de humedad en el follaje, lo que puede aumentar el riesgo de enfermedades.
- **Efecto de la Humedad en el Uso de Agua:** Controlar la humedad relativa permite reducir la necesidad de agua en condiciones de alta transpiración. Los sistemas de ventilación y humidificación son útiles para mantener la humedad en niveles adecuados, optimizando el uso de agua y mejorando la eficiencia del riego.

Estrategias de Riego de Precisión y Tecnología de Monitoreo

Las tecnologías de riego de precisión, junto con sensores de monitoreo, son fundamentales para una gestión eficiente del agua en ambientes controlados. Estas herramientas permiten ajustar el riego en tiempo real, según las condiciones ambientales y las necesidades de las plantas, lo cual mejora la eficiencia en el uso del agua y evita problemas de riego excesivo o insuficiente.

- **Sensores de Humedad y Sistemas de Riego Automático:** Los sensores de humedad en el sustrato o en sistemas hidropónicos permiten medir el nivel de humedad en la zona radicular, activando el riego solo cuando es necesario. Los sistemas automáticos pueden programarse para ajustar la frecuencia y duración del riego en función de la humedad del sustrato, evitando la saturación y manteniendo un ambiente óptimo para el desarrollo radicular.

- **Monitoreo de Condiciones Ambientales en Tiempo Real:** Además de la humedad en el sustrato, es posible monitorear la temperatura, la humedad relativa y la conductividad eléctrica de la solución nutritiva. Estos datos permiten a los *growers* ajustar el riego y otros factores de manera precisa, asegurando que las plantas reciban la cantidad de agua y nutrientes que necesitan en todo momento.

Recirculación y Reutilización del Agua

La recirculación y reutilización del agua es una estrategia clave en ambientes controlados, especialmente en hidroponía y en sistemas cerrados, donde el agua que no es absorbida por las plantas puede ser recolectada, filtrada y reutilizada. Esta práctica no solo ahorra agua, sino que también permite reducir la cantidad de fertilizantes necesarios, ya que los nutrientes disueltos en el agua se pueden volver a utilizar.

- **Ahorro de Recursos y Reducción del Impacto Ambiental:** La recirculación del agua minimiza el desperdicio y reduce la extracción de agua, lo cual es especialmente importante en zonas con disponibilidad limitada. Esta técnica también disminuye la cantidad de agua que se descarga al medio ambiente, contribuyendo a una producción agrícola más sostenible.
- **Filtración y Tratamiento del Agua Recirculada:** Para asegurar la calidad del agua recirculada, es necesario filtrarla y, en algunos casos, someterla a tratamientos que eliminen patógenos o acumulaciones de sales. El tratamiento adecuado del agua recirculada garantiza que no se acumulen sustancias dañinas que puedan afectar la salud de las plantas o el equilibrio de la solución nutritiva.

Impacto en la Productividad y Calidad de los Cultivos

La gestión efectiva del agua tiene un impacto directo en la productividad y calidad de los cultivos en ambientes controlados. Cuando las plantas reciben el suministro adecuado de agua en cada etapa de desarrollo, pueden crecer de manera equilibrada y producir frutos, hojas y flores de alta calidad.

- **Incremento en la Producción y el Rendimiento de Biomasa:** Un manejo adecuado del agua permite a las plantas mantener un balance hídrico saludable, promoviendo una mayor producción de biomasa y un crecimiento vigoroso. Esto es especialmente importante en cultivos de alto valor comercial, donde una mayor productividad mejora la rentabilidad.
- **Calidad de los Productos Agrícolas:** La calidad de los frutos y otros productos agrícolas, como el sabor, el contenido de azúcares y la textura, está relacionada con el control del riego en la fase final de crecimiento. La cantidad y frecuencia del riego pueden ajustarse para mejorar características organolépticas, ofreciendo productos de alta calidad que satisfacen las demandas del mercado.

3. Sistemas de Riego en Ambientes Controlados

El riego es uno de los componentes más importantes en la agricultura en ambiente controlado, ya que permite suministrar agua de manera precisa y eficiente a las plantas, optimizando su crecimiento y desarrollo. En sistemas de cultivo como invernaderos, hidroponía y cultivos verticales, los sistemas de riego juegan un papel esencial para asegurar que las plantas reciban el suministro adecuado de agua y nutrientes en cada etapa de su ciclo de vida. La elección del sistema de riego adecuado no solo mejora la productividad, sino que también contribuye a un uso más eficiente de los recursos y a la sostenibilidad de la producción. A continuación, se exploran los principales sistemas de riego utilizados en ambientes controlados y sus aplicaciones.

Riego por Goteo

El riego por goteo es uno de los sistemas más comunes en ambientes controlados debido a su eficiencia en el uso de agua y su capacidad para proporcionar un suministro constante y uniforme de agua directamente en la zona radicular de las plantas. Este sistema consiste en una serie de emisores de goteo que liberan pequeñas cantidades de agua a intervalos regulares, permitiendo un control preciso de la cantidad de agua aplicada.

- **Ventajas del Riego por Goteo:** Este sistema minimiza el desperdicio de agua, ya que reduce la evaporación y la filtración al aplicar el agua de manera localizada. Además, el riego por goteo permite el ajuste de la frecuencia y duración del riego en función de las necesidades específicas de cada cultivo y etapa de crecimiento, optimizando el uso de recursos.
- **Aplicación de Nutrientes mediante Fertirrigación:** El riego por goteo es ideal para la fertirrigación, ya que permite disolver los nutrientes en el agua y aplicarlos directamente en la zona radicular. Esto asegura que las plantas reciban un suministro constante de nutrientes y mejora su absorción, promoviendo un crecimiento equilibrado y saludable.
- **Uso en Invernaderos y Cultivo en Sustrato:** Este sistema es ampliamente utilizado en invernaderos y en cultivos en sustratos como fibra de coco, lana de roca o perlita. Al aplicar el agua de forma controlada y dirigida, se evita el exceso de humedad en el sustrato y se reduce el riesgo de enfermedades fúngicas, lo que mejora la salud de las plantas.

Hidroponía y Sistemas de Riego en Cultivos Sin Suelo

La hidroponía es un sistema de cultivo sin suelo en el cual las plantas crecen en soluciones nutritivas que contienen los elementos esenciales para su desarrollo. Los sistemas hidropónicos permiten un control total sobre la cantidad de agua y nutrientes que reciben las plantas, lo cual es ideal para optimizar el crecimiento en ambientes controlados.

- **Sistema de Película Nutritiva (NFT):** En el sistema NFT, las raíces de las plantas se colocan en una película de solución nutritiva que fluye continuamente a través de un canal o tubería. Este flujo constante de agua y nutrientes asegura que las raíces tengan acceso a un suministro constante y evita la acumulación de sales. El sistema NFT es popular en el cultivo de lechugas y otras hortalizas de hoja, ya que permite un crecimiento rápido y uniforme.

- **Sistema de Raíz Flotante:** En este sistema, las plantas se colocan en tablas o flotadores que permiten que las raíces crezcan directamente en una solución nutritiva. Este método asegura que las raíces estén en contacto constante con el agua, lo cual es beneficioso para plantas con alta demanda de agua, como ciertas variedades de hortalizas de hoja. La recirculación de la solución nutritiva reduce el desperdicio de agua y permite una fertilización uniforme.
- **Aeroponía:** La aeroponía es una técnica avanzada en la cual las raíces de las plantas están suspendidas en el aire y son rociadas periódicamente con una fina niebla de solución nutritiva. Este sistema proporciona un suministro preciso de agua y nutrientes, además de una excelente oxigenación de las raíces, lo cual promueve un crecimiento rápido. La aeroponía es ideal para cultivos de alta calidad y es utilizada en cultivos verticales y en la producción de plantas con altos requerimientos nutricionales.

Riego por Aspersión

El riego por aspersión utiliza una serie de aspersores que distribuyen el agua en forma de gotas finas sobre las plantas, simulando la lluvia. Este sistema es útil en cultivos en sustrato y en ciertos tipos de invernaderos, aunque se utiliza con menos frecuencia en sistemas controlados debido a la alta tasa de evaporación y el riesgo de enfermedades fúngicas.

- **Ventajas del Riego por Aspersión:** El riego por aspersión es efectivo para humedecer uniformemente grandes áreas y permite controlar la cantidad de agua aplicada en función de las necesidades del cultivo. Además, el riego por aspersión puede usarse para reducir la temperatura en invernaderos durante los meses de calor, creando un microclima favorable para el crecimiento de las plantas.
- **Aplicaciones en Invernaderos y Semilleros:** Este sistema es útil en semilleros y para la germinación de semillas, ya que asegura una humedad constante que favorece el crecimiento inicial de las plántulas. Sin embargo, debe utilizarse con cuidado en ambientes controlados para evitar problemas de exceso de humedad y proliferación de hongos en las hojas y en el sustrato.

Sistemas de Riego Automatizado

Los sistemas de riego automatizado permiten programar y ajustar la frecuencia y duración del riego en función de las condiciones ambientales y las necesidades de las plantas. Estos sistemas son particularmente útiles en ambientes controlados, ya que permiten un monitoreo constante de factores como la humedad del sustrato, la temperatura y la conductividad eléctrica (CE).

- **Sensores de Humedad y Programación de Riego:** Los sistemas de riego automatizado utilizan sensores de humedad en el sustrato o en sistemas hidropónicos que permiten medir el nivel de humedad en la zona radicular y activar el riego cuando se detecta una disminución en la humedad. Esto

evita el riego excesivo y asegura que las plantas reciban la cantidad de agua necesaria, promoviendo un crecimiento óptimo.
- **Monitoreo de CE y pH en Tiempo Real:** Los sistemas de riego automatizados permiten monitorear la CE y el pH de la solución nutritiva en tiempo real, ajustando el riego y la fertirrigación en función de las necesidades de cada cultivo. Esta tecnología es especialmente útil en hidroponía, donde el balance de nutrientes es crítico para la salud de las plantas. Al ajustar estos parámetros de manera precisa, los *growers* pueden evitar desequilibrios nutricionales y mejorar la eficiencia en el uso de agua y fertilizantes.

Riego Capilar

El riego capilar es un sistema en el que el agua se proporciona de abajo hacia arriba mediante capilaridad, lo cual permite que las plantas absorban solo la cantidad de agua que necesitan. Este sistema es utilizado principalmente en cultivos en sustrato y en sistemas de macetas.

- **Ventajas del Riego Capilar:** Este sistema reduce la pérdida de agua por evaporación y lixiviación, ya que el agua es absorbida directamente por las raíces desde la base de la planta. Además, el riego capilar permite mantener un nivel constante de humedad en el sustrato, lo cual es ideal para plantas que requieren un suministro uniforme de agua.
- **Aplicación en Sistemas de Macetas y Cultivo en Bandejas:** El riego capilar es común en el cultivo de plantas en macetas y bandejas, donde se necesita un riego constante y controlado. En ambientes controlados, este sistema permite ahorrar agua y reduce la frecuencia de riego, haciendo el proceso más eficiente y de bajo mantenimiento.

Impacto de los Sistemas de Riego en la Eficiencia y Calidad del Cultivo

La elección del sistema de riego adecuado en ambientes controlados tiene un impacto directo en la eficiencia del uso del agua y en la calidad de los cultivos. Un sistema de riego bien diseñado permite a los *growers* maximizar el rendimiento y mejorar las características organolépticas y visuales de los productos.

- **Aumento en el Rendimiento de los Cultivos:** Los sistemas de riego eficientes aseguran que las plantas reciban la cantidad óptima de agua y nutrientes, lo cual promueve un crecimiento saludable y maximiza la producción de biomasa y frutos. Esto es especialmente importante en cultivos de alto valor, donde una mayor productividad mejora la rentabilidad del sistema.
- **Calidad y Consistencia del Producto:** La cantidad y frecuencia de riego en la fase final de crecimiento pueden influir en la calidad de los frutos y otros productos agrícolas, como el sabor, la textura y el contenido de nutrientes. Un riego preciso y adecuado permite ofrecer productos de alta calidad, con características consistentes que satisfacen las demandas del mercado.

4. Técnicas de Monitoreo y Ajuste del Riego

En la agricultura en ambientes controlados, el riego es uno de los factores críticos para asegurar un crecimiento saludable y productivo de los cultivos. Un riego adecuado permite que las plantas reciban la cantidad óptima de agua y nutrientes en cada etapa de su desarrollo, mientras que un riego deficiente o excesivo puede conducir a problemas de salud, estrés hídrico y pérdidas de rendimiento. Para optimizar el riego, los *growers* utilizan diversas técnicas de monitoreo y ajuste que les permiten controlar con precisión la cantidad y frecuencia de agua suministrada a los cultivos. Estas técnicas no solo aseguran que las plantas reciban el agua que necesitan, sino que también contribuyen a la eficiencia en el uso de recursos y a la sostenibilidad de la producción.

Sensores de Humedad en el Sustrato

Los sensores de humedad son herramientas fundamentales en el monitoreo del riego, ya que permiten medir el nivel de humedad en el sustrato o en la zona radicular de las plantas en tiempo real. Estos dispositivos, colocados en diferentes puntos del sustrato, miden la cantidad de agua presente y envían esta información a los sistemas de control, los cuales ajustan el riego en función de los datos recopilados.

- **Funcionamiento de los Sensores de Humedad:** Los sensores de humedad funcionan mediante el uso de electrodos que detectan la conductividad del sustrato. Cuando el nivel de humedad es bajo, la conductividad disminuye, y el sistema detecta la necesidad de riego. De manera similar, cuando la humedad es alta, la conductividad aumenta, indicando que no es necesario regar. Al tener estos datos en tiempo real, los *growers* pueden programar el riego de manera precisa, asegurando que las plantas reciban agua solo cuando es necesario.
- **Beneficios en el Ahorro de Agua y en la Salud del Cultivo:** Los sensores de humedad permiten reducir el desperdicio de agua al evitar el riego innecesario y optimizar el suministro en función de la demanda de la planta. Además, al ajustar el riego a las necesidades de las plantas, se reduce el riesgo de enfermedades asociadas al exceso de humedad, como el mildiu y otros hongos en las raíces. En sistemas de sustrato, este control contribuye a un entorno radicular equilibrado y saludable.

Monitoreo de Conductividad Eléctrica (CE) y pH en la Solución Nutritiva

En sistemas hidropónicos y de fertirrigación, donde el agua no solo es un recurso de riego sino también el medio para suministrar nutrientes, es fundamental monitorear la conductividad eléctrica (CE) y el pH de la solución nutritiva. Estos parámetros permiten evaluar la concentración de nutrientes y su disponibilidad para las plantas.

- **Importancia de la CE en el Riego y la Nutrición:** La CE mide la cantidad de sales disueltas en la solución nutritiva y es un indicador de la concentración de nutrientes. Si la CE es demasiado alta, puede indicar una acumulación excesiva de nutrientes, lo cual puede dañar las raíces y reducir la

absorción de agua. Por el contrario, una CE baja puede señalar una deficiencia de nutrientes. Monitorear y ajustar la CE permite mantener un equilibrio adecuado en la solución nutritiva, asegurando que las plantas reciban la concentración de nutrientes óptima en cada etapa de su desarrollo.
- **Control del pH para una Absorción Eficiente de Nutrientes:** El pH afecta directamente la disponibilidad de nutrientes para las plantas. En sistemas hidropónicos, el rango de pH ideal suele estar entre 5.5 y 6.5. Fuera de este rango, algunos nutrientes pueden volverse insolubles y no estarán disponibles para la absorción. Monitorear el pH de la solución nutritiva y ajustarlo cuando sea necesario asegura que las plantas puedan absorber todos los nutrientes de manera eficiente, optimizando el riego y la nutrición.

Sistemas de Riego Automatizado

Los sistemas de riego automatizado permiten ajustar la frecuencia y duración del riego en función de las condiciones ambientales y las necesidades específicas de los cultivos. Estos sistemas integran sensores de humedad, temperatura y otros parámetros clave que controlan el riego de manera autónoma.

- **Programación de Riego por Etapas de Crecimiento:** Los sistemas de riego automatizados permiten programar el riego según las necesidades de cada fase del ciclo de vida de las plantas. Por ejemplo, en la etapa vegetativa, las plantas pueden requerir más agua para el desarrollo de hojas y tallos, mientras que en la etapa de floración o fructificación, el riego se puede reducir para concentrar nutrientes y mejorar la calidad de los frutos. La programación específica permite una aplicación de agua precisa y ajustada a las exigencias de cada etapa de crecimiento.
- **Ventajas de la Automatización para el Ahorro de Recursos:** Al automatizar el riego, se reduce la necesidad de intervención manual y se asegura un suministro constante y controlado de agua, lo cual contribuye al ahorro de agua y fertilizantes. La automatización también permite que el riego sea más uniforme, mejorando el rendimiento de los cultivos y evitando problemas relacionados con el riego excesivo o insuficiente.

Monitoreo de Condiciones Ambientales y Ajuste de Riego en Tiempo Real

El monitoreo de condiciones ambientales como la temperatura, la humedad relativa y la radiación solar permite ajustar el riego en función de las necesidades actuales de las plantas. Las condiciones ambientales influyen en la cantidad de agua que las plantas consumen y, por lo tanto, en la frecuencia y duración del riego necesario.

- **Sensores de Temperatura y Humedad Relativa:** Los sensores de temperatura y humedad relativa permiten evaluar las condiciones climáticas dentro del invernadero o ambiente controlado. En días calurosos, las plantas transpiran más y requieren un suministro de agua mayor, mientras que en días fríos, el consumo de agua es menor. Ajustar el riego en función de estos datos permite optimizar el consumo de agua y mejorar la eficiencia del sistema.

- **Análisis de Datos en Tiempo Real:** Los datos recopilados en tiempo real por los sensores se integran en plataformas de análisis, permitiendo a los *growers* realizar ajustes en el riego de manera oportuna. Algunas plataformas avanzadas utilizan inteligencia artificial para analizar patrones y realizar ajustes automáticos en el sistema de riego, asegurando que las plantas siempre reciban el suministro adecuado de agua en función de las condiciones actuales.

Recirculación y Reutilización del Agua en Sistemas de Riego

En sistemas hidropónicos y de cultivo en sustrato, el agua que no es absorbida por las plantas puede ser recolectada, filtrada y reutilizada, reduciendo el desperdicio y mejorando la sostenibilidad del sistema. La recirculación del agua no solo ahorra recursos, sino que también permite aprovechar los nutrientes disueltos que aún están disponibles en la solución.

- **Filtración y Purificación del Agua Recirculada:** Para asegurar que el agua recirculada sea segura para las plantas, es necesario filtrarla y, en algunos casos, tratarla para eliminar patógenos o acumulaciones de sales. El tratamiento adecuado del agua recirculada asegura que las plantas reciban una solución limpia y balanceada, evitando problemas de toxicidad o enfermedades.
- **Impacto de la Recirculación en la Eficiencia del Riego:** La recirculación y reutilización del agua permiten reducir la cantidad total de agua y fertilizantes necesarios para el cultivo, mejorando la eficiencia del sistema y reduciendo los costos operativos. Esta técnica también contribuye a una producción más sostenible, ya que minimiza el impacto ambiental de los sistemas de riego.

5. Estrategias para Optimizar la Eficiencia del Uso del Agua

La optimización del uso del agua es fundamental en la agricultura en ambientes controlados, ya que permite reducir el consumo de este recurso, mejorar la sostenibilidad y maximizar el rendimiento de los cultivos. Dado que el agua es esencial para el crecimiento, la nutrición y la salud de las plantas, su manejo eficiente es clave para el éxito de los sistemas de producción en invernaderos, hidroponía y cultivos verticales. Implementar estrategias para optimizar el uso del agua no solo beneficia al ambiente al reducir el desperdicio, sino que también disminuye los costos operativos y aumenta la productividad. A continuación, se exploran algunas de las estrategias más efectivas para mejorar la eficiencia del uso del agua en sistemas de agricultura en ambiente controlado.

Sistemas de Riego de Precisión

Los sistemas de riego de precisión, como el riego por goteo y el riego capilar, permiten suministrar el agua directamente a la zona radicular de las plantas en pequeñas cantidades, ajustadas a sus necesidades específicas. Estos sistemas son ideales para la agricultura en ambiente controlado, ya que minimizan el desperdicio de agua por evaporación y filtración y aseguran que las plantas reciban la cantidad de agua necesaria para su crecimiento en cada fase de desarrollo.

- **Riego por Goteo:** Este sistema proporciona agua de manera controlada mediante emisores de goteo que liberan pequeñas cantidades directamente en la zona de las raíces. Esta técnica permite ajustar la frecuencia y el volumen de riego en función de las necesidades de cada cultivo y evita el exceso de humedad, reduciendo el riesgo de enfermedades y mejorando la eficiencia en el uso del agua.
- **Riego Capilar:** Este sistema utiliza la capilaridad del sustrato para que el agua se absorba desde la base de las plantas hacia sus raíces, permitiendo que las plantas solo absorban la cantidad necesaria. Esta técnica es especialmente útil en sistemas de cultivo en macetas y bandejas, y es eficiente en el uso del agua, ya que reduce la frecuencia de riego y el riesgo de pérdida por evaporación.

Recirculación y Reutilización del Agua

En sistemas de cultivo hidropónico y en algunos sistemas de sustrato, es posible recolectar el agua que no es absorbida por las plantas y reutilizarla después de un proceso de filtración y, en algunos casos, desinfección. La recirculación del agua no solo reduce el consumo total de este recurso, sino que también permite reutilizar los nutrientes disueltos en la solución nutritiva, maximizando su aprovechamiento.

- **Filtración y Tratamiento del Agua Recirculada:** Antes de recircular el agua, es importante someterla a un proceso de filtración para eliminar partículas sólidas, sales y patógenos que puedan acumularse. El uso de filtros y sistemas de tratamiento, como la desinfección UV o la ósmosis inversa, garantiza que el agua recirculada sea segura para las plantas y que no se acumulen elementos tóxicos en la solución nutritiva.
- **Impacto en la Reducción de Costos y en la Sostenibilidad:** La recirculación del agua reduce la necesidad de extracción de agua fresca y de fertilizantes, ya que los nutrientes no absorbidos por las plantas pueden aprovecharse en ciclos sucesivos. Esto no solo disminuye los costos operativos, sino que también reduce el impacto ambiental, haciendo el sistema más sostenible y eficiente.

Monitoreo y Control en Tiempo Real

El uso de sensores y sistemas de monitoreo en tiempo real permite a los *growers* ajustar el riego en función de las necesidades específicas de las plantas y las condiciones ambientales. Los sensores de humedad, temperatura y conductividad eléctrica (CE) son herramientas clave para optimizar el uso del agua en ambientes controlados, ya que permiten tomar decisiones basadas en datos precisos y en tiempo real.

- **Sensores de Humedad en el Sustrato:** Los sensores de humedad colocados en el sustrato o en la zona radicular miden la cantidad de agua disponible y envían esta información a los sistemas de control, los cuales ajustan el riego cuando el nivel de humedad cae por debajo de un umbral

predeterminado. Esta técnica evita el riego excesivo o insuficiente y asegura que las plantas reciban el agua que necesitan sin desperdicio.
- **Monitoreo de CE y pH en Sistemas Hidropónicos:** En sistemas de cultivo hidropónico, es fundamental monitorear la CE y el pH de la solución nutritiva para mantener un balance adecuado de nutrientes. Ajustar el riego en función de estos parámetros asegura que las plantas absorban la cantidad óptima de agua y nutrientes, evitando acumulaciones de sales que pueden dañar las raíces y optimizando el uso de recursos.

Uso de Tecnologías de Riego Automatizado

Los sistemas de riego automatizado permiten programar el riego en función de las necesidades específicas de cada cultivo y de las condiciones ambientales en tiempo real. Estos sistemas son especialmente útiles en ambientes controlados, ya que integran sensores de humedad, temperatura y otros parámetros que ajustan el riego de manera automática y precisa.

- **Programación de Riego en Función de la Etapa de Crecimiento:** Los sistemas de riego automatizados permiten programar la frecuencia y cantidad de riego de acuerdo con las necesidades de las plantas en cada fase del ciclo de vida, como la germinación, el crecimiento vegetativo, la floración y la fructificación. Esta programación específica asegura un suministro de agua eficiente en cada etapa, optimizando el crecimiento y evitando el estrés hídrico.
- **Reducción de la Intervención Manual y Mejora en la Uniformidad del Riego:** La automatización del riego reduce la necesidad de intervención manual, minimizando errores y asegurando una distribución uniforme del agua en todo el sistema de cultivo. Esto mejora la eficiencia en el uso del agua y promueve un crecimiento uniforme de los cultivos, maximizando el rendimiento.

Control de la Humedad Relativa y Optimización de la Transpiración

La humedad relativa en el ambiente influye directamente en la transpiración de las plantas y, por lo tanto, en su consumo de agua. Un control adecuado de la humedad relativa permite ajustar la cantidad de agua requerida y reducir el desperdicio en condiciones de alta transpiración.

- **Control de la Humedad para Reducir el Consumo de Agua:** En ambientes con alta humedad relativa, la transpiración de las plantas se reduce, lo cual disminuye su necesidad de agua. En cambio, en condiciones de baja humedad, la transpiración aumenta y las plantas necesitan más agua para mantener su equilibrio hídrico. Ajustar la humedad relativa en función de las condiciones ambientales permite optimizar el uso de agua y evitar el estrés por falta de humedad.
- **Uso de Sistemas de Ventilación y Humidificación:** Los sistemas de ventilación y humidificación permiten mantener la humedad en niveles adecuados para cada tipo de cultivo, creando un microclima favorable que optimiza el consumo de agua y reduce la frecuencia de riego. Esto no solo mejora la eficiencia en el uso de recursos, sino que también ayuda a mantener un ambiente saludable para el desarrollo de los cultivos.

Análisis de Datos y Toma de Decisiones Basada en Inteligencia Artificial

El análisis de datos y el uso de inteligencia artificial (IA) permiten realizar un monitoreo avanzado de las necesidades de agua y ajustar el riego de manera proactiva y precisa. Las plataformas de IA pueden analizar grandes cantidades de datos de sensores y patrones históricos, ayudando a los *growers* a tomar decisiones informadas para mejorar la eficiencia en el uso del agua.

- **Predicción de Necesidades de Riego:** Los algoritmos de IA pueden prever las necesidades de riego en función de las condiciones ambientales y el estado de crecimiento de los cultivos. Esto permite ajustar el riego antes de que las plantas experimenten estrés hídrico, asegurando un suministro adecuado de agua en todo momento.
- **Optimización en Tiempo Real:** Las plataformas de IA permiten hacer ajustes en tiempo real y detectar ineficiencias en el sistema de riego. Esto optimiza el uso de recursos y permite a los *growers* maximizar la eficiencia del sistema de riego y mejorar la sostenibilidad de su producción.

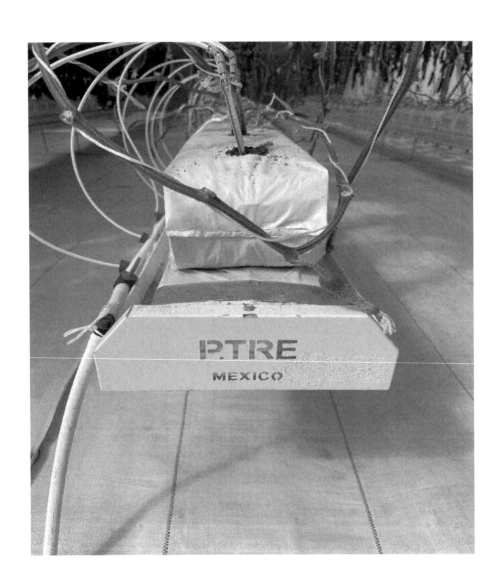

Capítulo 6

Control de Plagas y Enfermedades

El módulo de "Control de Plagas y Enfermedades" es una parte esencial de la formación de *growers* en la producción de hortalizas en ambiente controlado. En un invernadero, el ambiente cálido y húmedo puede favorecer la aparición de plagas y enfermedades, por lo que es crucial aprender a identificar, monitorear y manejar estos problemas de manera efectiva. Este módulo capacita a los estudiantes en la implementación de estrategias integradas de control de plagas (MIP) y en el uso de métodos tanto biológicos como químicos para prevenir y mitigar el impacto de las infestaciones y enfermedades en los cultivos, asegurando una producción de alta calidad y minimizando el impacto ambiental.

1. Importancia del Control de Plagas y Enfermedades en Ambientes Controlados

El control de plagas y enfermedades es fundamental en la agricultura en ambientes controlados, como invernaderos, sistemas hidropónicos y cultivos verticales, donde las condiciones de crecimiento optimizadas también pueden favorecer la aparición y propagación rápida de plagas y patógenos. La protección de los cultivos es esencial para asegurar el rendimiento, la calidad y la rentabilidad de la producción, y un manejo adecuado de plagas y enfermedades contribuye a evitar pérdidas significativas, reduce la dependencia de pesticidas químicos y promueve una producción más sostenible. En estos sistemas, la prevención y el monitoreo constante permiten a los *growers* actuar de manera oportuna, manteniendo el equilibrio en el ambiente controlado y garantizando la salud de los cultivos.

Amenazas y Riesgos en Ambientes Controlados

En ambientes controlados, los factores de crecimiento, como la temperatura, la humedad y la disponibilidad de nutrientes, están ajustados para maximizar el rendimiento de las plantas, creando un entorno favorable para su desarrollo. Sin embargo, estas mismas condiciones también pueden ser propicias para la proliferación de plagas y enfermedades si no se manejan adecuadamente.

- **Alta Densidad de Plantas:** En invernaderos y cultivos hidropónicos, las plantas suelen estar en alta densidad para maximizar el espacio y la producción, lo cual facilita la propagación rápida de plagas y patógenos. La proximidad entre plantas permite que los insectos y microorganismos patógenos se dispersen con facilidad, afectando rápidamente todo el cultivo si no se detectan a tiempo.
- **Ambiente Cerrado:** Los sistemas de cultivo en ambientes controlados están diseñados para retener el calor, la humedad y el dióxido de carbono, lo cual es ideal para el crecimiento de las plantas. No obstante, este entorno cerrado también limita la entrada de predadores naturales y aumenta la humedad, que es favorable para el desarrollo de enfermedades fúngicas y bacterianas. Sin una ventilación y desinfección adecuadas, las plagas y enfermedades pueden proliferar rápidamente.
- **Condiciones Óptimas para Patógenos y Plagas:** Las temperaturas estables y la alta humedad relativa, típicas en invernaderos, también son óptimas para muchas plagas, como áfidos, araña roja y

trips, así como para hongos como el mildiu y el oídio. Estas condiciones pueden acelerar el ciclo de vida de las plagas, aumentando su reproducción y extendiendo su infestación en poco tiempo.

Impacto en la Productividad y Calidad del Cultivo

La presencia de plagas y enfermedades tiene un impacto directo en la productividad y calidad de los cultivos en ambientes controlados. Sin un manejo adecuado, estas amenazas pueden reducir significativamente el rendimiento y afectar la apariencia, sabor y valor nutricional de los productos.

- **Reducción en el Rendimiento:** Las plagas y enfermedades dañan hojas, tallos, raíces y frutos, interfiriendo con la fotosíntesis, el transporte de nutrientes y el desarrollo de las plantas. Esto puede resultar en una reducción de la biomasa y del tamaño y peso de los frutos, lo cual impacta directamente en la producción y, en consecuencia, en la rentabilidad del sistema.
- **Calidad del Producto:** Las enfermedades y daños causados por plagas también afectan la calidad de los productos. Por ejemplo, frutas y vegetales dañados por plagas o infecciones fúngicas suelen tener menor vida útil, peor apariencia y un sabor alterado, lo que reduce su valor comercial. La presencia de plagas y enfermedades también puede generar residuos de pesticidas en los productos, afectando su seguridad y aceptación en el mercado.

Estrategias de Manejo Integrado para la Prevención y Control

El manejo integrado de plagas y enfermedades (MIP) es una estrategia clave en ambientes controlados, ya que combina métodos de prevención, monitoreo y control de plagas de forma eficiente y sostenible. Este enfoque reduce la dependencia de pesticidas químicos, disminuye el impacto ambiental y ayuda a mantener la salud de los cultivos.

- **Monitoreo y Detección Temprana:** El monitoreo constante es esencial para identificar la presencia de plagas y enfermedades en sus primeras etapas. Esto se realiza mediante el uso de trampas, inspección visual y sensores que detectan cambios en las condiciones ambientales que podrían favorecer la aparición de plagas. La detección temprana permite a los *growers* actuar rápidamente y minimizar la propagación.
- **Control Biológico:** El uso de enemigos naturales, como insectos depredadores, parasitoides y microorganismos beneficiosos, es una estrategia efectiva y respetuosa con el ambiente. En ambientes controlados, los *growers* pueden introducir organismos benéficos que se alimentan de las plagas y ayudan a mantener su población en niveles bajos. Además, el uso de biopesticidas y hongos antagonistas puede prevenir la proliferación de patógenos sin afectar la salud del cultivo.
- **Control Cultural y Sanitario:** La limpieza y desinfección de las instalaciones es fundamental para prevenir el desarrollo de plagas y patógenos en ambientes controlados. La eliminación de restos de plantas y la desinfección de herramientas, bandejas y otros equipos ayudan a reducir la presencia de organismos nocivos. Además, la rotación de cultivos y el manejo adecuado del sustrato ayudan a prevenir la acumulación de patógenos en el suelo y disminuyen el riesgo de infestación.

Reducción de la Dependencia de Pesticidas y Mejora en la Sostenibilidad

El uso excesivo de pesticidas en ambientes controlados puede llevar a problemas de resistencia en las plagas, contaminación ambiental y residuos tóxicos en los productos. El manejo adecuado de plagas y enfermedades ayuda a reducir la necesidad de pesticidas, mejorando la sostenibilidad de la producción y la seguridad de los productos.

- **Resistencia a Pesticidas:** La exposición frecuente a pesticidas puede llevar a la resistencia en plagas, lo que dificulta su control y aumenta la necesidad de usar dosis más altas o productos más tóxicos. El MIP reduce la presión de selección sobre las plagas al combinar métodos de control biológico y cultural, ayudando a prevenir la resistencia.
- **Sostenibilidad y Reducción de Impacto Ambiental:** Al limitar el uso de pesticidas y aplicar técnicas naturales de control, los *growers* contribuyen a la sostenibilidad de sus sistemas de cultivo y reducen el impacto en el ambiente. Esto es especialmente importante en ambientes cerrados, donde la acumulación de residuos químicos puede afectar la salud de los trabajadores y la calidad del aire y el agua en el sistema de cultivo.

Mejora en la Rentabilidad y Competitividad de la Producción

El control efectivo de plagas y enfermedades en ambientes controlados no solo asegura la salud de los cultivos, sino que también mejora la rentabilidad y competitividad de la producción. Los productos obtenidos en ambientes controlados suelen tener una mayor calidad y cumplir con estándares de inocuidad más altos, lo cual es un valor añadido en el mercado.

- **Mayor Productividad y Calidad Constante:** Al mantener las plagas y enfermedades bajo control, los *growers* logran una mayor producción y una calidad uniforme en sus cultivos. Esto es especialmente importante en productos de alto valor comercial, como hortalizas y frutas, donde la consistencia y la presentación son fundamentales para la satisfacción del cliente y la competitividad en el mercado.
- **Cumplimiento de Normativas y Certificaciones:** Un manejo adecuado de plagas y enfermedades es esencial para cumplir con las normativas de seguridad alimentaria y para obtener certificaciones de calidad, como los estándares orgánicos y las certificaciones de Buenas Prácticas Agrícolas (BPA). Estos sellos no solo aumentan la confianza de los consumidores, sino que también permiten a los *growers* acceder a mercados más amplios y de mayor valor.

2. Principales Plagas y Enfermedades en Cultivos de Ambiente Controlado

En la agricultura en ambientes controlados, como los invernaderos, sistemas hidropónicos y cultivos verticales, los cultivos están expuestos a una variedad de plagas y enfermedades que pueden afectar seriamente la productividad, la calidad y la rentabilidad. Estos sistemas, aunque permiten optimizar las condiciones de crecimiento, también crean un ambiente favorable para la proliferación de ciertos insectos y patógenos, debido a factores como la alta humedad, las temperaturas constantes y la densidad de las plantas. Es fundamental conocer las plagas y enfermedades más comunes y entender sus síntomas y métodos de control para manejarlas de manera efectiva y sostenible. A continuación, se presentan algunas de las principales plagas y enfermedades que afectan los cultivos en ambientes controlados y las estrategias para su manejo.

Principales Plagas en Cultivos de Ambiente Controlado

Las plagas más comunes en estos sistemas suelen ser insectos pequeños que se adaptan bien a las condiciones de temperatura y humedad de los invernaderos y sistemas cerrados. A continuación, se describen algunas de las plagas más problemáticas y las estrategias para controlarlas.

- **Áfidos (Pulgones):** Los áfidos son pequeños insectos que se alimentan de la savia de las plantas, debilitándolas y transmitiendo virus. Suelen agruparse en los brotes nuevos y en el envés de las hojas, causando deformaciones, coloración amarillenta y pérdida de vigor en las plantas. En ambientes controlados, los áfidos se propagan rápidamente debido a la alta densidad de las plantas.
  - **Control:** Para combatir los áfidos, se pueden utilizar controles biológicos como mariquitas y crisopas, que son depredadores naturales de los pulgones. También es eficaz la aplicación de jabón potásico o aceites naturales como el aceite de neem. El monitoreo y la detección temprana son esenciales para evitar la propagación de esta plaga.
- **Mosca Blanca:** La mosca blanca es otro insecto chupador de savia que debilita las plantas y es vector de enfermedades virales. Las moscas blancas suelen encontrarse en el envés de las hojas y pueden reproducirse rápidamente en las condiciones cálidas y húmedas de los invernaderos.
  - **Control:** Las trampas adhesivas amarillas son útiles para monitorear y reducir la población de mosca blanca. El control biológico mediante el uso de enemigos naturales, como el parasitoide *Encarsia formosa*, puede ser eficaz en ambientes controlados. Además, los extractos de plantas y aceites naturales ayudan a reducir las poblaciones en etapas iniciales.
- **Araña Roja:** Este ácaro es una de las plagas más dañinas en cultivos de ambiente controlado. La araña roja se alimenta de las células de las hojas, causando manchas amarillas y secado prematuro. Las condiciones cálidas y secas favorecen su proliferación, pero en invernaderos pueden encontrarse incluso en ambientes húmedos debido a la adaptabilidad de esta plaga.
  - **Control:** La araña roja se puede controlar mediante el uso de ácaros depredadores, como *Phytoseiulus persimilis*, que se alimentan de estos ácaros. También es efectivo el uso de jabón potásico y la aplicación de agua en pulverización fina, ya que la araña roja prefiere ambientes secos.
- **Trips:** Los trips son insectos pequeños que se alimentan de las hojas, los brotes y los pétalos de las flores, causando daños que se manifiestan como manchas plateadas y deformaciones en las hojas. Además, pueden transmitir virus dañinos para las plantas.
  - **Control:** Para el manejo de trips, se recomienda el uso de trampas adhesivas azules y el control biológico con organismos benéficos, como *Amblyseius swirskii* y *Orius insidiosus*, depredadores de trips. La detección temprana es importante para evitar que la plaga se disperse en el cultivo.

Principales Enfermedades en Cultivos de Ambiente Controlado

Las enfermedades en ambientes controlados suelen estar causadas por hongos, bacterias y virus, que prosperan en las condiciones de humedad y temperatura controladas de estos sistemas. Las enfermedades más comunes y sus métodos de control incluyen:

- **Mildiu:** El mildiu es una enfermedad fúngica que afecta a diversas especies de plantas y es común en ambientes húmedos. Esta enfermedad produce manchas amarillas y marrones en las hojas y puede llegar a causar su caída. Si no se controla, el mildiu puede reducir significativamente el rendimiento del cultivo.
  - **Control:** El manejo del mildiu en ambientes controlados incluye reducir la humedad relativa mediante ventilación y mantener una adecuada circulación de aire. La aplicación de fungicidas biológicos, como el *Bacillus subtilis*, y el uso de azufre pueden ayudar a prevenir la propagación. Es importante eliminar las hojas afectadas y desinfectar el equipo de trabajo para evitar la dispersión del hongo.
- **Oídio:** El oídio es otro hongo común en ambientes controlados, que se manifiesta como un polvo blanco en la superficie de las hojas, tallos y flores. Esta enfermedad puede debilitar las plantas y reducir su capacidad de fotosíntesis, afectando la calidad y el rendimiento.
  - **Control:** Para prevenir el oídio, se recomienda mantener niveles de humedad moderados y buena ventilación en el ambiente controlado. El uso de productos como el bicarbonato de potasio y extractos naturales, así como el azufre, son efectivos para el control de oídio. También es útil aplicar fungicidas biológicos a base de extractos de plantas.
- **Botrytis (Moho Gris):** La botrytis, o moho gris, es un hongo que afecta principalmente a las flores y frutos, causando manchas marrones y podredumbre en los tejidos. Este hongo prospera en ambientes húmedos y poco ventilados, y puede propagarse rápidamente en cultivos de alta densidad.
  - **Control:** El control de botrytis incluye mantener una ventilación adecuada y reducir la humedad relativa. La aplicación de productos biológicos como *Trichoderma harzianum* y el uso de desinfectantes en las herramientas de trabajo ayudan a prevenir la propagación del moho gris. La eliminación de partes afectadas de las plantas es crucial para evitar la dispersión del hongo.
- **Pythium (Podredumbre de Raíz):** Pythium es un patógeno que causa podredumbre en las raíces y es común en sistemas hidropónicos y de riego excesivo. Esta enfermedad afecta la absorción de agua y nutrientes, provocando que las plantas se marchiten y mueran.
  - **Control:** La prevención de Pythium en sistemas hidropónicos incluye la desinfección regular del agua de riego y el monitoreo de la conductividad eléctrica (CE) para evitar el estrés en las raíces. Productos biológicos como *Trichoderma* y *Bacillus subtilis* ayudan a combatir este patógeno. Mantener la higiene del sistema hidropónico y reducir el exceso de humedad son fundamentales para prevenir la propagación.

Estrategias de Manejo Integrado para Controlar Plagas y Enfermedades

El manejo integrado de plagas y enfermedades (MIP) es esencial en ambientes controlados, ya que permite combinar diferentes técnicas de prevención, monitoreo y control para minimizar la dependencia de productos químicos y reducir el impacto ambiental. A continuación, algunas estrategias clave en el MIP:

- **Monitoreo y Detección Temprana:** La observación regular y el uso de trampas adhesivas permiten detectar plagas y enfermedades en sus primeras etapas, facilitando un control más efectivo antes de que se extiendan en el cultivo.
- **Control Biológico:** El uso de depredadores y parasitoides naturales, así como de biopesticidas, es una herramienta eficaz y sostenible. En ambientes controlados, se pueden liberar enemigos naturales de manera estratégica para controlar las poblaciones de plagas.
- **Control Sanitario y Cultural:** La limpieza de las instalaciones, la eliminación de restos de plantas y la desinfección de herramientas ayudan a prevenir la acumulación de patógenos. La ventilación y el control de la humedad también contribuyen a reducir la incidencia de enfermedades fúngicas.

3. Estrategias de Control de Plagas y Enfermedades

En la agricultura en ambientes controlados, como invernaderos y sistemas hidropónicos, la gestión de plagas y enfermedades es fundamental para asegurar la salud y productividad de los cultivos. A diferencia de los sistemas de cultivo al aire libre, los ambientes controlados ofrecen condiciones de crecimiento óptimas y reguladas, lo cual, sin embargo, puede también crear un entorno propicio para la rápida proliferación de plagas y patógenos. Por esta razón, los *growers* deben implementar estrategias de control efectivas que combinen prevención, monitoreo y métodos de control integrados para reducir el uso de pesticidas y promover una producción sostenible. A continuación, se describen las principales estrategias de control de plagas y enfermedades en ambientes controlados.

Prevención y Control Cultural

La prevención es la primera línea de defensa contra plagas y enfermedades en ambientes controlados. Un enfoque preventivo reduce la probabilidad de que las plagas y patógenos se establezcan y propaguen en el cultivo, disminuyendo la necesidad de controles más intensivos.

- **Higiene y Desinfección del Ambiente:** Mantener las instalaciones limpias y libres de residuos vegetales es fundamental para evitar la acumulación de patógenos y plagas. Esto incluye la desinfección de herramientas, bandejas, sustratos y contenedores antes de cada nuevo ciclo de cultivo. La limpieza y desinfección del equipo y las superficies ayuda a eliminar los organismos que puedan haber quedado en la infraestructura, reduciendo el riesgo de reinfección.

- **Control de la Humedad y la Ventilación:** La humedad alta y la falta de ventilación pueden favorecer el desarrollo de enfermedades fúngicas, como el mildiu, el oídio y la botrytis. Mantener una ventilación adecuada y controlar la humedad relativa en el ambiente permite reducir la humedad en el follaje y en el ambiente general, creando condiciones menos favorables para los hongos. En muchos casos, se pueden utilizar ventiladores o sistemas de control climático para mantener la humedad en un rango seguro para las plantas.
- **Rotación de Cultivos y Manejo de Sustratos:** La rotación de cultivos y el manejo adecuado del sustrato pueden ayudar a reducir la presión de patógenos. Algunos patógenos específicos de cultivos pueden acumularse en el suelo o en el sustrato con el tiempo, por lo que la rotación con otros cultivos o la desinfección del sustrato ayuda a prevenir problemas de enfermedades recurrentes.

Monitoreo y Detección Temprana

El monitoreo constante es una estrategia clave en el manejo integrado de plagas y enfermedades (MIP). La detección temprana permite identificar las amenazas antes de que se conviertan en problemas mayores, facilitando una respuesta rápida y minimizando el impacto en el cultivo.

- **Uso de Trampas Adhesivas y Visuales:** Las trampas adhesivas amarillas y azules son útiles para detectar insectos voladores como áfidos, mosca blanca y trips. Estas trampas no solo ayudan a monitorear la presencia de plagas, sino que también permiten evaluar el nivel de infestación. Colocarlas estratégicamente en el cultivo ayuda a obtener una visión clara de la distribución y población de las plagas.
- **Inspección Regular de las Plantas:** La observación periódica de las plantas permite detectar síntomas iniciales de enfermedades y daños causados por plagas. La inspección de hojas, tallos y raíces para buscar manchas, deformaciones, cambios de color o presencia de insectos es esencial para identificar problemas en una fase temprana. Detectar problemas de manera oportuna permite aplicar medidas de control en las áreas afectadas y evitar que se extiendan al resto del cultivo.
- **Tecnología de Sensores y Monitoreo Digital:** En ambientes controlados, el uso de sensores que miden la temperatura, la humedad y la calidad del aire permite monitorear las condiciones en tiempo real. Los sistemas de monitoreo digital también ayudan a detectar cambios en las condiciones del ambiente que podrían favorecer la proliferación de plagas y patógenos. Algunas plataformas de monitoreo incluso utilizan inteligencia artificial para identificar patrones y alertar a los *growers* cuando existen riesgos potenciales.

Control Biológico

El control biológico es una de las estrategias más efectivas y sostenibles para manejar plagas y enfermedades en ambientes controlados. Esta técnica implica la introducción de organismos benéficos, como insectos depredadores, parasitoides y microorganismos que combaten plagas y patógenos de manera natural.

- **Insectos Depredadores y Parasitoides:** Los insectos depredadores, como las mariquitas, las crisopas y el *Orius insidiosus*, se alimentan de plagas como áfidos, mosca blanca y trips, ayudando a reducir sus poblaciones. Por otro lado, los parasitoides, como el *Encarsia formosa* y *Aphidius colemani*, son insectos que parasitan a las plagas y controlan su propagación. Estos agentes de control biológico pueden liberarse de forma estratégica en los cultivos para mantener a las plagas en niveles bajos y equilibrados.
- **Microorganismos Antagonistas y Biopesticidas Naturales:** Los hongos y bacterias beneficiosos, como el *Trichoderma* y *Bacillus subtilis*, son efectivos para controlar patógenos en el suelo y en el sistema radicular. Estos microorganismos inhiben el crecimiento de patógenos y mejoran la salud del sustrato. Además, los biopesticidas naturales a base de extractos de plantas, como el neem y el piretro, son opciones efectivas para controlar plagas sin dañar el ecosistema del cultivo.

Control Físico y Mecánico

El control físico y mecánico implica el uso de barreras y métodos de manejo físico para limitar el acceso de plagas y reducir el riesgo de infección en las plantas. Estas estrategias son efectivas como medidas preventivas y como métodos de apoyo para otras formas de control.

- **Barreras Físicas y Mallas Anti-insectos:** El uso de mallas anti-insectos en ventanas y entradas de los invernaderos ayuda a evitar la entrada de plagas desde el exterior. Estas mallas permiten mantener una ventilación adecuada mientras protegen a los cultivos de insectos voladores. Las barreras físicas son especialmente útiles en áreas donde la presencia de plagas es alta y complementan otros métodos de control.
- **Eliminación Manual de Plantas Afectadas:** Cuando una planta presenta una infección severa o una infestación grave, es recomendable eliminarla para evitar que el problema se propague. La eliminación manual de hojas, flores y frutos dañados ayuda a controlar los brotes y a reducir el inóculo de patógenos en el cultivo.

Control Químico con un Enfoque Integrado

En los sistemas de manejo integrado, el control químico se utiliza como última opción cuando las demás estrategias no son suficientes para controlar una plaga o enfermedad. El uso de pesticidas debe ser prudente y enfocado, respetando dosis y tiempos de aplicación para minimizar el impacto ambiental y reducir la probabilidad de resistencia en las plagas.

- **Uso Racional de Pesticidas Selectivos:** Los pesticidas selectivos son aquellos que actúan de forma específica contra ciertas plagas o patógenos sin afectar a los organismos benéficos. Estos productos son útiles cuando se requiere un control más intensivo, y su aplicación debe ser localizada y en bajas dosis para reducir el impacto negativo en el ambiente del cultivo.
- **Rotación de Productos para Evitar Resistencia:** La rotación de pesticidas con diferentes modos de acción ayuda a evitar la resistencia en las plagas. La resistencia ocurre cuando las plagas

desarrollan tolerancia a ciertos productos debido a su uso repetitivo. La rotación de productos permite reducir la presión de selección y mantener la efectividad de los pesticidas como herramienta de control.

4. Técnicas de Monitoreo y Diagnóstico

En la agricultura en ambientes controlados, como invernaderos y sistemas hidropónicos, el monitoreo y diagnóstico de plagas y enfermedades es una práctica esencial para mantener la salud de los cultivos y asegurar una producción de alta calidad. El monitoreo constante y el diagnóstico temprano permiten a los *growers* identificar problemas en etapas iniciales, minimizando la propagación y el impacto de las plagas y patógenos. A través de estas técnicas, es posible implementar acciones de control de manera oportuna, reducir la dependencia de productos químicos y mejorar la sostenibilidad de los sistemas de producción. A continuación, se describen algunas de las técnicas más efectivas para el monitoreo y diagnóstico de plagas y enfermedades en ambientes controlados.

Observación Visual y Muestreo de Plantas

La observación visual es una de las técnicas más sencillas y efectivas para identificar plagas y enfermedades en etapas tempranas. Consiste en inspeccionar regularmente las plantas, hojas, tallos, flores y raíces para detectar cualquier señal de daño, cambio de color, deformaciones o presencia de insectos. La observación visual permite identificar síntomas característicos de infestaciones y enfermedades, como manchas en las hojas, marchitamiento, presencia de insectos en el envés de las hojas, entre otros.

- **Inspección Periódica:** La observación visual debe realizarse de forma periódica, idealmente cada semana o incluso diariamente, dependiendo del tipo de cultivo y la susceptibilidad a plagas y enfermedades. Esto permite detectar problemas en una etapa temprana y tomar decisiones rápidas para evitar que se extiendan al resto del cultivo.
- **Muestreo de Plantas Afectadas:** El muestreo es fundamental para tener una visión representativa de la salud del cultivo. Seleccionar plantas de diferentes áreas del invernadero o sistema de cultivo permite identificar si el problema está localizado o si afecta de manera generalizada. Tomar muestras de hojas, tallos y frutos permite realizar un análisis detallado de los síntomas y evaluar la gravedad de la infestación o infección.

Trampas Adhesivas y Métodos de Captura

Las trampas adhesivas son herramientas valiosas para monitorear insectos voladores como áfidos, mosca blanca y trips. Estas trampas consisten en superficies adhesivas de color amarillo o azul, que atraen a los insectos y permiten capturarlos para analizar su presencia y densidad. Además, las trampas ayudan a detectar la aparición de nuevas plagas y a evaluar el nivel de infestación en el cultivo.

- **Uso de Trampas de Color:** Las trampas adhesivas amarillas son efectivas para atraer y capturar mosca blanca y áfidos, mientras que las trampas azules se utilizan para monitorear trips. Colocar las trampas a lo largo del cultivo, especialmente cerca de puntos de entrada y áreas vulnerables, permite obtener una visión general de la distribución de plagas y estimar su nivel de incidencia.
- **Monitoreo de la Población de Insectos:** La cantidad de insectos capturados en las trampas permite a los *growers* estimar la población de plagas y tomar decisiones informadas sobre la necesidad de intervención. Al observar un incremento en el número de insectos capturados, es posible anticiparse a una infestación y aplicar medidas de control de manera oportuna.

Diagnóstico Visual de Síntomas en las Plantas

El diagnóstico visual consiste en la identificación de síntomas específicos en las plantas que pueden indicar la presencia de plagas o enfermedades. Este proceso implica observar las características y patrones de daño en las hojas, tallos y frutos, así como cambios en el color y la textura. Cada plaga y enfermedad suele presentar síntomas característicos, lo cual facilita su identificación.

- **Identificación de Síntomas Comunes de Plagas:** Los daños causados por plagas suelen manifestarse como manchas, perforaciones y deformaciones en las hojas. Por ejemplo, la presencia de áfidos se asocia con hojas enrolladas y pegajosas, debido a la producción de melaza, mientras que los trips causan manchas plateadas en las hojas.
- **Síntomas de Enfermedades Fúngicas y Bacterianas:** Las enfermedades fúngicas, como el oídio y el mildiu, se manifiestan como manchas polvorientas o decoloraciones en la superficie de las hojas. Las enfermedades bacterianas pueden causar manchas necróticas y exudados pegajosos en las hojas y tallos. Identificar estos síntomas permite actuar rápidamente, reduciendo el riesgo de que la enfermedad se propague en el cultivo.

Uso de Tecnología para el Monitoreo en Tiempo Real

El avance en la tecnología agrícola ha permitido el desarrollo de sensores y sistemas de monitoreo que brindan información en tiempo real sobre las condiciones ambientales y la presencia de plagas y enfermedades. Estas herramientas son especialmente útiles en ambientes controlados, donde se puede ajustar el riego, la humedad y la temperatura en función de las necesidades del cultivo y las amenazas detectadas.

- **Sensores de Humedad, Temperatura y CO_2:** Los sensores ambientales permiten monitorear factores críticos como la humedad relativa, la temperatura y los niveles de CO_2 en el invernadero o sistema de cultivo. Estos factores afectan el desarrollo de plagas y patógenos, por lo que su monitoreo permite a los *growers* ajustar las condiciones para minimizar el riesgo de infestaciones. Por ejemplo, una humedad elevada favorece el crecimiento de hongos, por lo que al reducir la humedad en el ambiente se limita el desarrollo de enfermedades fúngicas.

- **Cámaras y Detección Automática de Plagas:** Algunas plataformas avanzadas de monitoreo utilizan cámaras con inteligencia artificial para detectar la presencia de plagas y enfermedades de forma automática. Estas cámaras identifican patrones y síntomas en las plantas, alertando a los *growers* cuando detectan signos de infestación o infección. Esta tecnología reduce la necesidad de inspección manual y permite una detección temprana de amenazas.

Análisis de Muestras en Laboratorio

Cuando los síntomas no son concluyentes o se sospecha la presencia de patógenos difíciles de identificar, el análisis de muestras en laboratorio es una técnica complementaria para confirmar el diagnóstico. Los laboratorios pueden realizar pruebas específicas para detectar hongos, bacterias, virus y nematodos en muestras de tejido vegetal, suelo o agua.

- **Pruebas Microbiológicas y Serológicas:** Las pruebas microbiológicas permiten identificar hongos y bacterias en muestras de tejido, mientras que las pruebas serológicas, como el ELISA, son útiles para detectar virus en las plantas. Estas pruebas ayudan a identificar el patógeno específico y a elegir las medidas de control más adecuadas.
- **Diagnóstico Molecular (PCR):** La reacción en cadena de la polimerasa (PCR) es una técnica avanzada que permite identificar patógenos a nivel molecular mediante el análisis de su material genético. La PCR es especialmente útil para detectar patógenos que no pueden ser identificados visualmente, como algunos virus y bacterias, y es una herramienta de gran precisión para el diagnóstico en ambientes controlados.

Evaluación de Datos y Toma de Decisiones

El monitoreo y diagnóstico generan datos valiosos sobre el estado de los cultivos y la presencia de plagas y enfermedades. Estos datos permiten a los *growers* tomar decisiones informadas y desarrollar planes de manejo específicos para cada situación.

- **Registro de Observaciones y Datos Históricos:** Llevar un registro detallado de las observaciones y las poblaciones de plagas y enfermedades permite analizar patrones y tendencias a lo largo del tiempo. Esto ayuda a identificar los períodos de mayor riesgo y ajustar las estrategias de control de manera anticipada.
- **Toma de Decisiones Basada en Datos (IPM):** El manejo integrado de plagas (MIP) se basa en la toma de decisiones informadas. Los datos obtenidos a través del monitoreo y diagnóstico permiten seleccionar las mejores opciones de control, priorizando métodos sostenibles como el control biológico y cultural antes de recurrir a tratamientos químicos.

5. Estrategias para Minimizar la Dependencia de Productos Químicos

La creciente demanda por una producción agrícola más sostenible y segura para el consumidor ha llevado a muchos *growers* a reducir su dependencia de productos químicos para el control de plagas y enfermedades en ambientes controlados. Aunque los pesticidas y fungicidas químicos pueden ser efectivos, su uso excesivo conlleva riesgos significativos, como la resistencia en plagas, residuos en los productos y efectos adversos en el medio ambiente y en la salud humana. Además, en sistemas cerrados como invernaderos e instalaciones hidropónicas, el uso continuo de químicos puede acumularse en el ambiente de cultivo y afectar el equilibrio ecológico del sistema. Por estas razones, es fundamental implementar estrategias que minimicen el uso de productos químicos y prioricen alternativas sostenibles y naturales. A continuación, se presentan las principales estrategias para reducir la dependencia de productos químicos en el control de plagas y enfermedades en ambientes controlados.

Control Biológico: Aprovechar los Organismos Benéficos

El control biológico es una de las herramientas más efectivas para reducir el uso de pesticidas en ambientes controlados. Esta estrategia consiste en introducir organismos benéficos, como depredadores, parasitoides y microorganismos antagonistas, que controlan de manera natural las poblaciones de plagas y patógenos.

- **Insectos Depredadores y Parasitoides:** Los depredadores, como las mariquitas y las crisopas, se alimentan de plagas como áfidos, trips y mosca blanca, ayudando a mantener sus poblaciones en niveles bajos. Los parasitoides, como *Encarsia formosa* (para la mosca blanca) y *Aphidius colemani* (para los áfidos), depositan sus huevos dentro de los cuerpos de las plagas, eliminándolas desde adentro. La liberación planificada de estos enemigos naturales es una estrategia eficaz y respetuosa con el medio ambiente para mantener el control de plagas sin necesidad de químicos.
- **Microorganismos Antagonistas y Biopesticidas Naturales:** Los hongos y bacterias benéficos, como *Trichoderma* y *Bacillus subtilis*, son antagonistas de muchos patógenos y ayudan a prevenir enfermedades fúngicas y bacterianas en las plantas. También se pueden utilizar biopesticidas naturales a base de extractos de plantas, como el neem y el piretro, que controlan plagas sin afectar negativamente a los organismos benéficos. Estos productos naturales son una alternativa segura y efectiva para el control de plagas y enfermedades.

Prácticas Culturales y Manejo Sanitario

El manejo cultural y sanitario son estrategias preventivas que reducen las condiciones favorables para el desarrollo de plagas y enfermedades. Estas prácticas mejoran la salud del cultivo y el ambiente de producción, disminuyendo la necesidad de intervención química.

- **Higiene y Limpieza Regular:** La limpieza y desinfección del invernadero, el equipo y el sustrato reduce la presencia de patógenos y elimina residuos que pueden ser focos de infección. Esto incluye la

eliminación de restos de plantas, la desinfección de herramientas y el uso de sustratos libres de patógenos.
- **Control de la Humedad y la Ventilación:** Los hongos y bacterias prosperan en condiciones de alta humedad y baja ventilación. Mantener niveles óptimos de humedad y asegurar una buena ventilación reduce el riesgo de enfermedades como el mildiu, el oídio y la botrytis. En muchos casos, sistemas de ventilación y calefacción pueden ayudar a reducir la humedad en el follaje y en el ambiente del invernadero, evitando el desarrollo de patógenos.
- **Rotación de Cultivos y Control del Sustrato:** La rotación de cultivos y el manejo adecuado del sustrato ayudan a prevenir la acumulación de patógenos en el suelo y en el ambiente de cultivo. Alternar especies de plantas en diferentes ciclos de cultivo reduce la presión de enfermedades específicas y mantiene el sistema en equilibrio, evitando que se establezcan poblaciones de patógenos recurrentes.

Monitoreo y Detección Temprana

El monitoreo y la detección temprana de plagas y enfermedades permiten actuar de manera oportuna, evitando que se propaguen y necesiten un tratamiento químico intensivo. Estas técnicas ayudan a minimizar el uso de pesticidas mediante un manejo basado en datos y en la identificación temprana de problemas.

- **Uso de Trampas Adhesivas y Monitoreo Visual:** Las trampas adhesivas de colores permiten detectar plagas voladoras, como mosca blanca y trips, en sus primeras etapas de infestación. Este método, junto con la inspección visual de síntomas en las plantas, permite identificar problemas y aplicar métodos de control biológico o cultural antes de recurrir a pesticidas.
- **Tecnología de Sensores y Monitoreo en Tiempo Real:** La tecnología de sensores y el monitoreo digital ayudan a recopilar datos en tiempo real sobre la temperatura, la humedad y los niveles de CO_2 en el ambiente controlado. Estas condiciones ambientales afectan el desarrollo de plagas y patógenos, por lo que el monitoreo en tiempo real permite ajustar las condiciones para evitar su proliferación. Este enfoque proactivo reduce la necesidad de tratamientos químicos y permite una intervención precisa y oportuna.

Uso de Extractos Naturales y Productos Orgánicos

Los extractos naturales y productos orgánicos son una alternativa viable y menos tóxica a los pesticidas convencionales. Estos productos, derivados de plantas y microorganismos, son efectivos contra muchas plagas y enfermedades sin los efectos adversos de los productos químicos sintéticos.

- **Extracto de Neem y Piretro:** El extracto de neem actúa como repelente e inhibe el crecimiento de varias plagas, como áfidos, mosca blanca y trips. El piretro, derivado de flores de crisantemo, es efectivo contra insectos voladores y su uso es permitido en la agricultura orgánica. Ambos productos son seguros para el ambiente y se descomponen rápidamente, minimizando el riesgo de residuos en los cultivos.

- **Biofungicidas y Bactericidas Naturales:** Los biofungicidas a base de *Trichoderma* y *Bacillus subtilis* son efectivos para prevenir enfermedades causadas por hongos y bacterias. Estos productos estimulan el sistema inmunológico de las plantas y reducen la incidencia de enfermedades, permitiendo un manejo sostenible y seguro de los cultivos sin necesidad de fungicidas químicos.

Manejo Integrado de Plagas (MIP)

El Manejo Integrado de Plagas (MIP) es una estrategia que combina diferentes métodos de control de manera coordinada, priorizando el uso de técnicas biológicas, culturales y físicas antes de recurrir a productos químicos. Este enfoque reduce la dependencia de pesticidas y permite un control más sostenible y efectivo de plagas y enfermedades.

- **Aplicación de Métodos de Control en Etapas Específicas:** El MIP se basa en la identificación de las etapas críticas en el ciclo de vida de las plagas y patógenos para aplicar métodos de control en el momento adecuado. Por ejemplo, el uso de depredadores naturales al inicio de la infestación puede evitar que las plagas se propaguen. Asimismo, el monitoreo constante permite aplicar productos naturales o controles biológicos de forma selectiva y solo cuando es necesario.
- **Uso Racional de Productos Químicos:** En el MIP, los pesticidas se utilizan solo como última opción y en combinación con otras técnicas. Cuando es necesario recurrir a productos químicos, se utilizan formulaciones selectivas y se alternan productos con diferentes modos de acción para evitar la resistencia en las plagas.

Capítulo 7

Sustratos y Medios de Cultivo

El módulo "Sustratos y Medios de Cultivo" es fundamental en la formación de *growers* especializados en producción de hortalizas en ambiente controlado. En sistemas de cultivo protegido, los sustratos y medios de cultivo juegan un papel crucial al sustituir o complementar las funciones del suelo, proporcionando soporte, aireación, retención de agua y nutrientes para las plantas. Este módulo profundiza en los tipos de sustratos utilizados en ambientes controlados, sus propiedades físicas y químicas, y en cómo seleccionar y manejar el sustrato adecuado según el tipo de cultivo, las necesidades específicas y el sistema de producción. Además, se abordan las técnicas de manejo y optimización de sustratos para maximizar la eficiencia en la producción y reducir costos.

1. Importancia de los Sustratos en la Agricultura en Ambiente Controlado

En la agricultura en ambientes controlados, como los invernaderos y los sistemas hidropónicos, los sustratos cumplen una función fundamental al proporcionar soporte, aireación, retención de agua y nutrientes esenciales para el crecimiento de las plantas. En estos sistemas, el suelo natural es reemplazado por sustratos especialmente formulados que permiten un control más preciso de las condiciones de crecimiento, lo cual es vital para optimizar la productividad y asegurar una alta calidad en la producción. La elección y manejo adecuado del sustrato puede influir significativamente en el desarrollo radicular, la absorción de nutrientes y la salud general de los cultivos, permitiendo a los *growers* maximizar el rendimiento en espacios limitados y con un uso eficiente de recursos.

Soporte Físico y Estabilidad para el Crecimiento de las Plantas

Una de las principales funciones del sustrato es proporcionar soporte físico a las plantas. En ambientes controlados, las raíces necesitan un medio que les permita anclarse de manera segura para sostener el crecimiento de la planta, especialmente en cultivos de hortalizas y frutas, donde el peso de los frutos puede ser considerable.

- **Estabilidad para el Sistema Radicular:** Los sustratos permiten que las raíces crezcan de manera estable y segura, ayudando a mantener la estructura de la planta en posición vertical y facilitando el desarrollo de raíces fuertes. Un sustrato adecuado tiene la porosidad y textura necesarias para que las raíces puedan expandirse y anclarse correctamente, reduciendo el riesgo de que la planta se caiga o sea vulnerable a daños estructurales.
- **Adaptación a Sistemas de Cultivo Hidropónico y en Macetas:** En sistemas hidropónicos y cultivos en macetas, el sustrato permite que las plantas se sostengan en un medio libre de suelo, lo cual facilita la movilidad de las plantas dentro del invernadero y mejora el control de las condiciones de crecimiento. Además, en cultivos hidropónicos, el sustrato se utiliza principalmente como soporte físico, ya que el suministro de nutrientes se realiza a través de una solución nutritiva.

Retención y Disponibilidad de Agua para las Raíces

La capacidad de retener agua es uno de los aspectos más importantes de un sustrato, especialmente en ambientes controlados, donde el riego y la disponibilidad de agua están regulados con precisión. Un buen sustrato debe tener la capacidad de almacenar agua y liberarla gradualmente a las raíces, asegurando que las plantas dispongan de agua en cantidades adecuadas y de forma constante.

- **Evitar el Estrés Hídrico:** En sistemas de cultivo controlado, un sustrato que retenga suficiente agua permite reducir la frecuencia de riego y evita que las plantas sufran estrés hídrico entre riegos. Esto es especialmente importante en cultivos de alto valor, donde cualquier interrupción en el suministro de agua puede afectar la calidad y el rendimiento.
- **Drenaje y Prevención de Encharcamiento:** Aunque el sustrato debe retener agua, también es importante que tenga un buen drenaje para evitar el encharcamiento, ya que el exceso de agua puede causar anoxia (falta de oxígeno) y fomentar la aparición de enfermedades en las raíces. Un sustrato bien balanceado en términos de retención y drenaje permite un suministro adecuado de agua y oxígeno, optimizando la salud radicular.

Aireación y Oxigenación de las Raíces

La oxigenación adecuada de las raíces es crucial para el crecimiento saludable de las plantas. En sistemas de agricultura en ambiente controlado, los sustratos deben permitir una buena aireación para asegurar que las raíces reciban suficiente oxígeno, lo cual es esencial para la respiración y la absorción de nutrientes.

- **Porosidad para un Buen Intercambio de Gases:** Un sustrato de calidad posee una estructura porosa que facilita el intercambio de gases entre las raíces y el ambiente, permitiendo que el oxígeno penetre hasta el sistema radicular y que el dióxido de carbono se libere. La falta de aireación puede provocar la acumulación de CO_2 en las raíces, lo cual afecta la salud de las plantas y puede reducir su crecimiento y productividad.
- **Prevención de Enfermedades Radiculares:** La falta de oxígeno en el sustrato crea un ambiente propicio para el desarrollo de patógenos anaeróbicos, como ciertos hongos y bacterias que causan enfermedades radiculares. Un sustrato con buena aireación reduce el riesgo de estas infecciones y asegura un ambiente radicular saludable, minimizando la necesidad de tratamientos químicos y mejorando la resistencia natural de las plantas.

Retención y Liberación de Nutrientes

En la agricultura en ambientes controlados, el sustrato también desempeña un papel crucial en la retención y liberación de nutrientes. A diferencia del suelo, los sustratos deben retener los nutrientes proporcionados mediante la fertirrigación y liberarlos de manera gradual para que las plantas puedan absorberlos de forma eficiente.

- **Capacidad de Intercambio Catiónico (CIC):** Algunos sustratos, como la turba y el compost, poseen una alta capacidad de intercambio catiónico, lo cual permite que retengan nutrientes esenciales, como potasio, calcio y magnesio, y los liberen a las raíces según las necesidades de la planta. Esta propiedad es fundamental en sistemas de riego y fertirrigación, donde el equilibrio de nutrientes debe mantenerse de manera controlada.
- **Liberación Controlada de Nutrientes:** Un sustrato adecuado ayuda a evitar pérdidas por lixiviación y permite una liberación gradual de nutrientes, lo cual asegura que las plantas reciban un suministro constante. Esto es particularmente importante en cultivos hidropónicos y sistemas de fertirrigación, donde se requiere precisión en la entrega de nutrientes para evitar deficiencias o acumulaciones tóxicas.

Sustratos Específicos para Diferentes Cultivos y Fases de Crecimiento

La elección del sustrato varía según el tipo de cultivo y la fase de crecimiento, ya que cada planta tiene requerimientos específicos en términos de agua, nutrientes y oxigenación. En sistemas de agricultura controlada, es posible seleccionar sustratos con características específicas para maximizar el rendimiento en cada etapa.

- **Sustratos para Propagación y Germinación:** Para la propagación y germinación de semillas, se utilizan sustratos ligeros y con alta capacidad de retención de agua, como la vermiculita o la fibra de coco, que mantienen las condiciones de humedad ideales para el desarrollo inicial de las plántulas. Estos sustratos suelen ser más aireados y permiten un crecimiento radicular rápido y saludable en las primeras etapas.
- **Sustratos para el Crecimiento Vegetativo y la Fructificación:** En etapas avanzadas, cuando las plantas requieren un mayor suministro de nutrientes y estabilidad, se utilizan sustratos más densos, como mezclas de perlita y turba, que ofrecen una mejor retención de nutrientes y agua, además de un soporte más robusto. La elección del sustrato correcto en cada etapa asegura que las plantas reciban el soporte y los recursos necesarios para maximizar su rendimiento y calidad.

Sostenibilidad y Reutilización de Sustratos

En la agricultura moderna, la sostenibilidad en el uso de sustratos es cada vez más importante. Muchos sustratos pueden ser reutilizados o reciclados, lo cual contribuye a reducir el impacto ambiental y a disminuir los costos operativos en sistemas de producción intensiva.

- **Sustratos Reciclables y Biodegradables:** Los sustratos a base de materiales naturales, como la fibra de coco y el compost, son reciclables y biodegradables, lo cual facilita su desecho o reutilización en el mismo sistema. Algunos sustratos también pueden ser compostados y reincorporados al sistema de producción, cerrando el ciclo de nutrientes y reduciendo la necesidad de insumos externos.

- **Reducción de la Huella Ambiental:** Elegir sustratos sostenibles y gestionarlos de manera eficiente permite reducir la huella de carbono y el impacto en los ecosistemas naturales. El uso de sustratos renovables o reciclados contribuye a la sostenibilidad de la agricultura en ambiente controlado, alineando la producción agrícola con las prácticas de conservación y responsabilidad ambiental.

2. Tipos de Sustratos y sus Características

En la agricultura en ambientes controlados, como invernaderos y sistemas hidropónicos, la elección del sustrato es fundamental para garantizar el éxito del cultivo. Cada tipo de sustrato posee características únicas que influyen en la capacidad de retención de agua, la aireación, el soporte físico y la capacidad de retener nutrientes. La elección del sustrato adecuado depende de las necesidades específicas del cultivo, la etapa de crecimiento y el sistema de riego empleado. A continuación, se describen algunos de los principales tipos de sustratos utilizados en la agricultura en ambiente controlado y sus características clave.

Turba

La turba es uno de los sustratos más utilizados en la agricultura debido a su alta capacidad de retención de agua y nutrientes, además de su ligereza. Se extrae de humedales y consiste en materia orgánica parcialmente descompuesta, lo que le confiere una textura esponjosa y aireada.

- **Capacidad de Retención de Agua:** La turba puede retener grandes cantidades de agua, lo cual es útil para cultivos que requieren humedad constante. Esta propiedad permite reducir la frecuencia de riego y asegura que las raíces tengan acceso a agua en períodos de sequía relativa.
- **Estructura y Aireación:** A pesar de su capacidad de retener agua, la turba también permite una buena aireación, ya que su estructura es porosa. Esto facilita el intercambio de gases y evita la compactación del sustrato, promoviendo un ambiente radicular saludable.
- **Capacidad de Intercambio Catiónico (CIC):** La turba tiene una alta CIC, lo que significa que puede retener nutrientes y liberarlos gradualmente a las raíces. Esta característica es beneficiosa para cultivos que necesitan un suministro constante de nutrientes y es ideal para el uso en mezclas de sustrato o como base para otros componentes.

Fibra de Coco

La fibra de coco es un sustrato renovable y biodegradable que se ha vuelto popular en la agricultura en ambientes controlados debido a su excelente capacidad de retención de agua y aireación. Se obtiene de la cáscara del coco y se presenta en diferentes formas, como fibra gruesa o polvo de coco.

- **Retención de Agua y Aireación Balanceada:** La fibra de coco tiene una capacidad de retención de agua similar a la turba, pero también permite una excelente aireación, lo que ayuda a evitar el

encharcamiento y reduce el riesgo de enfermedades radiculares. Esta combinación es ideal para cultivos que requieren un equilibrio entre agua y oxígeno.
- **Sostenibilidad y Reutilización:** Al ser un producto de desecho de la industria del coco, es una opción sostenible y respetuosa con el medio ambiente. Además, la fibra de coco puede reutilizarse en varios ciclos de cultivo tras una limpieza y desinfección adecuadas.
- **Estabilidad del pH:** La fibra de coco tiene un pH relativamente neutro, lo que facilita el manejo del pH en sistemas de cultivo controlado. Esto es especialmente beneficioso en hidroponía, donde se requiere un control preciso de la acidez de la solución nutritiva.

Perlita

La perlita es un mineral volcánico que se expande al calentarse y se convierte en pequeñas partículas blancas y livianas. Es un sustrato inorgánico muy utilizado en sistemas hidropónicos y en mezclas de sustratos debido a su capacidad de retención de agua y aireación.

- **Ligereza y Aireación:** La perlita es extremadamente ligera y proporciona una excelente aireación a las raíces, lo que facilita un buen intercambio de gases y evita la compactación. Esto la convierte en un sustrato ideal para sistemas hidropónicos y cultivos que requieren alta oxigenación.
- **Retención de Agua Moderada:** Aunque la perlita retiene agua, no lo hace en grandes cantidades, lo que la hace ideal para cultivos que requieren riegos frecuentes y precisos. Su estructura permite que el exceso de agua drene rápidamente, evitando el encharcamiento.
- **Inerte y Estable:** La perlita es químicamente inerte y no afecta el pH del sustrato. Esto permite un control preciso de los nutrientes en sistemas de fertirrigación, ya que no interactúa con los elementos disueltos en el agua de riego.

Vermiculita

La vermiculita es otro mineral expandido mediante calentamiento, similar a la perlita, pero con una mayor capacidad de retención de agua y nutrientes. Su estructura laminar permite que el agua y los nutrientes se almacenen entre las capas, lo cual es beneficioso para algunos tipos de cultivos.

- **Alta Capacidad de Retención de Agua y Nutrientes:** La vermiculita es capaz de retener grandes cantidades de agua y nutrientes, lo que la convierte en un sustrato ideal para cultivos que requieren alta humedad. Esta propiedad permite mantener un suministro constante de agua y nutrientes, reduciendo la frecuencia de riego.
- **Aireación Moderada:** A diferencia de la perlita, la vermiculita es menos porosa y tiene menor capacidad de aireación, por lo que se utiliza frecuentemente en combinación con otros sustratos para mejorar el equilibrio de agua y oxígeno.
- **Ajuste del pH:** La vermiculita tiene una capacidad de intercambio catiónico considerable, lo que permite que retenga nutrientes y estabilice el pH. Es comúnmente utilizada en mezcla con turba o fibra de coco para mejorar la retención de nutrientes en sistemas de cultivos en macetas y semilleros.

Lana de Roca

La lana de roca es un sustrato inorgánico fabricado a partir de roca basáltica que se derrite a altas temperaturas y luego se convierte en fibras finas. Es ampliamente utilizada en cultivos hidropónicos y en invernaderos, especialmente para cultivos de hortalizas y plantas ornamentales.

- **Retención de Agua y Drenaje Eficiente:** La lana de roca tiene una alta capacidad de retención de agua, lo que permite mantener un suministro constante a las raíces. Sin embargo, su estructura también facilita un buen drenaje, evitando problemas de encharcamiento y mejorando el crecimiento radicular.
- **Excelente Aireación:** Este sustrato permite una oxigenación adecuada de las raíces, lo cual es fundamental en sistemas hidropónicos. Su estructura fibrosa permite un alto flujo de aire, reduciendo el riesgo de enfermedades radiculares.
- **Control del pH y Estabilidad:** La lana de roca es inerte y no interactúa químicamente con los nutrientes, lo que permite un control preciso del pH. Este sustrato es particularmente adecuado para cultivos que requieren una alta precisión en la dosificación de nutrientes.

Arena y Grava

La arena y la grava son sustratos inertes y densos que se utilizan principalmente en sistemas hidropónicos y de cultivo sin suelo. Su uso es común en sistemas de flujo y reflujo y en cultivos hidropónicos de gran escala.

- **Drenaje Rápido y Aireación:** Tanto la arena como la grava tienen una baja capacidad de retención de agua, pero proporcionan un excelente drenaje y aireación. Son adecuados para sistemas en los que el agua de riego circula de manera continua y las raíces reciben oxigenación constante.
- **Estabilidad y Soporte Físico:** La grava y la arena ofrecen un soporte físico muy estable, ideal para plantas que requieren anclaje robusto, como en algunos cultivos hidropónicos. Son sustratos inertes y de larga duración, lo que reduce la necesidad de reemplazo frecuente.
- **Limitada Retención de Nutrientes:** Debido a su baja capacidad de retención de nutrientes, la arena y la grava se utilizan principalmente en sistemas que proporcionan una solución nutritiva continua, como el sistema NFT (Nutrient Film Technique) o los sistemas de cultivo en reflujo.

Compost y Mezclas Orgánicas

El compost y las mezclas orgánicas a base de restos vegetales descompuestos y otros materiales orgánicos se utilizan en sistemas de cultivo controlado que buscan una producción más sostenible y orgánica. Estos sustratos proporcionan nutrientes y mejoran la estructura del medio de cultivo.

- **Aporte de Nutrientes y Mejora de la Estructura:** El compost contiene una gama completa de nutrientes y mejora la estructura del sustrato, aumentando la retención de agua y aireación. Es ideal para cultivos en sustrato y mezclas para horticultura orgánica.

- **Mejora de la Actividad Microbiana:** Los sustratos orgánicos fomentan la actividad microbiana, lo cual mejora la salud del sustrato y la disponibilidad de nutrientes para las plantas. Esto permite un crecimiento más natural y equilibrado.
- **Limitaciones en el Control de Patógenos:** Aunque el compost bien descompuesto es seguro, algunos sustratos orgánicos pueden contener patógenos si no están correctamente procesados. Se recomienda su uso en combinación con otros sustratos para evitar problemas de compactación y asegurar una aireación adecuada.

3. Propiedades Físicas y Químicas de los Sustratos

En la agricultura en ambientes controlados, como invernaderos y sistemas hidropónicos, las propiedades físicas y químicas de los sustratos juegan un papel crucial en el éxito del cultivo. Estas propiedades determinan la capacidad del sustrato para retener y drenar agua, almacenar y liberar nutrientes, y permitir una adecuada aireación del sistema radicular. Un conocimiento profundo de estas propiedades permite a los *growers* seleccionar el sustrato adecuado para cada tipo de cultivo, mejorando la eficiencia en el uso de recursos y maximizando el rendimiento. A continuación, se detallan las principales propiedades físicas y químicas de los sustratos y su importancia en la agricultura en ambientes controlados.

Propiedades Físicas de los Sustratos

Las propiedades físicas de los sustratos se refieren a la forma en que estos interactúan con el agua, el aire y las raíces de las plantas. Estas propiedades determinan el nivel de soporte, retención de agua y aireación que el sustrato puede ofrecer.

1. Porosidad Total

La porosidad total de un sustrato se refiere al volumen de espacio poroso disponible dentro del sustrato en comparación con su volumen total. Este espacio poroso es fundamental, ya que permite la retención de agua y la aireación, ambos elementos esenciales para el crecimiento radicular.

- **Porosidad de Aireación y Porosidad de Retención de Agua:** La porosidad total se divide en dos tipos: poros de aireación (macroporos) y poros de retención de agua (microporos). Los macroporos permiten la circulación de aire, mientras que los microporos retienen agua disponible para las raíces. Un sustrato balanceado debe tener una proporción adecuada de ambos tipos de poros para asegurar un suministro constante de agua y oxígeno a las raíces.
- **Efecto en el Crecimiento Radicular:** La porosidad afecta directamente el crecimiento y la salud del sistema radicular. Un sustrato con baja porosidad puede causar anoxia (falta de oxígeno) en las raíces, mientras que una porosidad excesiva puede provocar una pérdida rápida de agua, limitando la disponibilidad para las plantas.

2. Capacidad de Retención de Agua

La capacidad de retención de agua es la capacidad del sustrato para almacenar agua después del riego y liberarla de forma gradual a las raíces. Esta propiedad es fundamental en sistemas de agricultura controlada, ya que permite reducir la frecuencia de riego y asegura que las plantas dispongan de agua en cantidades adecuadas y de manera constante.

- **Estructura y Composición del Sustrato:** Los sustratos con partículas finas, como la turba y la vermiculita, tienden a tener una alta capacidad de retención de agua debido a su estructura porosa, mientras que sustratos más gruesos, como la perlita y la grava, tienen menor capacidad de retención y un mejor drenaje.
- **Relación con el Tipo de Cultivo:** La capacidad de retención de agua debe ajustarse a las necesidades específicas de cada cultivo. Algunos cultivos requieren alta humedad constante, mientras que otros prefieren un sustrato que drene rápidamente para evitar el exceso de agua en las raíces.

3. Densidad Aparente

La densidad aparente es el peso del sustrato en relación con su volumen total, incluido el espacio poroso. Esta propiedad afecta la facilidad de manejo y el transporte del sustrato, así como la estabilidad de las plantas en el medio de cultivo.

- **Impacto en el Transporte y Manejo:** Un sustrato con alta densidad aparente es más pesado y difícil de manejar, pero ofrece un mayor soporte para plantas grandes. Por otro lado, los sustratos con baja densidad, como la fibra de coco y la perlita, son más fáciles de manejar y permiten una buena expansión radicular, aunque pueden ser menos estables para plantas altas.
- **Estabilidad del Cultivo:** La densidad del sustrato influye en la capacidad del sistema radicular para sostener la planta. Para cultivos de hortalizas de fruto, como tomates y pimientos, se prefieren sustratos que ofrezcan un soporte sólido y estable.

4. Aireación y Permeabilidad

La aireación y la permeabilidad son fundamentales para asegurar que las raíces tengan acceso a oxígeno y que el exceso de agua se drene adecuadamente del sustrato. La permeabilidad permite que el agua fluya a través del sustrato sin causar encharcamientos.

- **Prevención de Enfermedades Radiculares:** Una buena aireación y permeabilidad reducen el riesgo de enfermedades radiculares, ya que el drenaje adecuado evita el exceso de humedad y la proliferación de patógenos anaeróbicos. Esto es especialmente importante en sistemas de cultivo intensivo, donde el manejo de enfermedades es prioritario.
- **Aireación en Sustratos de Alto Drenaje:** En sustratos como la perlita y la arena, la permeabilidad es alta, lo cual es ideal para cultivos que requieren un alto nivel de oxigenación en las raíces, como en sistemas hidropónicos.

Propiedades Químicas de los Sustratos

Las propiedades químicas de los sustratos se relacionan con su capacidad para retener y liberar nutrientes, así como con su influencia en el pH del medio de cultivo. Estas propiedades son esenciales para asegurar que las plantas tengan acceso a los nutrientes en las cantidades adecuadas y en una forma que puedan absorber.

1. Capacidad de Intercambio Catiónico (CIC)

La capacidad de intercambio catiónico (CIC) es la habilidad del sustrato para retener y liberar cationes, como potasio, calcio y magnesio, que son esenciales para el crecimiento de las plantas. Un sustrato con una alta CIC puede almacenar nutrientes y liberarlos gradualmente, asegurando que las plantas tengan un suministro constante.

- **Retención de Nutrientes:** Sustratos como la turba y el compost tienen una alta CIC, lo cual permite que retengan nutrientes y los liberen según las necesidades de las plantas. Esto es útil en cultivos donde se requiere un suministro constante de nutrientes para evitar deficiencias.
- **Uso en Sistemas de Fertirrigación:** En sistemas hidropónicos, donde los nutrientes se suministran a través de la solución nutritiva, se prefieren sustratos inertes con baja CIC, como la perlita, ya que no afectan la concentración de nutrientes en la solución.

2. pH y Efecto en la Disponibilidad de Nutrientes

El pH del sustrato es una propiedad crítica, ya que afecta la disponibilidad de nutrientes para las plantas. Cada nutriente tiene un rango de pH óptimo para ser absorbido por las raíces, por lo que es fundamental que el sustrato mantenga un pH adecuado para el tipo de cultivo.

- **Sustratos Ácidos y Básicos:** La turba es un sustrato naturalmente ácido, con un pH entre 3.5 y 4.5, lo que puede requerir ajustes para cultivos que prefieren un pH más neutro. En cambio, la perlita y la lana de roca son neutras e inertes, lo que permite un control más preciso del pH en sistemas hidropónicos.
- **Ajuste y Manejo del pH:** El pH del sustrato puede ajustarse mediante la adición de enmiendas como la cal para elevar el pH o el azufre para reducirlo. Un pH adecuado permite que los nutrientes estén en una forma disponible para las raíces, evitando problemas de deficiencia o toxicidad.

3. Salinidad y Conductividad Eléctrica (CE)

La salinidad del sustrato es una medida de la concentración de sales disueltas y se mide a través de la conductividad eléctrica (CE). Una alta CE puede afectar la absorción de agua y nutrientes por parte de las raíces, lo cual puede llevar a problemas de toxicidad o deficiencia en las plantas.

- **Impacto en la Absorción de Agua:** Un sustrato con alta salinidad reduce la capacidad de las raíces para absorber agua, lo cual provoca estrés hídrico en las plantas. Este es un factor importante en

sistemas de riego frecuente, como la hidroponía, donde los niveles de sales deben controlarse cuidadosamente.
- **Ajuste de la CE en Sistemas de Riego:** La CE debe ser monitoreada regularmente en sistemas de fertirrigación y en cultivos intensivos para evitar acumulaciones de sales en el sustrato. En cultivos que requieren baja salinidad, se prefieren sustratos con baja CE inicial, como la fibra de coco.

4. Manejo y Mantenimiento de los Sustratos

El manejo y mantenimiento adecuado de los sustratos en la agricultura en ambientes controlados es esencial para maximizar la productividad de los cultivos y garantizar un uso eficiente de los recursos. Los sustratos deben mantenerse en condiciones óptimas para proporcionar un ambiente favorable al crecimiento de las raíces, garantizar la absorción de nutrientes y prevenir problemas como la acumulación de sales y la proliferación de patógenos. Un manejo adecuado del sustrato incluye prácticas como la desinfección, el monitoreo de las condiciones físicas y químicas, la reutilización responsable y la eliminación segura del material desgastado. A continuación, se describen los principales aspectos y técnicas para el manejo y mantenimiento de los sustratos en sistemas de cultivo controlado.

Desinfección y Preparación del Sustrato

La desinfección del sustrato es una práctica fundamental, especialmente en ambientes controlados, donde los patógenos pueden propagarse rápidamente y causar daños significativos a los cultivos. Esta práctica es particularmente importante en la reutilización de sustratos y en sistemas hidropónicos, donde el agua y el ambiente cerrado pueden favorecer el desarrollo de hongos, bacterias y virus.

- **Métodos de Desinfección:** Existen varias técnicas de desinfección, entre ellas el uso de calor (vaporización o solarización) y la aplicación de desinfectantes químicos. La vaporización es un método efectivo para sustratos orgánicos, ya que elimina patógenos sin afectar la estructura del sustrato. Para sustratos inorgánicos, como perlita y lana de roca, es común el uso de soluciones desinfectantes suaves, como el peróxido de hidrógeno o el hipoclorito de sodio, que eliminan microorganismos sin dañar la estructura.
- **Desinfección Preventiva en la Preparación Inicial:** Antes de utilizar el sustrato en un nuevo ciclo de cultivo, es recomendable desinfectarlo, especialmente si se sospecha de una posible contaminación. La desinfección en la preparación inicial del sustrato asegura que las plantas inicien su crecimiento en un ambiente limpio y reduce la necesidad de controles adicionales de enfermedades.

Monitoreo de las Propiedades Físicas

Las propiedades físicas del sustrato, como la capacidad de retención de agua, la porosidad y la aireación, tienden a cambiar con el tiempo y el uso continuo. Es importante monitorear estas propiedades para asegurar que el sustrato continúe proporcionando un ambiente adecuado para el crecimiento de las raíces.

- **Monitoreo de la Retención de Agua y Aireación:** Con el tiempo, algunos sustratos pueden compactarse, reduciendo su capacidad de retención de agua y afectando la aireación. La compactación limita el flujo de oxígeno a las raíces y puede causar problemas de anoxia y enfermedades radiculares. La revisión periódica de la estructura del sustrato permite identificar cuando es necesario reemplazarlo o combinarlo con otros materiales para mejorar su aireación y capacidad de drenaje.
- **Manejo del Drenaje y la Porosidad:** En sistemas de riego continuo, como la hidroponía, el exceso de agua puede alterar la estructura del sustrato y reducir su porosidad. Es fundamental controlar la cantidad de riego y revisar el drenaje del sustrato para evitar la acumulación de agua, lo cual también ayuda a prevenir la proliferación de hongos y bacterias en las raíces.

Monitoreo de las Propiedades Químicas

El monitoreo de las propiedades químicas del sustrato, como el pH y la conductividad eléctrica (CE), es esencial para mantener un equilibrio adecuado de nutrientes y asegurar que las plantas tengan acceso a los elementos necesarios para su crecimiento.

- **Control del pH:** El pH del sustrato influye directamente en la disponibilidad de nutrientes. Un pH demasiado alto o bajo puede hacer que algunos nutrientes se vuelvan insolubles, provocando deficiencias en las plantas. Es recomendable monitorear el pH del sustrato de forma regular y ajustarlo mediante la aplicación de enmiendas, como cal para aumentar el pH o azufre para reducirlo, según sea necesario.
- **Conductividad Eléctrica (CE) y Acumulación de Sales:** La CE indica la cantidad de sales disueltas en el sustrato, lo cual es importante en sistemas de fertirrigación. Con el tiempo, las sales de los fertilizantes pueden acumularse, afectando la absorción de agua y nutrientes por parte de las raíces. Para evitar problemas de salinidad, es recomendable realizar lavados periódicos del sustrato con agua limpia para eliminar el exceso de sales y controlar la CE dentro de un rango óptimo para el cultivo.

Reutilización y Reciclaje de Sustratos

La reutilización de sustratos es una práctica que permite reducir costos y minimizar el impacto ambiental. Sin embargo, es necesario realizar un manejo adecuado para asegurar que el sustrato reutilizado mantenga sus propiedades y esté libre de patógenos.

- **Evaluación de las Condiciones del Sustrato:** Antes de reutilizar un sustrato, es importante evaluar su condición física y química. Si el sustrato muestra signos de compactación, pérdida de porosidad o acumulación excesiva de sales, puede ser necesario renovarlo o mezclarlo con un sustrato fresco para mejorar sus propiedades. La desinfección es un paso esencial en la preparación del sustrato para su reutilización, eliminando cualquier patógeno potencial.

- **Mezclas y Renovación del Sustrato:** En algunos casos, es posible revitalizar el sustrato desgastado mezclándolo con nuevos componentes. Por ejemplo, la combinación de sustrato usado con fibra de coco o perlita puede mejorar la aireación y la retención de agua, extendiendo la vida útil del sustrato. La renovación periódica del sustrato es necesaria para mantener sus propiedades en condiciones óptimas y asegurar un crecimiento saludable de los cultivos.

Eliminación y Manejo de Residuos de Sustrato

Cuando el sustrato ya no es adecuado para el cultivo, debe ser eliminado de forma segura y responsable. La gestión de los residuos de sustrato es importante para evitar problemas de contaminación y para aprovechar los materiales de forma sostenible.

- **Compostaje de Sustratos Orgánicos:** Los sustratos orgánicos, como la turba y el compost, pueden ser compostados y reutilizados como abono orgánico. Esta práctica permite aprovechar los nutrientes residuales y reciclar el sustrato de manera sostenible. Es importante asegurarse de que el sustrato esté libre de patógenos antes de utilizarlo en otros cultivos.
- **Disposición de Sustratos Inorgánicos:** Los sustratos inorgánicos, como la perlita y la lana de roca, no son biodegradables y deben ser eliminados de acuerdo con las normativas ambientales locales. Algunas empresas especializadas ofrecen servicios de reciclaje de sustratos inorgánicos para asegurar su disposición adecuada y reducir el impacto ambiental.

Capacitación en el Manejo del Sustrato

La capacitación de los trabajadores en el manejo adecuado del sustrato es crucial para asegurar que todas las prácticas de mantenimiento se lleven a cabo correctamente y en el momento adecuado. Una gestión eficaz del sustrato requiere conocimientos sobre sus propiedades físicas y químicas, así como sobre las técnicas de monitoreo y mantenimiento.

- **Procedimientos de Monitoreo y Mantenimiento:** Los trabajadores deben estar capacitados para realizar inspecciones periódicas del sustrato, detectar problemas de compactación o acumulación de sales, y aplicar las medidas correctivas necesarias. La capacitación incluye también la manipulación segura de productos desinfectantes y la realización de ajustes de pH y CE de acuerdo con las necesidades del cultivo.
- **Documentación y Registros:** Mantener registros detallados sobre el estado y el manejo del sustrato permite llevar un control del historial de cada ciclo de cultivo. Esto facilita la toma de decisiones y permite identificar patrones o problemas recurrentes en el sustrato, mejorando la gestión y la productividad del sistema de cultivo.

5. Sustratos en Sistemas Hidropónicos

En los sistemas hidropónicos, donde el suelo se reemplaza por soluciones nutritivas, los sustratos cumplen una función clave al proporcionar soporte físico y asegurar la estabilidad de las plantas sin interferir en la disponibilidad de agua y nutrientes. Aunque en hidroponía los nutrientes se suministran directamente en el agua, los sustratos son esenciales para mantener un entorno adecuado en la zona radicular, ayudando en la retención de humedad, el drenaje y la oxigenación de las raíces. La selección del sustrato adecuado depende del tipo de cultivo, del sistema hidropónico y de las condiciones de crecimiento específicas. A continuación, se describen los principales sustratos utilizados en sistemas hidropónicos y sus características fundamentales.

1. Lana de Roca

La lana de roca es uno de los sustratos más populares en sistemas hidropónicos, especialmente en cultivos de hortalizas como tomates, pimientos y lechugas. Está fabricada a partir de roca basáltica derretida a altas temperaturas y luego hilada en fibras.

- **Retención de Agua y Drenaje:** La lana de roca tiene una alta capacidad de retención de agua, lo cual asegura que las raíces estén constantemente hidratadas sin necesidad de riegos frecuentes. Sin embargo, también permite un drenaje eficiente, evitando problemas de encharcamiento y asegurando que las raíces estén bien oxigenadas.
- **Aireación y Estructura:** La estructura fibrosa de la lana de roca permite una excelente aireación, lo cual es crucial en sistemas hidropónicos, donde el flujo constante de nutrientes requiere una oxigenación adecuada de las raíces para evitar el estrés hídrico y la proliferación de patógenos.
- **pH Neutro y Estabilidad Química:** La lana de roca es inerte y no afecta el pH de la solución nutritiva, lo que permite un control preciso del pH en sistemas hidropónicos. Sin embargo, es importante enjuagarla antes de su primer uso, ya que puede contener residuos alcalinos.

2. Perlita

La perlita es un mineral volcánico expandido mediante calentamiento, que se presenta en forma de partículas blancas y ligeras. Es utilizada frecuentemente en sistemas hidropónicos y en mezclas de sustratos.

- **Ligereza y Buena Aireación:** La perlita es extremadamente ligera y tiene una estructura porosa que facilita la aireación en la zona radicular. Esta característica es especialmente beneficiosa en sistemas hidropónicos de flujo y reflujo, donde el riego es frecuente y es importante que las raíces se oxigenen adecuadamente.
- **Drenaje Rápido:** La perlita retiene agua en cantidades moderadas, permitiendo un drenaje rápido y evitando el encharcamiento. Esta propiedad es ideal para cultivos que requieren riegos frecuentes y para sistemas donde el exceso de agua podría causar problemas de oxigenación.

- **Compatibilidad en Mezclas de Sustratos:** Aunque la perlita se usa sola en muchos sistemas hidropónicos, también puede combinarse con otros sustratos, como la vermiculita o la fibra de coco, para mejorar la retención de agua y mantener un equilibrio entre aireación y humedad.

3. Fibra de Coco

La fibra de coco es un sustrato orgánico que se obtiene de la cáscara del coco y se utiliza ampliamente en hidroponía debido a su sostenibilidad y propiedades de retención de agua y aireación.

- **Alta Capacidad de Retención de Agua:** La fibra de coco tiene una excelente capacidad de retención de agua, lo cual asegura que las raíces tengan acceso constante a la humedad. Esta propiedad permite reducir la frecuencia de riego en sistemas hidropónicos, manteniendo un entorno óptimo para las raíces.
- **Buena Aireación y Estructura:** A pesar de su alta retención de agua, la fibra de coco también permite una buena aireación, evitando el riesgo de anoxia en las raíces. Esta característica es ideal para cultivos como fresas, pimientos y lechugas, que requieren un equilibrio entre agua y oxígeno en la zona radicular.
- **Sostenibilidad y pH Neutro:** La fibra de coco es un producto renovable y biodegradable, lo que la convierte en una opción sostenible en comparación con otros sustratos. Además, su pH neutro facilita el control de la acidez de la solución nutritiva en sistemas hidropónicos.

4. Vermiculita

La vermiculita es un mineral expandido mediante calentamiento, con una estructura laminar que le permite retener agua y nutrientes entre sus capas. Es común en sistemas hidropónicos y en mezclas con otros sustratos.

- **Alta Retención de Agua y Nutrientes:** La vermiculita tiene una gran capacidad de retención de agua y nutrientes, lo cual es ideal en sistemas hidropónicos donde se necesita un suministro constante de humedad en las raíces. Esto la convierte en un sustrato adecuado para cultivos de crecimiento rápido y para sistemas donde se busca reducir la frecuencia de riego.
- **Aireación Moderada:** Aunque la vermiculita retiene mucha agua, su estructura no es tan aireada como la de otros sustratos, como la perlita. Por esta razón, se suele mezclar con otros sustratos más porosos para mejorar la aireación y asegurar que las raíces reciban suficiente oxígeno.
- **Compatibilidad en Mezclas de Sustratos:** La vermiculita se usa frecuentemente en combinación con perlita o fibra de coco, especialmente en sistemas hidropónicos de propagación y germinación, donde es esencial que las raíces jóvenes tengan acceso a un suministro constante de agua y nutrientes.

5. Arena y Grava

La arena y la grava son sustratos inorgánicos utilizados en sistemas hidropónicos de flujo y reflujo. Aunque no retienen agua en grandes cantidades, ofrecen un soporte físico estable y una buena aireación.

- **Drenaje Excelente y Baja Retención de Agua:** La arena y la grava tienen una capacidad limitada para retener agua, lo cual asegura un drenaje rápido. Esto los hace ideales en sistemas donde el agua y los nutrientes circulan continuamente, como en el cultivo de plantas que requieren un suministro constante de oxígeno.
- **Estabilidad y Soporte Físico:** La grava y la arena proporcionan una base estable para las raíces, ofreciendo un buen soporte físico para plantas de mayor tamaño. Su uso es común en sistemas hidropónicos de gran escala o en cultivos de plantas que requieren mayor anclaje.
- **Inercia Química y Bajo Mantenimiento:** Tanto la arena como la grava son químicamente inertes y no afectan el pH de la solución nutritiva, permitiendo un control preciso de los nutrientes. Además, son sustratos duraderos que requieren poco mantenimiento y pueden reutilizarse en varios ciclos de cultivo tras una limpieza adecuada.

6. Arcilla Expandida

La arcilla expandida se obtiene al calentar arcilla a altas temperaturas, lo que da como resultado pequeñas bolas porosas y ligeras. Este sustrato es común en sistemas hidropónicos, especialmente en cultivos de mayor tamaño o en cultivos verticales.

- **Excelente Aireación y Drenaje:** La arcilla expandida es muy porosa y permite un flujo de aire constante alrededor de las raíces, lo cual asegura una oxigenación adecuada. Además, su estructura permite un drenaje rápido, evitando problemas de encharcamiento y la acumulación de agua.
- **Capacidad de Retención de Agua Moderada:** Aunque no retiene grandes cantidades de agua, la arcilla expandida puede absorber y liberar pequeñas cantidades de humedad, proporcionando un ambiente estable para las raíces. Esto es beneficioso en sistemas donde el riego es constante y no se requiere un almacenamiento de agua prolongado.
- **Reutilización y Bajo Impacto Ambiental:** La arcilla expandida es un sustrato duradero que puede ser limpiado y reutilizado en múltiples ciclos de cultivo, lo cual reduce los costos y el impacto ambiental. Es químicamente inerte y mantiene su estructura durante mucho tiempo, lo que la convierte en una opción ideal para sistemas hidropónicos de larga duración.

Capítulo 8

Tecnologías de Monitoreo y Automatización

El módulo "Tecnologías de Monitoreo y Automatización" es crucial en la formación de *growers* especializados en producción de hortalizas en ambientes controlados. En un contexto donde la eficiencia y precisión son fundamentales, el uso de tecnologías avanzadas para monitorear y controlar los factores críticos del ambiente en invernaderos o sistemas protegidos permite optimizar el uso de recursos, reducir costos operativos y mejorar la calidad de los cultivos. Este módulo introduce a los estudiantes en las herramientas y sistemas tecnológicos disponibles para el monitoreo en tiempo real y la automatización de los procesos en invernaderos, permitiéndoles adoptar un enfoque de producción inteligente y sostenible.

1. Importancia del Monitoreo y la Automatización en Ambientes Controlados

En la agricultura en ambientes controlados, como invernaderos y sistemas hidropónicos, el monitoreo y la automatización desempeñan un papel esencial para optimizar el crecimiento de los cultivos, reducir costos y aumentar la eficiencia en el uso de los recursos. Estos sistemas permiten a los *growers* ajustar con precisión las condiciones ambientales —como la temperatura, la humedad, la iluminación y los niveles de dióxido de carbono (CO_2)— en función de las necesidades específicas de cada planta. Al implementar técnicas de monitoreo y automatización, es posible crear un ambiente óptimo que maximiza la productividad, reduce el impacto ambiental y minimiza la intervención humana, permitiendo una agricultura más sostenible y rentable. A continuación, se explora la importancia de estas tecnologías en la agricultura en ambientes controlados y los beneficios que aportan.

Optimización de las Condiciones de Crecimiento

El monitoreo constante de las variables ambientales permite ajustar las condiciones de manera precisa para cada etapa del desarrollo de las plantas. Los cultivos en ambientes controlados requieren niveles específicos de luz, temperatura, humedad y nutrientes en distintas fases, y un control eficiente de estos factores garantiza que las plantas tengan acceso a los recursos necesarios para un crecimiento óptimo.

- **Control de Temperatura y Humedad:** La temperatura y la humedad son factores críticos que influyen en la tasa de fotosíntesis, la transpiración y la absorción de nutrientes en las plantas. Mediante sensores que monitorean estos parámetros en tiempo real, es posible ajustar el sistema de calefacción, refrigeración y ventilación para mantener el ambiente en el rango óptimo. Este control evita el estrés térmico y la pérdida de agua, promoviendo un desarrollo saludable y reduciendo la posibilidad de enfermedades.
- **Regulación de la Iluminación y el Fotoperiodo:** La iluminación adecuada es esencial para la fotosíntesis y el crecimiento. En cultivos de invernadero y en sistemas de cultivo vertical, el uso de luces LED de espectro ajustable permite controlar el fotoperiodo y la intensidad de luz en función de las

necesidades específicas de cada planta. La automatización de la iluminación asegura que las plantas reciban la cantidad y calidad de luz necesarias, mejorando la eficiencia en el uso de la energía y promoviendo un crecimiento uniforme.

- **Manejo del CO_2 para la Fotosíntesis:** En ambientes controlados, el CO_2 puede enriquecerse para aumentar la tasa de fotosíntesis y, en consecuencia, el crecimiento de las plantas. Mediante sensores de CO_2 y sistemas de inyección automatizados, es posible mantener una concentración óptima de este gas en el ambiente, lo que se traduce en un aumento en la productividad y una mayor eficiencia en el uso de recursos.

Eficiencia en el Uso de Agua y Nutrientes

La automatización permite un control preciso de la fertirrigación y del suministro de agua en función de las condiciones ambientales y las necesidades de las plantas. Este control optimiza el uso de recursos, reduce el desperdicio y asegura que las plantas reciban la cantidad exacta de agua y nutrientes que requieren en cada etapa de su ciclo de vida.

- **Control de la Fertirrigación:** En sistemas hidropónicos y de fertirrigación, la concentración de nutrientes debe ajustarse con precisión. Mediante el uso de sensores de conductividad eléctrica (CE) y pH, es posible monitorear la calidad de la solución nutritiva y realizar ajustes automáticos para mantener el equilibrio óptimo de nutrientes. Esto evita problemas de toxicidad o deficiencia, mejora la absorción de nutrientes y permite maximizar el rendimiento de los cultivos.
- **Riego de Precisión y Ahorro de Agua:** La automatización del riego permite aplicar agua de manera precisa, reduciendo la pérdida por evaporación y asegurando que las plantas no sufran estrés hídrico. Mediante sensores de humedad en el sustrato y sistemas de riego automatizado, es posible programar el riego en función de las necesidades reales de las plantas, evitando el encharcamiento y la proliferación de patógenos. Esto no solo conserva agua, sino que también mejora la salud y el crecimiento de los cultivos.

Reducción del Trabajo Manual y Mejora en la Eficiencia Operativa

La automatización reduce la necesidad de trabajo manual, permitiendo a los *growers* enfocarse en actividades estratégicas en lugar de tareas repetitivas. Esto no solo disminuye los costos laborales, sino que también asegura que los cultivos reciban un manejo consistente y sin errores, mejorando la eficiencia operativa en general.

- **Automatización de Procesos Repetitivos:** Tareas como el riego, la aplicación de nutrientes y el control de la ventilación se pueden automatizar, lo que reduce la dependencia de la intervención humana y asegura una aplicación precisa y constante. La automatización permite que los sistemas trabajen de manera continua y eficiente, eliminando el riesgo de errores o inconsistencias en el manejo de los cultivos.

- **Monitoreo en Tiempo Real y Toma de Decisiones Basada en Datos:** Los sistemas de monitoreo permiten recopilar datos en tiempo real sobre las condiciones ambientales y el estado del cultivo. Con el uso de plataformas digitales, los *growers* pueden acceder a estos datos de manera remota y tomar decisiones informadas en función de los patrones observados. Esta capacidad de monitoreo y ajuste remoto es especialmente valiosa para grandes invernaderos y sistemas de cultivo vertical, donde el manejo manual de cada área sería poco práctico.

Detección Temprana de Problemas y Prevención de Enfermedades

El monitoreo automatizado permite detectar cambios en las condiciones ambientales que podrían indicar el inicio de problemas, como la presencia de plagas o enfermedades. Al detectar estos problemas de manera temprana, es posible implementar medidas correctivas antes de que afecten significativamente al cultivo.

- **Identificación de Estrés Hídrico y Nutrimental:** Los sensores de humedad y CE permiten identificar condiciones de estrés hídrico o desbalances nutricionales en una fase temprana. Esto permite realizar ajustes en la frecuencia de riego o en la concentración de nutrientes antes de que las plantas se vean afectadas, previniendo pérdidas en el rendimiento y asegurando la calidad del cultivo.
- **Monitoreo de Condiciones para Prevenir Plagas y Enfermedades:** Las enfermedades fúngicas, como el mildiu y el oídio, se desarrollan en condiciones de alta humedad y baja ventilación. Los sensores de humedad y temperatura, junto con sistemas de ventilación automatizados, permiten controlar estas variables y reducir el riesgo de infecciones. De esta forma, el monitoreo y la automatización ayudan a crear un ambiente que minimiza la posibilidad de problemas fitosanitarios y reduce la necesidad de tratamientos químicos.

Sostenibilidad y Reducción del Impacto Ambiental

La automatización contribuye a una agricultura más sostenible al optimizar el uso de recursos y reducir el desperdicio. El uso eficiente de agua, nutrientes y energía permite disminuir el impacto ambiental de la producción agrícola, lo que es especialmente importante en sistemas intensivos y de alta tecnología.

- **Reducción en el Consumo de Recursos:** La capacidad de ajustar el riego, la fertilización y la iluminación en función de las necesidades reales de las plantas permite reducir el consumo de agua, fertilizantes y energía. Esto no solo disminuye los costos de producción, sino que también minimiza la contaminación por exceso de nutrientes y la generación de residuos, contribuyendo a una producción agrícola más responsable.
- **Eficiencia Energética y Uso de Fuentes Renovables:** La integración de sistemas de energía solar y el uso de luces LED de bajo consumo son opciones comunes en ambientes controlados automatizados. Estos sistemas permiten un uso más eficiente de la energía y reducen la dependencia de fuentes no renovables, mejorando la sostenibilidad del sistema de producción.

2. Principales Tecnologías de Monitoreo en Agricultura Protegida

La agricultura protegida, que incluye invernaderos y otros sistemas de cultivo en ambientes controlados, depende del monitoreo constante para asegurar que las plantas crezcan en condiciones óptimas. Las tecnologías de monitoreo permiten a los *growers* evaluar en tiempo real variables críticas, como la temperatura, la humedad, el nivel de nutrientes, la intensidad de luz y la concentración de dióxido de carbono (CO_2). Estas herramientas permiten tomar decisiones precisas y oportunas, mejorando la productividad, la eficiencia de los recursos y la sostenibilidad del sistema. A continuación, se exploran las principales tecnologías de monitoreo utilizadas en la agricultura protegida y sus beneficios.

Sensores de Temperatura y Humedad

La temperatura y la humedad relativa son variables fundamentales en ambientes controlados, ya que afectan directamente la fotosíntesis, la transpiración y el crecimiento de las plantas. Los sensores de temperatura y humedad son dispositivos que miden y registran estos valores, proporcionando datos precisos que permiten ajustar el clima dentro del invernadero.

- **Control de Condiciones Climáticas:** Al medir la temperatura y la humedad en tiempo real, los *growers* pueden ajustar los sistemas de calefacción, ventilación y nebulización para mantener el ambiente en rangos óptimos. Esto previene el estrés por calor o frío y mantiene la humedad en niveles adecuados para reducir el riesgo de enfermedades fúngicas.
- **Integración con Sistemas Automatizados:** Los sensores de temperatura y humedad pueden integrarse en sistemas automatizados que ajustan el clima de manera autónoma. Estos sistemas de control climático aseguran un ambiente constante, lo que es especialmente importante en cultivos de alta demanda de calidad y consistencia, como hortalizas y flores.

Sensores de Humedad del Sustrato

La humedad del sustrato es un indicador clave de la disponibilidad de agua para las plantas. Los sensores de humedad del sustrato se colocan en la zona radicular y miden el contenido de agua en tiempo real, permitiendo optimizar el riego y evitar tanto el encharcamiento como el estrés hídrico.

- **Riego de Precisión:** Estos sensores permiten ajustar la frecuencia y cantidad de riego en función de las necesidades reales de las plantas. En sistemas de fertirrigación y cultivo hidropónico, los sensores de humedad aseguran que las raíces tengan acceso al agua necesaria sin sufrir exceso de humedad, lo que también reduce el desperdicio de agua.
- **Prevención de Enfermedades Radiculares:** Al mantener la humedad en el sustrato en niveles adecuados, los sensores ayudan a prevenir la proliferación de hongos y bacterias que causan enfermedades en las raíces. Esto es especialmente importante en ambientes controlados, donde las enfermedades pueden propagarse rápidamente.

Sensores de Luz y Fotoperiodo

La luz es esencial para la fotosíntesis, y los sensores de luz miden la intensidad, el espectro y el fotoperiodo en el ambiente de cultivo. Estos datos son fundamentales para ajustar la iluminación artificial en función de las necesidades de cada etapa de crecimiento.

- **Optimización de la Iluminación Artificial:** En invernaderos y sistemas de cultivo vertical, el uso de luces LED con espectro ajustable es común. Los sensores de luz permiten controlar la intensidad y duración de la iluminación de acuerdo con el ciclo de crecimiento de las plantas, maximizando el uso de la luz y reduciendo el consumo de energía.
- **Control del Fotoperiodo:** Al monitorear la duración de la exposición a la luz, los sensores permiten ajustar el fotoperiodo para promover la floración, el crecimiento vegetativo o la maduración, dependiendo del cultivo. Esto es especialmente útil en cultivos de alto valor, como el tomate o el pepino, que requieren un manejo preciso de la luz.

Sensores de CO_2

El dióxido de carbono (CO_2) es un gas fundamental para la fotosíntesis, y su concentración en el ambiente puede tener un gran impacto en el rendimiento de los cultivos. Los sensores de CO_2 miden la concentración de este gas en el ambiente de cultivo, permitiendo ajustar el suministro en función de las necesidades de las plantas.

- **Enriquecimiento de CO_2:** En ambientes controlados, el CO_2 puede enriquecerse para aumentar la tasa de fotosíntesis y el crecimiento de las plantas. Los sensores de CO_2 permiten monitorizar y ajustar la concentración del gas para asegurar que las plantas reciban el CO_2 necesario sin incurrir en costos innecesarios o acumulaciones perjudiciales.
- **Reducción del Desperdicio de Recursos:** Los sensores de CO_2, al ajustar automáticamente la inyección de este gas, permiten un uso más eficiente de los recursos, maximizando el crecimiento y reduciendo el costo asociado con el suministro de CO_2 en ambientes protegidos.

Sensores de Conductividad Eléctrica (CE) y pH

En sistemas de cultivo hidropónico y de fertirrigación, la calidad de la solución nutritiva es crucial para el crecimiento de las plantas. Los sensores de CE y pH miden la concentración de nutrientes y la acidez de la solución, lo cual permite mantener el equilibrio adecuado para una absorción óptima de nutrientes.

- **Monitoreo de Nutrientes:** Los sensores de CE indican la cantidad de sales disueltas en la solución nutritiva, lo que permite ajustar la concentración de nutrientes en función de las necesidades de las plantas. Esto asegura que las plantas reciban los elementos esenciales en las proporciones correctas y evita problemas de toxicidad o deficiencia.
- **Ajuste del pH para Maximizar la Absorción de Nutrientes:** El pH afecta la disponibilidad de nutrientes, y mantenerlo en el rango óptimo es esencial para que las plantas absorban los elementos

necesarios. Los sensores de pH permiten ajustar la solución nutritiva de manera precisa, optimizando el crecimiento de los cultivos en sistemas hidropónicos y de fertirrigación.

Cámaras de Visión y Monitoreo Visual Automático

Las cámaras de visión artificial se utilizan en agricultura protegida para monitorear visualmente el estado de las plantas y detectar problemas como enfermedades, plagas o deficiencias nutricionales de manera temprana.

- **Detección Temprana de Problemas:** Las cámaras de visión, combinadas con inteligencia artificial, permiten identificar patrones visuales en las plantas que pueden indicar la presencia de enfermedades, plagas o problemas nutricionales. Esto permite a los *growers* actuar de manera rápida y evitar que estos problemas se extiendan en el cultivo.
- **Automatización de la Evaluación Visual:** Las cámaras también pueden monitorear el desarrollo de las plantas y analizar factores como el tamaño de las hojas, el color y el estado general de la planta. Este monitoreo visual permite evaluar el progreso del crecimiento y realizar ajustes en la fertirrigación o en las condiciones ambientales en función del desarrollo observado.

Plataformas de Monitoreo y Gestión de Datos

El uso de sensores y cámaras genera grandes volúmenes de datos, y las plataformas de monitoreo y gestión de datos permiten recopilar, analizar y visualizar esta información en tiempo real. Estas plataformas centralizan todos los datos relevantes y facilitan la toma de decisiones informada.

- **Análisis de Datos en Tiempo Real:** Las plataformas de monitoreo permiten a los *growers* observar las condiciones del cultivo en tiempo real y detectar cambios o tendencias. Este análisis facilita la identificación de problemas antes de que afecten el rendimiento del cultivo, permitiendo ajustes oportunos en el riego, la fertilización o el clima.
- **Acceso Remoto y Gestión Centralizada:** Muchas plataformas permiten el acceso remoto, lo cual es especialmente útil en grandes invernaderos o cultivos de múltiples ubicaciones. Los *growers* pueden gestionar y monitorear sus cultivos desde cualquier lugar, lo que mejora la eficiencia y reduce la necesidad de visitas físicas constantes.

3. Sistemas de Automatización en Ambientes Controlados

En la agricultura en ambientes controlados, los sistemas de automatización son fundamentales para gestionar y optimizar las condiciones de crecimiento de los cultivos. Estos sistemas permiten ajustar de manera precisa y en tiempo real parámetros como la temperatura, la humedad, el riego, la iluminación y la aplicación de nutrientes, asegurando que las plantas crezcan en un entorno óptimo y minimizando la intervención manual. La automatización facilita un uso eficiente de los recursos, reduce costos operativos y promueve una producción más sostenible. A continuación, se describen los componentes y beneficios de los sistemas de automatización en ambientes controlados, y su importancia en la agricultura moderna.

Control Climático Automático

El control climático es uno de los aspectos más importantes en la agricultura protegida, ya que permite ajustar la temperatura, la humedad y el flujo de aire en función de las necesidades de los cultivos y de las condiciones externas. Los sistemas de control climático utilizan sensores para medir continuamente estos parámetros y ajustar equipos como calefactores, ventiladores, nebulizadores y deshumidificadores.

- **Regulación de Temperatura y Humedad:** Los sistemas automáticos de calefacción y ventilación ajustan la temperatura y humedad relativa dentro del invernadero o del espacio de cultivo. Estos sistemas permiten evitar el estrés térmico y la deshidratación, asegurando que las plantas crezcan en condiciones estables y reduciendo el riesgo de enfermedades fúngicas asociadas a una alta humedad.
- **Ventilación y Control de CO_2:** Los ventiladores y extractores de aire, controlados automáticamente, garantizan un flujo de aire adecuado y una concentración de CO_2 óptima para la fotosíntesis. Algunos sistemas permiten el enriquecimiento de CO_2, lo que aumenta la tasa de fotosíntesis y promueve un crecimiento más rápido y productivo de los cultivos. Este control se ajusta en función de las condiciones ambientales y del tipo de cultivo, optimizando la productividad.

Sistemas de Riego y Fertirrigación Automática

El riego y la fertilización son fundamentales en la agricultura en ambientes controlados. Los sistemas de riego automático permiten suministrar agua y nutrientes de manera precisa y eficiente, en función de las necesidades de las plantas y las condiciones del sustrato o solución nutritiva.

- **Riego de Precisión:** Los sistemas de riego automatizados incluyen el uso de sensores de humedad en el sustrato y medidores de conductividad eléctrica (CE) para evaluar el estado de agua y nutrientes. Basado en estos datos, los sistemas de riego aplican la cantidad exacta de agua, evitando el exceso de riego y el desperdicio de recursos. Este riego de precisión reduce el riesgo de encharcamiento y enfermedades radiculares y asegura que las plantas dispongan del agua que necesitan en cada fase de crecimiento.
- **Fertirrigación Controlada:** En sistemas hidropónicos y de fertirrigación, los sistemas automáticos ajustan la concentración de nutrientes en la solución nutritiva en función de los requisitos de cada planta. Estos sistemas dosifican fertilizantes de manera exacta y controlan el pH, manteniendo un equilibrio óptimo de nutrientes. La fertilización controlada mejora la absorción de nutrientes y reduce el riesgo de toxicidad o deficiencias, lo cual se traduce en una producción de mayor calidad y rendimiento

Sistemas de Iluminación Automática

La iluminación es un factor esencial en la fotosíntesis y el desarrollo de las plantas, especialmente en cultivos de invernadero y en sistemas de cultivo vertical. Los sistemas de iluminación automática ajustan la intensidad y duración de la luz en función de las necesidades específicas del cultivo, lo cual es particularmente importante durante los meses de menor luz natural o en áreas donde la luz natural es insuficiente.

- **Iluminación LED con Espectro Ajustable:** Los sistemas de iluminación LED permiten ajustar el espectro de luz para adaptarse a las diferentes etapas del crecimiento de las plantas, como la fase vegetativa, de floración y de fructificación. Los sistemas de automatización ajustan la intensidad y el espectro de luz en función de los requisitos del cultivo, asegurando que las plantas reciban el tipo de luz que necesitan en cada fase.
- **Control del Fotoperiodo y Ahorro Energético:** La automatización de la iluminación permite ajustar el fotoperiodo de forma precisa, promoviendo el crecimiento y la floración de las plantas según sus requerimientos específicos. Además, los sistemas de automatización permiten programar la iluminación solo cuando es necesaria, optimizando el uso de energía y reduciendo los costos de operación.

Monitoreo y Ajuste de CO_2

El dióxido de carbono es fundamental para la fotosíntesis, y su concentración en el ambiente de cultivo puede influir directamente en la productividad de las plantas. Los sistemas de inyección de CO_2 automatizados permiten mantener una concentración de CO_2 óptima, enriqueciendo el ambiente cuando es necesario.

- **Inyección Controlada de CO_2:** Los sensores de CO_2 monitorean la concentración de este gas en tiempo real y activan el sistema de inyección de CO_2 cuando los niveles descienden por debajo del rango óptimo. Esto maximiza la tasa de fotosíntesis y promueve un crecimiento más rápido, especialmente en cultivos de alto rendimiento.
- **Optimización del Uso de CO_2:** La automatización permite usar CO_2 de manera eficiente, ya que los sistemas solo inyectan este gas cuando es necesario, evitando el desperdicio y reduciendo los costos. Este enfoque es particularmente útil en sistemas cerrados y en épocas del año donde la ventilación es limitada.

Plataformas de Gestión y Monitoreo Remoto

Las plataformas de gestión y monitoreo remoto integran todos los sistemas de automatización en un solo panel de control, permitiendo a los *growers* supervisar y ajustar las condiciones de cultivo desde cualquier lugar. Estas plataformas recopilan datos en tiempo real de los sensores y proporcionan análisis detallados sobre el estado del cultivo.

- **Monitoreo en Tiempo Real y Ajuste Remoto:** Los *growers* pueden acceder a las plataformas de monitoreo desde dispositivos móviles o computadoras, lo cual facilita la gestión remota de las condiciones de cultivo. Esto permite realizar ajustes en tiempo real en respuesta a cambios en el clima o en las necesidades del cultivo, sin necesidad de intervención física.
- **Análisis de Datos y Toma de Decisiones Basada en Datos:** Las plataformas de gestión recopilan y analizan datos históricos y en tiempo real sobre la temperatura, la humedad, la iluminación, el riego y la concentración de CO_2, entre otros factores. Esto permite a los *growers* identificar patrones, predecir problemas y optimizar el manejo del cultivo en función de datos precisos, lo cual mejora la toma de decisiones y permite realizar ajustes preventivos en el sistema.

Integración de Inteligencia Artificial y Aprendizaje Automático

La inteligencia artificial (IA) y el aprendizaje automático son tecnologías emergentes en la automatización agrícola que permiten analizar grandes cantidades de datos y hacer ajustes automáticos en función de patrones observados en el cultivo.

- **Análisis Predictivo para la Optimización del Cultivo:** Los sistemas de IA pueden analizar datos históricos y detectar patrones en el crecimiento del cultivo, anticipándose a problemas como deficiencias nutricionales o condiciones de estrés. Esto permite realizar ajustes preventivos en el sistema de riego, fertilización o iluminación, optimizando el rendimiento del cultivo y reduciendo la necesidad de intervención humana.
- **Optimización en Tiempo Real:** Los algoritmos de IA pueden hacer ajustes en tiempo real en función de las condiciones actuales del cultivo y las previsiones de crecimiento, mejorando la precisión de los sistemas automatizados. Esto permite una respuesta rápida a los cambios en el ambiente y asegura que el cultivo se mantenga en condiciones óptimas en todo momento.

4. Integración de Tecnologías IoT y Big Data

La integración de tecnologías de Internet de las Cosas (IoT) y Big Data en la agricultura en ambientes controlados ha transformado la forma en que se gestionan los cultivos, permitiendo un manejo más preciso, eficiente y basado en datos. En invernaderos y sistemas de agricultura protegida, la combinación de sensores conectados (IoT) y la capacidad de analizar grandes volúmenes de datos (Big Data) ofrece a los *growers* información en tiempo real y análisis predictivo sobre las condiciones ambientales, el rendimiento de los cultivos y el uso de recursos. Estas tecnologías permiten una toma de decisiones informada, la optimización de los procesos agrícolas y un enfoque más sostenible y rentable en la producción. A continuación, se exploran los beneficios y aplicaciones de IoT y Big Data en la agricultura en ambientes controlados.

IoT: Sensores Conectados para el Monitoreo en Tiempo Real

El Internet de las Cosas (IoT) conecta una amplia gama de dispositivos y sensores que recopilan datos sobre las condiciones ambientales y el estado del cultivo. Estos sensores transmiten datos en tiempo real, permitiendo a los *growers* monitorear y ajustar factores críticos como la temperatura, la humedad, el nivel de nutrientes, la iluminación y el dióxido de carbono (CO_2) de forma remota.

- **Monitoreo en Tiempo Real de Variables Ambientales:** Los sensores de IoT proporcionan datos continuos sobre variables como la temperatura, la humedad, la luz y la concentración de CO_2 en el ambiente de cultivo. Al monitorear estas condiciones en tiempo real, los *growers* pueden ajustar automáticamente los sistemas de calefacción, ventilación, riego y fertilización para asegurar un entorno óptimo y prevenir problemas como el estrés térmico o la falta de oxígeno en las raíces.
- **Riego y Fertirrigación Inteligente:** Los sensores de humedad y conductividad eléctrica (CE) conectados a IoT permiten gestionar el riego y la aplicación de nutrientes de manera precisa. Basándose en los datos de humedad y nutrientes en el sustrato, los sistemas de riego pueden ajustarse automáticamente para evitar el exceso o la falta de agua y nutrientes, optimizando el uso de recursos y reduciendo el desperdicio.
- **Iluminación Automatizada y Ajustable:** Los sensores de luz conectados permiten monitorear la intensidad y duración de la iluminación natural. Estos datos se integran con sistemas de iluminación artificial, como luces LED de espectro ajustable, que se activan o desactivan en función de la cantidad de luz que recibe el cultivo, maximizando el uso de luz solar y reduciendo el consumo de energía.

Big Data: Análisis y Toma de Decisiones Basada en Datos

La recopilación masiva de datos mediante dispositivos IoT genera un gran volumen de información, conocido como Big Data. Estos datos son procesados y analizados mediante herramientas de Big Data, que permiten identificar patrones, tendencias y correlaciones que facilitan la toma de decisiones basada en evidencia y la implementación de prácticas más eficientes.

- **Análisis Predictivo y Optimización de Recursos:** Big Data permite a los *growers* analizar datos históricos y en tiempo real para identificar patrones de crecimiento y consumo de recursos. A través del análisis predictivo, los sistemas de Big Data pueden prever necesidades de riego, nutrientes o ajustes de temperatura, permitiendo planificar con anticipación y reducir la variabilidad en el rendimiento de los cultivos. Esta capacidad de anticiparse a los requerimientos de los cultivos optimiza el uso de recursos y mejora la eficiencia operativa.
- **Detección Temprana de Problemas:** Las plataformas de Big Data pueden identificar anomalías en los datos recopilados, lo que permite detectar problemas como deficiencias nutricionales, plagas o enfermedades en una etapa temprana. Esto facilita la implementación de soluciones preventivas y reduce el impacto de estos problemas en el rendimiento del cultivo, evitando pérdidas y minimizando la necesidad de productos químicos.

- **Toma de Decisiones Basada en Datos:** La capacidad de procesar grandes volúmenes de datos de diferentes fuentes —como sensores IoT, registros históricos y condiciones meteorológicas externas— permite a los *growers* tomar decisiones informadas y basadas en datos. La integración de todos estos datos en un solo sistema centralizado facilita la gestión de múltiples variables y permite un control más preciso del ambiente de cultivo.

Integración de IoT y Big Data en Sistemas de Automatización

La combinación de IoT y Big Data en sistemas de automatización permite gestionar el ambiente de cultivo de forma autónoma y optimizada. Los sensores IoT recopilan datos en tiempo real, que luego son procesados y analizados mediante herramientas de Big Data para generar acciones automáticas en los sistemas de riego, iluminación, ventilación y fertilización.

- **Control Autónomo de las Condiciones de Cultivo:** Los sistemas de automatización, basados en los datos generados por IoT y Big Data, pueden ajustar las condiciones de cultivo de forma automática. Por ejemplo, si los sensores de humedad detectan un nivel bajo en el sustrato, el sistema de riego se activa de forma automática. Si la temperatura desciende por debajo del rango óptimo, el sistema de calefacción se ajusta sin intervención humana, asegurando que las plantas se mantengan en un ambiente ideal.
- **Algoritmos de Aprendizaje Automático (Machine Learning):** Con la integración de algoritmos de aprendizaje automático, los sistemas pueden aprender de los datos históricos y optimizar continuamente sus funciones. Los algoritmos analizan patrones y ajustes previos, mejorando la eficiencia en la aplicación de recursos y reduciendo el costo operativo a largo plazo.

Mejora en la Sostenibilidad y Reducción de Impacto Ambiental

La integración de IoT y Big Data en la agricultura protegida no solo mejora la productividad y reduce los costos operativos, sino que también contribuye a la sostenibilidad de la producción. Al optimizar el uso de recursos y reducir el desperdicio, estas tecnologías ayudan a minimizar el impacto ambiental de los cultivos.

- **Ahorro de Agua y Energía:** Con el monitoreo preciso del riego y la iluminación, los *growers* pueden reducir el consumo de agua y energía, haciendo un uso eficiente de estos recursos. La agricultura protegida es intensiva en el uso de energía y agua, por lo que el control automatizado basado en datos es clave para disminuir la huella ambiental de la producción.
- **Reducción de Insumos Químicos:** La detección temprana de problemas de salud en las plantas, basada en el análisis de datos, permite reducir la necesidad de pesticidas y fertilizantes. Al actuar de manera preventiva y precisa, los *growers* pueden minimizar la cantidad de productos químicos necesarios, reduciendo la contaminación y mejorando la calidad y seguridad de los productos.

Gestión Centralizada y Acceso Remoto

Las plataformas que integran IoT y Big Data permiten a los *growers* gestionar sus cultivos de forma centralizada y remota, lo cual es particularmente beneficioso en grandes instalaciones de agricultura protegida. A través de dispositivos móviles o computadoras, los operadores pueden monitorear y ajustar los sistemas en tiempo real, sin necesidad de estar físicamente presentes.

- **Acceso en Tiempo Real desde Cualquier Lugar:** La capacidad de acceder a datos y sistemas desde cualquier lugar permite a los *growers* supervisar y controlar las condiciones de cultivo de manera continua, incluso a distancia. Esta accesibilidad mejora la eficiencia de la gestión y permite responder de manera oportuna a cualquier cambio en el ambiente de cultivo.
- **Gestión de Múltiples Cultivos o Ubicaciones:** Para empresas con varias instalaciones o cultivos en diferentes ubicaciones, la integración de IoT y Big Data facilita la gestión centralizada de todas las variables de cada ambiente de cultivo. Esto permite una supervisión coordinada y estandarizada, promoviendo la consistencia en la producción y reduciendo el tiempo necesario para la gestión de cada sitio.

5. Beneficios de la Automatización y el Monitoreo

La automatización y el monitoreo en la agricultura en ambientes controlados, como invernaderos y sistemas hidropónicos, ofrecen múltiples beneficios que optimizan la producción, aumentan la eficiencia en el uso de recursos y promueven la sostenibilidad. Estas tecnologías permiten un control preciso de las condiciones de crecimiento, reducen la dependencia de la intervención humana y mejoran la capacidad de respuesta ante cualquier cambio ambiental. Los beneficios abarcan desde la optimización del clima y los recursos hasta la reducción de costos operativos y el incremento en la calidad y productividad de los cultivos. A continuación, se presentan los principales beneficios de la automatización y el monitoreo en la agricultura protegida.

Optimización de Condiciones de Crecimiento

La automatización y el monitoreo permiten mantener condiciones óptimas de crecimiento de manera continua y precisa. Las variables ambientales, como la temperatura, la humedad, la iluminación y la concentración de dióxido de carbono (CO_2), pueden ajustarse de forma automática en función de las necesidades del cultivo, garantizando que las plantas se desarrollen en un entorno ideal en cada etapa de crecimiento.

- **Control Preciso de Clima:** Los sistemas automatizados permiten ajustar la temperatura y la humedad dentro del invernadero o área de cultivo en tiempo real. Esto asegura que las plantas no sufran estrés térmico o hídrico, y reduce el riesgo de enfermedades que se presentan en condiciones de

alta humedad, como los hongos. Con la automatización, los *growers* pueden programar el sistema para que mantenga el clima en un rango específico, independientemente de las variaciones externas.
- **Optimización de Iluminación y Fotoperiodo:** La automatización permite ajustar la duración e intensidad de la iluminación artificial en función de la fase de crecimiento de las plantas. En sistemas de cultivo vertical e invernaderos, los sistemas de iluminación automatizados aseguran que las plantas reciban la cantidad de luz necesaria para la fotosíntesis, mejorando el crecimiento y la productividad. Además, los sistemas que ajustan el fotoperiodo ayudan a inducir la floración o el crecimiento vegetativo según los requisitos del cultivo.

Ahorro de Recursos y Eficiencia en el Uso del Agua y Nutrientes

Uno de los principales beneficios de la automatización y el monitoreo es la capacidad de aplicar agua y nutrientes con precisión, lo cual optimiza su uso y reduce el desperdicio. En sistemas de fertirrigación e hidroponía, el monitoreo de la humedad del sustrato y de los niveles de nutrientes permite ajustar el suministro de acuerdo con las necesidades de las plantas, evitando el exceso o la deficiencia.

- **Riego de Precisión:** La automatización de los sistemas de riego asegura que las plantas reciban la cantidad exacta de agua que necesitan en función de los datos de humedad del sustrato o solución nutritiva. Esto reduce el riesgo de encharcamiento y previene el estrés hídrico, lo cual es especialmente importante en cultivos que requieren un equilibrio delicado de humedad.
- **Control de Nutrientes y Fertilización Inteligente:** En sistemas de cultivo hidropónico y fertirrigación, los sensores de conductividad eléctrica (CE) y pH permiten mantener la concentración de nutrientes en niveles óptimos. La automatización facilita el ajuste de nutrientes en tiempo real, asegurando que las plantas absorban los elementos necesarios y mejorando la calidad del producto final.
- **Reducción de Desperdicio de Recursos:** Al usar los recursos de manera precisa, la automatización y el monitoreo reducen el desperdicio de agua, fertilizantes y energía. Esto no solo disminuye los costos operativos, sino que también reduce el impacto ambiental, promoviendo una agricultura más sostenible.

Reducción de Costos Operativos y Dependencia de Mano de Obra

La automatización reduce la necesidad de intervención humana en tareas repetitivas, lo cual disminuye los costos de mano de obra y asegura una operación más eficiente y consistente. En grandes instalaciones, la reducción de tareas manuales permite a los trabajadores enfocarse en actividades de mayor valor, como la gestión y el análisis de datos.

- **Disminución de la Carga Laboral:** Al automatizar tareas como el riego, la ventilación y el control de la iluminación, se reduce el trabajo manual requerido para mantener el ambiente de cultivo. Esto es especialmente beneficioso en invernaderos de gran tamaño, donde la gestión manual de estas actividades es costosa y consume mucho tiempo.

- **Consistencia en el Manejo del Cultivo:** La automatización elimina la posibilidad de errores humanos en tareas clave, asegurando que los cultivos reciban un tratamiento uniforme y consistente. Esto es fundamental para mantener la calidad y el rendimiento de los cultivos, especialmente en sistemas de producción intensiva.
- **Ahorro en Costos de Energía:** La automatización permite programar los sistemas para que solo se activen cuando sea necesario, optimizando el uso de energía. Por ejemplo, los sistemas de iluminación automatizados pueden encenderse solo durante las horas de menor luz natural, y los sistemas de ventilación pueden activarse solo cuando la temperatura supera un umbral específico.

Mejora en la Calidad y Productividad de los Cultivos

La automatización y el monitoreo permiten crear un ambiente controlado que maximiza el crecimiento y el rendimiento de los cultivos. Las condiciones óptimas de crecimiento no solo mejoran la productividad, sino que también contribuyen a una mayor calidad del producto, lo cual es especialmente importante en la producción de hortalizas, frutas y flores de alto valor.

- **Aumento del Rendimiento:** Al mantener condiciones ideales durante todo el ciclo de crecimiento, las plantas pueden desarrollar su potencial genético y producir mayores cantidades de biomasa o frutos. Esto se traduce en un mayor rendimiento por área de cultivo, lo cual es clave en sistemas de producción intensiva y en zonas con limitaciones de espacio.
- **Uniformidad en el Producto Final:** La automatización asegura que todas las plantas del cultivo reciban un tratamiento homogéneo, lo que promueve una calidad uniforme en el producto final. En cultivos comerciales, la uniformidad en tamaño, color y sabor es un factor clave para competir en el mercado.
- **Reducción de Problemas de Salud en el Cultivo:** La capacidad de ajustar las condiciones de manera precisa también ayuda a prevenir problemas de salud en las plantas, como enfermedades fúngicas, deficiencias nutricionales o estrés ambiental. La detección temprana de problemas mediante el monitoreo en tiempo real permite tomar medidas correctivas antes de que el cultivo se vea afectado, mejorando la calidad y reduciendo las pérdidas.

Sostenibilidad y Reducción del Impacto Ambiental

La automatización y el monitoreo en la agricultura en ambientes controlados no solo mejoran la eficiencia y rentabilidad, sino que también promueven prácticas agrícolas más sostenibles y respetuosas con el medio ambiente. Al optimizar el uso de recursos y reducir el desperdicio, estas tecnologías contribuyen a reducir la huella ambiental de la producción agrícola.

- **Ahorro de Agua y Reducción de Contaminación:** La automatización en el riego y fertilización reduce el uso de agua y fertilizantes, minimizando la lixiviación de nutrientes y el riesgo de contaminación del suelo y el agua. Esto es especialmente importante en la agricultura protegida, donde el uso de recursos intensivo puede tener efectos negativos si no se gestiona adecuadamente.

- **Eficiencia Energética:** Los sistemas automatizados permiten gestionar de manera eficiente el uso de energía, programando la iluminación, ventilación y calefacción para que solo funcionen cuando sea necesario. Esto reduce el consumo de electricidad y disminuye la dependencia de fuentes de energía no renovables, contribuyendo a una producción agrícola más limpia.
- **Reducción de Insumos Químicos:** La detección temprana de problemas, facilitada por el monitoreo continuo, permite implementar soluciones preventivas y reduce la necesidad de pesticidas y fertilizantes. Al minimizar el uso de insumos químicos, la automatización promueve una producción agrícola más saludable para los consumidores y menos contaminante para el medio ambiente.

Capítulo 9

Gestión de la Cosecha y Postcosecha

El módulo "Gestión de la Cosecha y Postcosecha" es fundamental para los *growers* en la producción de hortalizas en ambientes controlados. Aunque el enfoque principal en la producción de hortalizas está en el crecimiento y desarrollo del cultivo, la gestión adecuada de la cosecha y postcosecha es crucial para garantizar que los productos lleguen al mercado en óptimas condiciones de frescura, calidad y valor nutricional. Este módulo aborda los aspectos clave de la planificación de la cosecha, las técnicas de manejo en el campo y en la postcosecha, y los métodos de almacenamiento y transporte que preservan la vida útil del producto, reducen pérdidas y mejoran la rentabilidad.

1. Importancia de la Gestión de la Cosecha y Postcosecha en la Calidad del Producto

En la agricultura en ambientes controlados, la gestión de la cosecha y la postcosecha es crucial para preservar la calidad y el valor comercial de los productos agrícolas. Estas etapas requieren un manejo preciso y cuidadoso, ya que las frutas, hortalizas y otros productos frescos son altamente perecederos y, sin una adecuada gestión, pueden perder sus propiedades nutricionales, estéticas y sensoriales en cuestión de horas. La gestión de la cosecha y postcosecha incluye prácticas como la selección del momento óptimo de recolección, el manejo adecuado del producto, el control de la temperatura y la humedad, y la aplicación de técnicas de almacenamiento y transporte. A continuación, se analizan los aspectos más importantes de la gestión de la cosecha y la postcosecha y su impacto en la calidad del producto.

Selección del Momento Óptimo de Cosecha

La calidad del producto final depende en gran medida del momento en que se realice la cosecha. Cada cultivo tiene un momento óptimo de maduración, en el cual los niveles de azúcar, acidez, textura y contenido nutricional alcanzan sus valores ideales. Cosechar antes o después de este punto puede afectar la calidad del producto y su aceptación en el mercado.

- **Madurez Fisiológica y Comercial:** La madurez fisiológica es el punto en que el fruto o hortaliza alcanza su desarrollo completo, mientras que la madurez comercial es el momento en que el producto está listo para ser consumido o almacenado. En algunos productos, estos puntos coinciden, pero en otros es necesario cosechar en un estado ligeramente inmaduro para permitir que el producto continúe madurando durante el transporte. La selección adecuada de la madurez ayuda a mejorar la calidad del producto en el punto de venta y a prolongar su vida útil.
- **Evaluación de Parámetros de Cosecha:** Para determinar el momento óptimo de cosecha, se utilizan parámetros como el color, la firmeza, el contenido de azúcares y el nivel de acidez. Estas mediciones pueden realizarse mediante instrumentos como refractómetros (para medir sólidos solubles) y colorímetros (para evaluar el color). La recolección en el momento adecuado ayuda a maximizar la

calidad organoléptica y nutricional del producto, lo cual es fundamental para satisfacer las expectativas de los consumidores.

Manejo Cuidadoso Durante la Cosecha

El manejo adecuado durante la cosecha es esencial para evitar daños físicos que puedan comprometer la apariencia y la calidad del producto. Las prácticas de cosecha deben ser cuidadosamente planeadas para minimizar las pérdidas y asegurar que los productos mantengan su frescura.

- **Reducción de Daños Mecánicos:** Las frutas y hortalizas son susceptibles a golpes y magulladuras durante la recolección. Un manejo cuidadoso, que incluya el uso de herramientas adecuadas y la capacitación del personal de cosecha, reduce el riesgo de daños mecánicos que podrían favorecer el desarrollo de microorganismos y la pérdida de calidad. El uso de guantes y la manipulación cuidadosa en cada etapa, desde el corte hasta la colocación en recipientes de transporte, ayudan a conservar la integridad del producto.
- **Selección y Clasificación en Campo:** Realizar una selección inicial en el campo permite clasificar los productos en función de su tamaño, forma y calidad visual. Esto facilita la separación de productos de menor calidad que podrían acelerar el deterioro en el almacenamiento. Una clasificación temprana también permite un manejo diferenciado según el destino del producto, maximizando el valor comercial de cada lote.

Control de las Condiciones Postcosecha

Una vez recolectado el producto, el control de las condiciones de almacenamiento es fundamental para prolongar su vida útil y conservar su frescura. Los factores más críticos en la postcosecha son la temperatura, la humedad y la atmósfera del ambiente de almacenamiento.

- **Temperatura de Almacenamiento:** La reducción de la temperatura es esencial para disminuir la respiración y el metabolismo de los productos frescos, lo cual ralentiza el deterioro y extiende la vida útil. Cada tipo de fruto u hortaliza tiene una temperatura óptima de almacenamiento; por ejemplo, las frutas tropicales requieren temperaturas menos frías que las frutas de climas templados. Un enfriamiento rápido después de la cosecha, conocido como "preenfriamiento", es una práctica común para reducir el deterioro y preservar la calidad.
- **Humedad Relativa:** La humedad del ambiente es clave para evitar la pérdida de agua en los productos frescos, lo cual se traduce en pérdida de peso y marchitamiento. La humedad relativa debe mantenerse en niveles óptimos para cada tipo de cultivo, ya que un ambiente demasiado seco provoca deshidratación, mientras que una humedad excesiva puede favorecer el desarrollo de hongos y otros patógenos.
- **Atmósfera Controlada o Modificada:** En algunos productos de alto valor, se utilizan técnicas de atmósfera controlada o modificada para prolongar la frescura. Estas técnicas consisten en ajustar los niveles de oxígeno y dióxido de carbono en el ambiente de almacenamiento para ralentizar el proceso

de respiración y reducir el desarrollo de microorganismos. La atmósfera controlada es especialmente beneficiosa para productos que requieren largos periodos de almacenamiento, como manzanas y peras.

Transporte y Distribución

El transporte adecuado es esencial para mantener la calidad del producto durante el traslado desde el lugar de cosecha hasta el mercado o punto de venta. Un mal manejo durante el transporte puede ocasionar pérdidas significativas y reducir la vida útil del producto.

- **Transporte Refrigerado:** Los productos perecederos suelen transportarse en vehículos refrigerados que mantienen la temperatura y humedad adecuadas. Este control es crucial para evitar fluctuaciones que puedan acelerar el deterioro. Además, los vehículos deben estar limpios y desinfectados para prevenir contaminaciones que afecten la calidad del producto.
- **Minimización del Tiempo de Transporte:** Reducir el tiempo entre la cosecha y el consumo final es importante para mantener la frescura y calidad del producto. La logística eficiente, que incluye rutas optimizadas y tiempos de carga y descarga minimizados, contribuye a reducir el deterioro postcosecha y garantiza que el producto llegue al consumidor en condiciones óptimas.

Manipulación en el Punto de Venta

Incluso después de llegar al punto de venta, la manipulación adecuada sigue siendo esencial para mantener la calidad del producto. Los supermercados y minoristas deben mantener condiciones de almacenamiento adecuadas y evitar el manejo brusco que podría afectar la apariencia y vida útil de los productos frescos.

- **Exposición en Condiciones Controladas:** La exposición en áreas refrigeradas y con control de humedad es clave para mantener la frescura de los productos hasta que lleguen al consumidor. Una adecuada rotación del inventario, colocando los productos más frescos al fondo y los de mayor antigüedad al frente, ayuda a asegurar que los consumidores adquieran productos en buen estado.
- **Educación del Personal de Venta:** Capacitar al personal sobre el manejo de productos frescos ayuda a reducir pérdidas en el punto de venta. Un manejo cuidadoso, así como la pronta eliminación de productos en mal estado, mejora la presentación del producto y reduce el desperdicio.

2. Planificación de la Cosecha

La planificación de la cosecha es una etapa crítica en la agricultura en ambientes controlados, ya que permite maximizar la eficiencia de producción y asegurar que los productos sean recolectados en su punto óptimo de madurez. La planificación adecuada no solo optimiza los recursos disponibles y reduce las pérdidas, sino que también garantiza que los productos lleguen al mercado con la máxima calidad y frescura. En un contexto de demanda creciente y estándares de calidad elevados, una planificación estratégica de la cosecha ayuda a los *growers* a cumplir con las expectativas del mercado y a obtener el máximo rendimiento de sus cultivos. A continuación, se analizan los elementos clave y beneficios de una planificación de cosecha efectiva en ambientes controlados.

Determinación del Momento Óptimo de Cosecha

Uno de los primeros aspectos en la planificación de la cosecha es identificar el momento óptimo para recolectar cada tipo de producto. En la agricultura en ambientes controlados, donde las condiciones de cultivo pueden manipularse para optimizar el crecimiento, es posible ajustar los tiempos de cosecha para obtener productos en su punto ideal de madurez.

- **Madurez Fisiológica y Comercial:** Cada cultivo tiene un momento específico en que alcanza su madurez fisiológica, es decir, el punto en que ha completado su desarrollo natural. Sin embargo, la madurez comercial puede diferir, ya que algunos productos deben cosecharse antes de su completa madurez para continuar desarrollándose durante el transporte. La planificación de la cosecha permite ajustar estos tiempos para cada tipo de cultivo y cumplir con los requisitos de los mercados de destino.
- **Evaluación de Parámetros de Madurez:** La planificación de la cosecha implica establecer parámetros de madurez específicos para cada producto, tales como el contenido de azúcares (medido con un refractómetro), el color y la firmeza. Esta evaluación permite cosechar los productos en el momento adecuado para maximizar su sabor, frescura y valor nutricional. La planificación también debe incluir la programación de pruebas periódicas de madurez en el campo, lo que permite identificar el mejor momento de recolección.

Estimación de Volúmenes de Cosecha

La planificación de la cosecha también debe considerar la estimación precisa de los volúmenes de producción. Conocer la cantidad aproximada de producto que estará listo para cosechar en cada ciclo permite organizar adecuadamente los recursos, desde la mano de obra hasta el transporte y el almacenamiento.

- **Cálculo de Rendimientos por Área de Cultivo:** La estimación de los volúmenes de cosecha comienza con el cálculo de los rendimientos esperados por área de cultivo. Esto se puede hacer con base en datos históricos y condiciones actuales de crecimiento, como el número de plantas por metro cuadrado, el tamaño promedio de los frutos y las tasas de crecimiento. En sistemas de cultivo en ambientes controlados, la consistencia de las condiciones facilita estas predicciones, aunque también es importante ajustar las estimaciones en función de las condiciones específicas de cada temporada o ciclo de producción.
- **Anticipación de Demanda y Coordinación con el Mercado:** La planificación debe tomar en cuenta la demanda del mercado, especialmente para productos frescos de alta rotación. Esto permite ajustar los volúmenes de cosecha a la demanda y minimizar el riesgo de excedentes o

desabastecimientos. Coordinar los tiempos de cosecha con los pedidos de clientes o distribuidores ayuda a maximizar la rentabilidad y a mejorar la competitividad en el mercado.

Organización de la Mano de Obra y Recursos Logísticos

La recolección de productos frescos en su punto óptimo de madurez requiere una coordinación precisa de la mano de obra y los recursos logísticos, desde los equipos de cosecha hasta el transporte y almacenamiento.

- **Asignación y Capacitación de la Mano de Obra:** La planificación de la cosecha incluye la programación de la cantidad y distribución de los trabajadores que participarán en la recolección. Los equipos de cosecha deben estar capacitados en el manejo adecuado del producto, desde la recolección manual hasta la colocación en contenedores. La capacitación permite reducir el daño físico y asegurar que los productos sean manejados de forma que se conserve su calidad.
- **Preparación de Recursos de Transporte y Almacenamiento:** La logística de cosecha no termina en el campo, sino que incluye la planificación del transporte hacia las instalaciones de almacenamiento o distribución. Los vehículos de transporte deben estar disponibles y, en muchos casos, equipados con refrigeración para mantener la frescura del producto. La disponibilidad de instalaciones de almacenamiento, como cámaras de preenfriado o de atmósfera controlada, también debe estar asegurada para garantizar que los productos se mantengan en condiciones óptimas hasta llegar al mercado.

Coordinación con la Postcosecha y Procesamiento

La planificación de la cosecha debe integrarse con las actividades de postcosecha, incluyendo el almacenamiento, empaque y distribución. Esta coordinación es esencial para reducir las pérdidas y asegurar que los productos lleguen en las mejores condiciones al consumidor final.

- **Preenfriado y Almacenamiento Inmediato:** En muchos productos frescos, el preenfriado es una técnica fundamental para reducir la tasa de respiración y prolongar la vida útil del producto. La planificación de la cosecha debe incluir la programación del preenfriado y el traslado inmediato a instalaciones de almacenamiento refrigerado para evitar el deterioro del producto.
- **Empaque y Distribución según la Demanda:** La planificación de la cosecha también debe contemplar los tiempos y métodos de empaque y distribución, asegurando que el producto esté listo para su traslado al mercado o punto de venta en el menor tiempo posible. Una coordinación eficaz entre la cosecha y la distribución reduce el tiempo que el producto pasa en almacenamiento, lo cual es clave para conservar la frescura y calidad del mismo.

Gestión de Inventario y Minimización de Desperdicio

Una planificación adecuada permite manejar los volúmenes de cosecha de manera eficiente y reducir el desperdicio. Con una programación de la cosecha que responda a la demanda y a las condiciones de almacenamiento, es posible minimizar el riesgo de que los productos se deterioren antes de llegar al mercado.

- **Programación de Cosechas Escalonadas:** En cultivos donde es posible realizar cosechas escalonadas, la planificación permite distribuir la producción en diferentes tiempos, en lugar de cosechar toda la producción al mismo tiempo. Esto ayuda a evitar picos de oferta que podrían saturar el mercado y permite ofrecer productos frescos de manera continua.
- **Reducción de Pérdidas Postcosecha:** Con una planificación que incluya estrategias de recolección, manejo y almacenamiento, es posible reducir significativamente las pérdidas que ocurren después de la cosecha. Esto no solo maximiza el rendimiento de la producción, sino que también contribuye a una agricultura más sostenible, reduciendo el desperdicio de alimentos.

3. Técnicas de Cosecha

La cosecha es una de las etapas más cruciales en el ciclo de producción agrícola, especialmente en la agricultura en ambientes controlados como invernaderos y sistemas hidropónicos. La elección de las técnicas de cosecha adecuadas permite preservar la calidad y el valor de los productos, reducir pérdidas y maximizar la vida útil. Las técnicas de cosecha deben adaptarse a cada tipo de cultivo y considerar factores como la madurez, el tipo de producto y las condiciones de manipulación. Una cosecha bien ejecutada ayuda a garantizar que los productos lleguen en óptimas condiciones al consumidor, asegurando su frescura, apariencia y contenido nutricional. A continuación, se describen las técnicas de cosecha más comunes y su aplicación en la agricultura protegida.

Cosecha Manual

La cosecha manual es la técnica más común en cultivos de alto valor, como frutas, hortalizas y flores, donde la calidad y apariencia del producto son factores críticos. Esta técnica permite a los trabajadores seleccionar cuidadosamente los productos en función de su madurez y tamaño, evitando daños mecánicos que podrían afectar su presentación y vida útil.

- **Ventajas de la Cosecha Manual:** La cosecha manual permite una selección precisa del producto, ya que el trabajador puede evaluar el estado de madurez y calidad de cada fruto u hortaliza. Esto es especialmente importante en productos frescos y delicados, como tomates, pimientos, fresas y lechugas, donde una recolección en el momento adecuado es fundamental para conservar su frescura y sabor. La cosecha manual también permite una manipulación más cuidadosa, reduciendo el riesgo de magulladuras y daños físicos.
- **Herramientas de Apoyo:** Para facilitar la recolección, en la cosecha manual se utilizan herramientas como tijeras de podar, cuchillos y recipientes especializados que protegen el producto de golpes y caídas. Los trabajadores también suelen utilizar guantes para manipular los productos de

manera higiénica y segura. Estas herramientas, además de agilizar el trabajo, ayudan a minimizar el daño a la planta y al fruto, mejorando la calidad del producto final.
- **Selección Escalonada y Continuada:** En la agricultura en ambientes controlados, los cultivos suelen producir frutos de manera continua. La cosecha manual permite realizar una recolección escalonada, donde solo se cosechan los frutos que están en su punto óptimo de madurez, dejando que los demás continúen desarrollándose. Esto asegura una oferta constante de productos frescos y permite maximizar el rendimiento de cada planta.

Cosecha Mecánica

La cosecha mecánica se utiliza principalmente en cultivos de gran escala o en aquellos donde el producto no requiere una selección individualizada, como algunas hortalizas de hoja o cultivos de bajo valor. En la agricultura en ambientes controlados, la cosecha mecánica es menos común, pero puede implementarse en cultivos específicos para reducir costos de mano de obra y mejorar la eficiencia.

- **Equipos de Cosecha Mecánica:** Los equipos de cosecha mecánica incluyen cosechadoras de corte y recolección, que permiten recolectar productos como lechugas, espinacas y otras hortalizas de hoja con un solo paso. Estos equipos suelen estar equipados con cuchillas que cortan el producto a nivel del sustrato y transportadores que llevan las hortalizas directamente a recipientes de recolección.
- **Ventajas y Desventajas de la Cosecha Mecánica:** La principal ventaja de la cosecha mecánica es la rapidez y eficiencia en la recolección, lo cual es especialmente beneficioso en cultivos de alta densidad y bajo valor. Sin embargo, la cosecha mecánica también tiene limitaciones, ya que puede causar daños al producto y no permite una selección precisa de frutos. En cultivos de alta calidad, la cosecha manual sigue siendo preferible debido a la atención que se requiere en el manejo del producto.
- **Aplicación en la Agricultura Protegida:** Aunque la cosecha mecánica es menos común en ambientes controlados, algunos invernaderos utilizan sistemas semimecanizados, como carros de recolección y transportadores, para facilitar el trabajo de los operarios. Estos sistemas mejoran la eficiencia sin sacrificar la calidad, permitiendo un manejo más cuidadoso del producto.

Cosecha Selectiva y Escalonada

La cosecha selectiva es una técnica en la que solo se recolectan los frutos que han alcanzado la madurez adecuada, permitiendo que los demás continúen desarrollándose. Esta técnica es común en cultivos de invernadero que producen frutos de forma continua, como tomates, pimientos y fresas.

- **Cosecha Escalonada en Ciclos Continuos:** La cosecha escalonada permite recolectar productos de manera constante, asegurando una oferta continua en el mercado. Esta técnica es especialmente útil en la agricultura en ambientes controlados, donde el objetivo es maximizar la producción a lo largo del año. Al permitir que los frutos alcancen su punto óptimo de madurez antes de ser cosechados, se garantiza una mejor calidad en términos de sabor, color y contenido nutricional.

- **Ventajas para la Calidad del Producto:** La cosecha selectiva permite obtener productos en su punto máximo de frescura y madurez, lo cual mejora su sabor y valor nutricional. Además, al evitar que los productos sobrepasen su madurez, se reduce la probabilidad de que se deterioren rápidamente, lo cual es fundamental para extender la vida útil durante el transporte y almacenamiento.
- **Técnicas de Selección y Clasificación en Campo:** Los operarios que realizan la cosecha selectiva suelen estar capacitados para identificar los frutos en el punto óptimo de madurez. La clasificación en campo permite separar los productos en diferentes categorías de calidad, asegurando que solo los mejores productos lleguen al mercado, mientras que los frutos de menor calidad se pueden destinar a otros usos.

Técnicas de Manipulación y Transporte Durante la Cosecha

Una parte fundamental de las técnicas de cosecha es la manipulación y el transporte del producto desde el campo hasta el área de almacenamiento. La manipulación cuidadosa es clave para conservar la calidad, evitar daños físicos y prevenir el desarrollo de enfermedades postcosecha.

- **Uso de Recipientes Adecuados:** Los productos recolectados se colocan en recipientes que protegen su integridad durante el transporte. En la agricultura en ambientes controlados, se utilizan cajas o contenedores con compartimentos que evitan el movimiento excesivo y los golpes, especialmente en frutas y hortalizas delicadas.
- **Transporte a Áreas de Enfriado:** Después de la recolección, muchos productos frescos deben transportarse rápidamente a áreas de enfriado para detener el proceso de respiración y reducir el deterioro. El enfriamiento inmediato permite conservar la frescura del producto y prolonga su vida útil, lo cual es esencial para productos destinados a mercados lejanos.
- **Capacitación en Manipulación Postcosecha:** La capacitación del personal en técnicas de manipulación es fundamental para evitar daños al producto. Esto incluye el uso adecuado de guantes, la manipulación cuidadosa de cada fruto y la organización del producto en los recipientes para reducir el riesgo de aplastamiento o magulladuras.

Uso de Tecnología para la Cosecha de Precisión

La tecnología también juega un papel importante en las técnicas de cosecha en la agricultura en ambientes controlados. Sistemas de sensores, drones y cámaras de visión artificial permiten evaluar la madurez de los cultivos y mejorar la precisión en el momento de la cosecha.

- **Cámaras de Visión Artificial:** Estas cámaras pueden detectar parámetros de madurez en tiempo real, como el color y la firmeza del fruto. La tecnología de visión artificial ayuda a los trabajadores a identificar los frutos que están listos para cosechar, mejorando la precisión y reduciendo el margen de error.
- **Sensores de Madurez y Monitoreo Remoto:** En algunos sistemas de agricultura controlada, se utilizan sensores que monitorean los niveles de azúcar, acidez y otros parámetros de madurez. Esta

información permite a los *growers* decidir el momento óptimo de cosecha de manera precisa, reduciendo pérdidas y mejorando la calidad del producto.

4. Gestión de la Postcosecha

La gestión de la postcosecha es una etapa crítica en la cadena de producción agrícola, especialmente en la agricultura en ambientes controlados, donde el objetivo es maximizar la calidad, la frescura y la vida útil de los productos. La postcosecha abarca desde el momento en que el producto es recolectado hasta que llega al consumidor final, e incluye actividades de manipulación, enfriamiento, almacenamiento, empaque y transporte. Una gestión postcosecha efectiva es esencial para reducir pérdidas, conservar las propiedades nutricionales y organolépticas del producto, y asegurar que llegue en óptimas condiciones al mercado. A continuación, se analizan los principales aspectos de la gestión de la postcosecha y su importancia en la agricultura protegida.

Enfriamiento y Control de Temperatura

El enfriamiento rápido después de la cosecha es fundamental para reducir la respiración del producto y ralentizar el deterioro. La temperatura es uno de los factores más importantes en la postcosecha, ya que influye directamente en la tasa de descomposición y en la proliferación de microorganismos. La implementación de prácticas de enfriamiento y el mantenimiento de una temperatura adecuada son esenciales para prolongar la vida útil de los productos frescos.

- **Preenfriado Inmediato:** El preenfriado consiste en reducir rápidamente la temperatura del producto recién cosechado para detener su proceso de respiración y evitar la pérdida de humedad. Existen varios métodos de preenfriado, como el enfriamiento por aire frío, el enfriamiento en agua y el enfriamiento al vacío, cada uno adecuado para distintos tipos de productos. El preenfriado es especialmente importante en productos altamente perecederos, como fresas, lechugas y tomates, ya que ralentiza la descomposición y permite que el producto conserve su frescura.
- **Almacenamiento Refrigerado:** Después del preenfriado, los productos deben almacenarse en cámaras refrigeradas a una temperatura controlada. Cada tipo de cultivo tiene una temperatura óptima de almacenamiento; por ejemplo, las hortalizas de hoja suelen almacenarse a temperaturas más bajas que las frutas tropicales, que son sensibles al frío. Un almacenamiento adecuado ayuda a prolongar la vida útil y conserva las propiedades organolépticas, como el sabor, el color y la textura del producto.

Control de Humedad y Ventilación

Además de la temperatura, la humedad relativa del ambiente de almacenamiento es un factor clave para evitar la deshidratación y el deterioro de los productos. La pérdida de agua después de la cosecha provoca que los productos se marchiten, pierdan peso y reduzcan su calidad, mientras que una humedad excesiva puede favorecer el crecimiento de hongos y bacterias.

- **Humedad Relativa Óptima:** La mayoría de los productos frescos requieren una humedad relativa de entre el 85% y el 95% para evitar la pérdida de agua y mantener su frescura. Sin embargo, es importante ajustar la humedad según el tipo de producto, ya que algunos cultivos, como las cebollas y el ajo, requieren niveles más bajos para evitar la aparición de moho. El control de la humedad es especialmente importante en la agricultura en ambientes controlados, donde se pueden ajustar las condiciones de almacenamiento para maximizar la calidad.
- **Ventilación Adecuada:** La ventilación permite mantener un flujo de aire constante que evita la acumulación de etileno, un gas que acelera el proceso de maduración en frutas y hortalizas. El etileno es producido naturalmente por algunos productos, como las manzanas y los tomates, y puede afectar la vida útil de otros productos almacenados en el mismo lugar. Una buena ventilación ayuda a reducir los efectos del etileno y permite que el ambiente de almacenamiento se mantenga fresco y limpio.

Manejo y Empaque del Producto

La manipulación cuidadosa del producto durante la postcosecha es esencial para evitar daños físicos que comprometan su apariencia y calidad. Un empaque adecuado protege al producto de golpes y mantiene las condiciones óptimas de temperatura y humedad durante el transporte y almacenamiento.

- **Manipulación Cuidadosa:** Durante la postcosecha, es crucial evitar golpes, aplastamientos y magulladuras en los productos frescos. Estos daños físicos no solo afectan la apariencia, sino que también aceleran el deterioro y favorecen la aparición de microorganismos que pueden reducir la vida útil. La capacitación del personal en técnicas de manejo y la utilización de equipos y recipientes adecuados para la recolección y transporte son esenciales para conservar la calidad.
- **Empaque Funcional y Atractivo:** El empaque cumple una doble función en la postcosecha: proteger el producto y mejorar su presentación en el mercado. Los materiales de empaque deben ser resistentes, permeables al aire y, en algunos casos, capaces de retener la humedad para evitar la deshidratación del producto. Además, el diseño del empaque puede ser un factor diferenciador que atraiga a los consumidores y facilite la identificación del producto en el punto de venta.

Atmósfera Controlada y Atmósfera Modificada

La tecnología de atmósfera controlada o modificada permite ajustar los niveles de oxígeno, dióxido de carbono y etileno en el ambiente de almacenamiento para prolongar la vida útil de los productos frescos. Estas técnicas son especialmente beneficiosas en productos de alta sensibilidad y para el transporte de larga distancia.

- **Atmósfera Controlada:** En un ambiente de atmósfera controlada, se reduce el nivel de oxígeno y se incrementa el dióxido de carbono para ralentizar la respiración y el proceso de maduración del producto. Esto permite que los productos frescos, como las manzanas y las uvas, mantengan su calidad durante largos períodos. La atmósfera controlada es utilizada principalmente en cámaras de almacenamiento y en transporte de larga duración.

- **Atmósfera Modificada en Empaque:** La atmósfera modificada consiste en ajustar la composición de gases dentro del empaque, lo cual se realiza mediante el uso de películas plásticas especiales que controlan la transferencia de gases. Esta técnica es ideal para productos que requieren empaques individuales, como ensaladas preempacadas y frutas listas para consumir. La atmósfera modificada ayuda a mantener el color, la frescura y el sabor del producto hasta que llega al consumidor.

Transporte y Distribución

La postcosecha no termina en el almacenamiento; el transporte adecuado es fundamental para conservar la calidad del producto hasta el punto de venta. Un mal manejo en esta etapa puede revertir todos los esfuerzos de preservación realizados en las fases anteriores.

- **Transporte Refrigerado:** Para productos frescos, el transporte en vehículos refrigerados es esencial para mantener la cadena de frío y asegurar que el producto llegue al mercado en óptimas condiciones. El control de la temperatura y humedad durante el transporte es crucial para evitar fluctuaciones que podrían dañar el producto.
- **Reducción de Tiempo en la Cadena de Distribución:** Minimizar el tiempo entre la cosecha y el consumo final es una práctica clave para maximizar la frescura. La logística eficiente, como la planificación de rutas optimizadas y la reducción de tiempos de carga y descarga, ayuda a que el producto llegue al consumidor en las mejores condiciones posibles. La coordinación entre los productores, los transportistas y los distribuidores es esencial para mantener la calidad en cada etapa del proceso.

Minimización de Pérdidas Postcosecha

Una gestión adecuada de la postcosecha permite reducir las pérdidas, lo cual es beneficioso tanto para los productores como para el medio ambiente. La reducción de pérdidas en la postcosecha implica maximizar el rendimiento del cultivo y minimizar el desperdicio de alimentos.

- **Implementación de Buenas Prácticas de Manejo:** Las pérdidas postcosecha pueden reducirse mediante la implementación de buenas prácticas de manejo en cada etapa de la cadena de suministro. Esto incluye desde el preenfriado y almacenamiento hasta el transporte y la venta al por menor. La capacitación del personal en técnicas de manejo y la adopción de tecnologías avanzadas ayudan a minimizar el deterioro.
- **Reducción de Desperdicio y Sostenibilidad:** La gestión eficiente de la postcosecha no solo tiene beneficios económicos, sino también ambientales. Al reducir el desperdicio de alimentos, se disminuye la presión sobre los recursos naturales y se contribuye a una agricultura más sostenible. La minimización de pérdidas en la postcosecha también responde a la creciente demanda de los consumidores por productos que sean sostenibles y éticos.

5. Almacenamiento y Transporte de Hortalizas

El almacenamiento y transporte de hortalizas son etapas clave en la cadena de suministro agrícola, especialmente en la agricultura en ambientes controlados, donde los productos son altamente perecederos y requieren condiciones óptimas para conservar su calidad y frescura. Un manejo adecuado en estas etapas permite prolongar la vida útil de las hortalizas, reducir pérdidas y asegurar que lleguen al mercado en condiciones óptimas. El almacenamiento adecuado y un transporte eficiente y cuidadoso son fundamentales para preservar las propiedades nutricionales, la textura, el color y el sabor de los productos. A continuación, se describen los aspectos clave de almacenamiento y transporte y su importancia en la calidad de las hortalizas.

Condiciones de Almacenamiento

El almacenamiento adecuado de las hortalizas es fundamental para reducir el proceso de descomposición y ralentizar la pérdida de frescura. Las condiciones de temperatura, humedad relativa y ventilación deben adaptarse a las características de cada tipo de hortaliza para mantener su calidad y extender su vida útil.

- **Control de Temperatura:** La temperatura es uno de los factores más importantes en el almacenamiento de hortalizas. Las bajas temperaturas ralentizan la respiración y la actividad metabólica, lo que reduce el proceso de descomposición. La mayoría de las hortalizas se almacenan a temperaturas entre 0 °C y 10 °C, dependiendo de su tipo. Por ejemplo, hortalizas como la lechuga, el brócoli y las espinacas requieren temperaturas cercanas a 0 °C, mientras que las hortalizas tropicales, como los pimientos y los tomates, son más sensibles al frío y deben almacenarse a temperaturas entre 8 °C y 12 °C. Mantener la temperatura adecuada evita el deterioro prematuro y preserva la textura y sabor de las hortalizas.
- **Humedad Relativa:** La pérdida de agua es un problema común en el almacenamiento de hortalizas, ya que provoca pérdida de peso y marchitamiento. La mayoría de las hortalizas necesitan una humedad relativa alta, entre el 85% y el 95%, para conservar su frescura. Sin embargo, una humedad excesiva puede favorecer el crecimiento de hongos y bacterias. Por ello, es importante ajustar la humedad en función del tipo de hortaliza y utilizar sistemas de ventilación para evitar la acumulación de condensación en el ambiente de almacenamiento.
- **Ventilación y Control de Etileno:** Algunas hortalizas producen etileno, un gas que acelera la maduración y el envejecimiento de los productos cercanos. Por esta razón, es fundamental asegurar una buena ventilación en las cámaras de almacenamiento y, si es posible, separar las hortalizas productoras de etileno (como los tomates y las zanahorias) de aquellas que son sensibles a este gas (como las lechugas y los pepinos). El uso de filtros de etileno y la ventilación adecuada permiten reducir la acumulación de este gas y preservar la frescura de las hortalizas.

Técnicas de Preenfriado

El preenfriado es una técnica de enfriamiento rápido que se aplica inmediatamente después de la cosecha para reducir la temperatura de las hortalizas antes de su almacenamiento o transporte. Este proceso es esencial para reducir la tasa de respiración de las hortalizas y conservar su frescura y calidad.

- **Enfriamiento por Aire Forzado:** Este método consiste en hacer pasar aire frío a través de los productos para reducir su temperatura de manera uniforme y rápida. Es especialmente efectivo en hortalizas de hoja, como lechugas y espinacas, que pierden frescura rápidamente. El enfriamiento por aire forzado ayuda a detener el proceso de respiración, preservando el contenido nutricional y la textura del producto.
- **Enfriamiento Hidrotérmico:** El enfriamiento hidrotérmico se realiza sumergiendo las hortalizas en agua fría. Esta técnica es ideal para hortalizas que toleran la inmersión en agua, como las zanahorias y los pimientos. El enfriamiento hidrotérmico es rápido y ayuda a mantener la frescura del producto, pero debe realizarse en condiciones controladas para evitar la contaminación del agua y asegurar la higiene.
- **Enfriamiento al Vacío:** Este método se usa para hortalizas de hoja, como las espinacas y la lechuga, y consiste en reducir la presión en una cámara para que el agua de las hortalizas se evapore, lo que provoca un enfriamiento rápido. Este sistema permite que el producto conserve su frescura y reduce la deshidratación, manteniendo la textura crujiente y la apariencia fresca.

Transporte de Hortalizas: Cadena de Frío y Logística

El transporte de hortalizas frescas requiere condiciones de temperatura y humedad controladas para evitar que el producto se deteriore durante el traslado. Mantener la cadena de frío desde el almacenamiento hasta el punto de venta es esencial para preservar la calidad de las hortalizas y minimizar las pérdidas postcosecha.

- **Cadena de Frío en Transporte:** Las hortalizas frescas deben transportarse en vehículos refrigerados que mantengan la temperatura y humedad adecuadas durante todo el trayecto. La ruptura de la cadena de frío puede causar un aumento en la tasa de respiración y acelerar el deterioro de las hortalizas, por lo que es importante que el sistema de refrigeración funcione de manera constante y que la temperatura se monitoree regularmente.
- **Minimización de Tiempo en Tránsito:** La duración del transporte tiene un impacto directo en la frescura de las hortalizas. Reducir el tiempo en tránsito ayuda a mantener la calidad del producto, evitando el estrés y el deterioro causado por los cambios de temperatura y humedad. La planificación logística y la optimización de rutas permiten reducir el tiempo de transporte y asegurar que el producto llegue rápidamente a su destino.
- **Empaque Adecuado para Transporte:** El empaque de las hortalizas es fundamental para proteger el producto de daños durante el transporte. Los materiales de empaque deben ser resistentes y permitir una buena ventilación para evitar la acumulación de humedad. Las hortalizas suelen

transportarse en cajas perforadas que permiten la circulación de aire y protegen el producto de golpes. El empaque debe adaptarse al tipo de hortaliza y a las condiciones de transporte para maximizar la protección y conservar la frescura.

Prevención de Daños Mecánicos y Manejo Cuidadoso

La manipulación cuidadosa durante el almacenamiento y transporte es fundamental para evitar daños físicos que afecten la calidad de las hortalizas. Los daños mecánicos, como golpes y magulladuras, no solo afectan la apariencia, sino que también aceleran el deterioro y aumentan la susceptibilidad a enfermedades.

- **Capacitación del Personal:** La capacitación del personal encargado de la manipulación de las hortalizas es esencial para reducir el riesgo de daños. Es importante enseñar técnicas de manejo cuidadoso y asegurar que los trabajadores comprendan la importancia de preservar la integridad del producto. Esto incluye evitar apilar las cajas en exceso y manipular los contenedores con precaución.
- **Uso de Equipos de Carga Adecuados:** El uso de equipos de carga y descarga adecuados, como montacargas y carros de transporte, minimiza el riesgo de caídas y golpes que pueden dañar el producto. Los contenedores de hortalizas deben colocarse y sujetarse de manera segura durante el transporte para evitar el movimiento excesivo y el contacto entre cajas.

Evaluación de la Calidad al Llegar al Destino

Al llegar al destino, las hortalizas deben ser inspeccionadas para asegurar que han llegado en condiciones óptimas y que la cadena de frío se ha mantenido durante todo el proceso. Esta evaluación permite detectar posibles problemas en la logística y corregirlos para futuras operaciones.

- **Inspección de Calidad y Frescura:** La inspección de calidad al momento de recibir las hortalizas permite verificar su frescura, apariencia, firmeza y aroma. Es fundamental detectar cualquier signo de deterioro, como manchas, moho o pérdida de textura, para evitar que productos de baja calidad lleguen al consumidor final.
- **Control de Temperatura y Humedad a la Llegada:** Verificar la temperatura y humedad de las hortalizas al llegar permite asegurar que se han mantenido las condiciones adecuadas durante el transporte. Si el producto ha experimentado fluctuaciones de temperatura, es probable que su vida útil se vea afectada, por lo que esta revisión es fundamental para mantener la calidad.

6. Estrategias para Minimizar las Pérdidas en la Postcosecha

Las pérdidas en la postcosecha representan un desafío significativo para la agricultura, especialmente en cultivos de alto valor cultivados en ambientes controlados, como hortalizas, frutas y flores. Estas pérdidas pueden ser causadas por una variedad de factores, incluyendo condiciones ambientales inadecuadas, manipulación incorrecta y falta de prácticas de almacenamiento y transporte adecuados. Minimizar las pérdidas postcosecha es esencial no solo para mejorar la rentabilidad y eficiencia de la producción, sino también para contribuir a una agricultura más sostenible al reducir el desperdicio de alimentos. A continuación, se describen estrategias clave para reducir las pérdidas en la postcosecha, desde la manipulación hasta el transporte y almacenamiento de los productos.

Enfriamiento Rápido y Control de Temperatura

Una de las estrategias más efectivas para minimizar las pérdidas postcosecha es aplicar un enfriamiento rápido, conocido como preenfriado, inmediatamente después de la cosecha. Este proceso permite reducir la tasa de respiración de los productos frescos y disminuir la velocidad de descomposición. Mantener el control de temperatura durante todo el proceso de postcosecha es esencial para preservar la calidad y prolongar la vida útil.

- **Preenfriado Inmediato:** El enfriamiento rápido ayuda a mantener los productos frescos por más tiempo, especialmente aquellos que tienen una alta tasa de respiración, como las hortalizas de hoja y algunas frutas. Existen diferentes métodos de preenfriado, como el enfriamiento por aire forzado, el enfriamiento en agua y el enfriamiento al vacío, cada uno adecuado para distintos tipos de cultivos. Implementar la técnica de preenfriado adecuada puede reducir las pérdidas por deterioro y asegurar que los productos lleguen al consumidor en condiciones óptimas.
- **Mantenimiento de la Cadena de Frío:** Después del preenfriado, es crucial mantener una cadena de frío constante desde el almacenamiento hasta el transporte y la distribución final. La ruptura de la cadena de frío puede provocar un aumento en la tasa de respiración de los productos, lo que acelera su deterioro. Por ello, es fundamental utilizar cámaras de almacenamiento refrigeradas y vehículos de transporte equipados con sistemas de control de temperatura. El monitoreo constante de la temperatura en cada etapa de la postcosecha es clave para minimizar el riesgo de pérdida de calidad.

Control de Humedad Relativa y Ventilación

La humedad relativa es otro factor importante para reducir las pérdidas postcosecha, ya que influye en la deshidratación de los productos frescos y en la aparición de enfermedades fúngicas. Mantener una humedad adecuada y una buena ventilación en el ambiente de almacenamiento ayuda a conservar la frescura y evitar el desarrollo de microorganismos.

- **Humedad Relativa Óptima para Cada Producto:** Cada tipo de hortaliza o fruta tiene un nivel óptimo de humedad relativa para evitar la deshidratación y el marchitamiento. La mayoría de los productos frescos requieren una humedad entre el 85% y el 95%, aunque algunos productos, como el ajo y las cebollas, necesitan una humedad más baja para evitar el desarrollo de moho. Ajustar la humedad relativa de acuerdo con el tipo de producto ayuda a reducir la pérdida de peso y a conservar la textura y el valor nutricional.

- **Ventilación para el Control del Etileno:** La ventilación adecuada permite eliminar el etileno, un gas que acelera la maduración de las frutas y hortalizas. Algunos productos son sensibles al etileno y pueden deteriorarse rápidamente si se almacenan junto a otros que producen este gas, como los tomates y las manzanas. La separación de productos y el uso de sistemas de ventilación que eviten la acumulación de etileno ayudan a reducir el riesgo de pérdida de calidad y prolongan la vida útil de los productos.

Manipulación Cuidadosa y Capacitación del Personal

La manipulación inadecuada es una de las principales causas de pérdidas postcosecha, ya que los daños físicos, como magulladuras y golpes, aceleran el deterioro de los productos. Capacitar al personal en técnicas de manipulación cuidadosa y utilizar herramientas y recipientes adecuados son estrategias clave para reducir estas pérdidas.

- **Capacitación en Técnicas de Manejo:** La capacitación del personal encargado de la cosecha y postcosecha es fundamental para evitar daños mecánicos en los productos. El personal debe aprender a manipular los productos con cuidado y utilizar técnicas que reduzcan el riesgo de magulladuras y aplastamientos. La manipulación cuidadosa también incluye el uso de guantes y herramientas adecuadas, como tijeras de poda y cuchillos, que facilitan la recolección sin dañar el producto.
- **Uso de Recipientes Adecuados:** Los recipientes de almacenamiento y transporte deben ser resistentes y capaces de proteger el producto de impactos y compresión. Las cajas perforadas y los contenedores con compartimentos individuales ayudan a minimizar el movimiento y el roce entre productos durante el transporte, lo que reduce el riesgo de daños. Estos recipientes deben estar diseñados para permitir una buena ventilación, manteniendo la frescura de los productos.

Almacenamiento en Atmósfera Controlada o Modificada

La tecnología de atmósfera controlada o modificada permite ajustar los niveles de oxígeno, dióxido de carbono y etileno en el ambiente de almacenamiento para reducir la tasa de respiración y prolongar la vida útil de los productos frescos. Estas técnicas son especialmente útiles en productos sensibles al etileno y en aquellos que requieren un almacenamiento prolongado.

- **Atmósfera Controlada para Almacenamiento Prolongado:** En un ambiente de atmósfera controlada, se reduce el nivel de oxígeno y se aumenta el dióxido de carbono para ralentizar el proceso de respiración y reducir la actividad de microorganismos. Esta técnica es ideal para productos como manzanas y peras, que necesitan largos períodos de almacenamiento sin perder su frescura. La atmósfera controlada permite conservar la calidad del producto y reducir el riesgo de pérdidas.
- **Atmósfera Modificada en Empaque:** La atmósfera modificada consiste en ajustar la composición de gases en el interior del empaque para mantener la frescura del producto durante el almacenamiento y transporte. Esta técnica se aplica comúnmente en empaques individuales o en productos listos para el consumo, como ensaladas y frutas frescas. Los materiales de empaque

permeables a los gases permiten regular el intercambio de oxígeno y dióxido de carbono, conservando la calidad y prolongando la vida útil del producto.

Planificación Logística y Minimización del Tiempo de Transporte

El tiempo que los productos pasan en tránsito influye en su frescura y calidad. Minimizar el tiempo entre la cosecha y el consumo final es esencial para reducir pérdidas postcosecha y garantizar que los productos lleguen al consumidor en óptimas condiciones.

- **Optimización de Rutas y Reducción de Tiempo de Tránsito:** Planificar las rutas de distribución y coordinar los tiempos de carga y descarga ayuda a reducir el tiempo que los productos pasan en tránsito. La logística eficiente permite que los productos frescos lleguen al mercado rápidamente, reduciendo el deterioro y las pérdidas. La adopción de tecnologías de seguimiento y monitoreo de temperatura durante el transporte también permite identificar cualquier problema en tiempo real y tomar medidas correctivas.
- **Transporte Refrigerado y Mantenimiento de la Cadena de Frío:** Los productos frescos deben transportarse en vehículos refrigerados para mantener la temperatura y humedad adecuadas durante el traslado. La ruptura de la cadena de frío durante el transporte puede provocar el deterioro del producto y reducir su vida útil. El uso de vehículos de transporte equipados con sistemas de refrigeración y el monitoreo continuo de la temperatura ayudan a minimizar las pérdidas y asegurar que los productos lleguen en condiciones óptimas al punto de venta.

Evaluación de la Calidad y Seguimiento Postcosecha

La implementación de un sistema de evaluación y seguimiento de la calidad en cada etapa de la postcosecha permite identificar problemas y ajustar las prácticas para reducir pérdidas. La evaluación regular de la calidad ayuda a asegurar que los productos cumplan con los estándares y permite realizar ajustes oportunos en los procesos de manejo.

- **Inspección de Calidad en Almacenamiento y Transporte:** La evaluación de la calidad al recibir los productos en el almacenamiento y durante el transporte permite detectar posibles problemas en la cadena de suministro. La inspección visual y la medición de parámetros como la firmeza, el color y el aroma ayudan a identificar productos en riesgo de deterioro, lo cual permite implementar medidas preventivas para evitar pérdidas.
- **Registro y Análisis de Datos Postcosecha:** Llevar un registro detallado de los datos de almacenamiento, temperatura, humedad y calidad de los productos en cada etapa de la postcosecha permite identificar patrones y ajustar prácticas para mejorar la eficiencia. El análisis de estos datos ayuda a optimizar las condiciones de almacenamiento y transporte y a reducir las pérdidas postcosecha de manera continua.

Capítulo 10

Calidad y Seguridad Alimentaria

El módulo "Calidad y Seguridad Alimentaria" es fundamental en la formación de *growers* dedicados a la producción de hortalizas en ambientes controlados. La calidad y seguridad de los productos son esenciales para satisfacer las expectativas de los consumidores, cumplir con las regulaciones sanitarias y garantizar un mercado confiable y competitivo. Este módulo abarca los principios y prácticas para asegurar que las hortalizas lleguen al consumidor final sin contaminantes, con un alto nivel de frescura y valor nutritivo, cumpliendo con los estándares de calidad y seguridad establecidos por la legislación y los mercados nacionales e internacionales.

1. Importancia de la Calidad y Seguridad Alimentaria en la Producción Agrícola

La calidad y seguridad alimentaria son pilares fundamentales en la producción agrícola moderna. En un contexto de creciente demanda de alimentos frescos y saludables, los consumidores, distribuidores y reguladores exigen que los productos agrícolas no solo sean de alta calidad, sino también seguros para el consumo. La calidad en la producción agrícola se refiere a las características físicas, sensoriales y nutricionales del producto, mientras que la seguridad alimentaria garantiza que los alimentos estén libres de contaminantes que puedan afectar la salud de los consumidores. A continuación, se exploran los aspectos clave y la importancia de la calidad y seguridad alimentaria en la agricultura en ambientes controlados.

Satisfacción de la Demanda del Consumidor

Los consumidores actuales son cada vez más exigentes en términos de la calidad y seguridad de los alimentos que compran. Buscan productos frescos, nutritivos, sin residuos de pesticidas y con mínimas intervenciones químicas. La calidad y seguridad alimentaria no solo mejoran la satisfacción del consumidor, sino que también fortalecen la confianza en los productos agrícolas, fomentando la lealtad y aumentando la demanda de productos de calidad.

- **Atributos de Calidad en los Productos Agrícolas:** La calidad de los productos agrícolas se mide en función de atributos como el color, la textura, el sabor, la firmeza y el contenido nutricional. En la agricultura en ambientes controlados, los productores tienen la ventaja de ajustar las condiciones de cultivo para maximizar estos atributos y ofrecer productos de alta calidad. Por ejemplo, la iluminación, los niveles de nutrientes y las condiciones climáticas se pueden ajustar para producir frutas y hortalizas con mejor sabor y mayor contenido de vitaminas y minerales.
- **Preferencia por Productos Seguros y Libres de Residuos:** Los consumidores también priorizan los productos que están libres de residuos de pesticidas y de contaminantes como metales pesados o microorganismos patógenos. Para los productores, cumplir con estos estándares no solo mejora la competitividad en el mercado, sino que también responde a una demanda creciente por

alimentos seguros y naturales. Los sellos de calidad y certificaciones de seguridad alimentaria ayudan a los consumidores a identificar productos confiables, generando un valor agregado que distingue a los productos de alta calidad.

Cumplimiento de Normativas y Certificaciones Internacionales

La calidad y seguridad alimentaria están reguladas por normativas y estándares internacionales, que buscan proteger la salud de los consumidores y garantizar prácticas de producción sostenibles y responsables. Cumplir con estas normativas no solo es una obligación legal para los productores, sino que también facilita el acceso a mercados más amplios, incluyendo mercados internacionales que exigen altos estándares de seguridad alimentaria.

- **Normativas de Seguridad Alimentaria:** La producción agrícola debe cumplir con normas como las Buenas Prácticas Agrícolas (BPA) y los sistemas de Análisis de Peligros y Puntos Críticos de Control (HACCP), que establecen medidas para prevenir y controlar riesgos de contaminación. Estas normativas ayudan a garantizar que los alimentos sean seguros desde la producción hasta el consumo, reduciendo el riesgo de enfermedades transmitidas por alimentos. Las regulaciones locales e internacionales, como las de la FDA en Estados Unidos y la EFSA en Europa, establecen límites estrictos sobre el uso de pesticidas y otros productos químicos, así como estándares de limpieza y sanidad en la manipulación de productos agrícolas.
- **Certificaciones de Calidad y Seguridad:** Las certificaciones de calidad, como la Global GAP y la ISO 22000, son herramientas que permiten a los productores demostrar su compromiso con la seguridad alimentaria. Estas certificaciones garantizan que el productor sigue prácticas de producción y manejo seguras, reduciendo el riesgo de contaminación y asegurando un producto confiable. Contar con estas certificaciones también abre oportunidades de mercado, ya que muchos distribuidores y minoristas solo aceptan productos que cumplan con estos estándares.

Reducción de Riesgos de Contaminación

La seguridad alimentaria implica prevenir y controlar los riesgos de contaminación física, química y biológica en todas las etapas de producción y distribución. En la agricultura en ambientes controlados, los productores pueden reducir muchos de estos riesgos mediante prácticas de higiene, control de calidad y un manejo adecuado de los insumos agrícolas.

- **Control de Insumos Agrícolas:** La selección y manejo de insumos, como el agua de riego, los fertilizantes y los pesticidas, son factores críticos en la seguridad alimentaria. El uso de agua limpia y la aplicación controlada de fertilizantes y productos fitosanitarios reducen el riesgo de que los productos se contaminen con microorganismos patógenos o residuos tóxicos. En sistemas hidropónicos y de cultivo en ambiente controlado, donde se puede ajustar la composición de nutrientes y el pH, es posible garantizar que los productos no absorban sustancias dañinas.

- **Prácticas de Higiene y Manejo Sanitario:** Las prácticas de higiene en el manejo postcosecha, como el lavado, el enfriado y el empaque, son esenciales para evitar la contaminación del producto. El uso de equipos y herramientas higiénicas, la capacitación del personal en prácticas de limpieza y la desinfección de áreas de trabajo minimizan el riesgo de contaminación cruzada y aseguran que el producto se mantenga seguro hasta llegar al consumidor.

Prevención de Enfermedades Transmitidas por Alimentos

Uno de los objetivos principales de la seguridad alimentaria es prevenir las enfermedades transmitidas por alimentos, que pueden afectar la salud pública y tener consecuencias económicas graves para los productores y distribuidores. La contaminación por bacterias como Salmonella, E. coli y Listeria es un riesgo constante en la producción agrícola, especialmente en productos frescos. La implementación de prácticas de seguridad alimentaria es fundamental para reducir este riesgo.

- **Monitoreo y Análisis de Riesgos:** La implementación de sistemas de monitoreo y análisis de riesgos permite a los productores identificar y gestionar los puntos críticos de control en el proceso de producción. Por ejemplo, el sistema HACCP identifica los riesgos específicos de contaminación en cada etapa, desde la siembra hasta la distribución, y establece medidas de control para garantizar que los productos sean seguros. La identificación temprana de riesgos permite implementar acciones preventivas y evitar problemas de contaminación.
- **Inspección y Trazabilidad del Producto:** La trazabilidad es una herramienta clave en la seguridad alimentaria, ya que permite rastrear el origen y el recorrido del producto en caso de que se detecte algún problema de calidad o seguridad. Los sistemas de trazabilidad permiten identificar el lote afectado y retirar el producto del mercado de manera oportuna, minimizando el impacto en la salud pública y en la reputación del productor. Además, la trazabilidad asegura que cada producto cuente con un historial documentado de las prácticas y condiciones a las que fue sometido, ofreciendo mayor transparencia a los consumidores y distribuidores.

Aumento de la Competitividad y Acceso a Nuevos Mercados

La calidad y seguridad alimentaria son factores clave para la competitividad en el mercado agrícola. Los productos que cumplen con altos estándares de seguridad alimentaria y calidad tienen mayores oportunidades de éxito en el mercado, especialmente en mercados internacionales y en sectores de consumidores que priorizan la calidad.

- **Valor Agregado para el Producto:** Los productos agrícolas que cumplen con estándares de calidad y seguridad suelen tener un valor agregado en el mercado. Las certificaciones de calidad y seguridad alimentaria, así como la implementación de prácticas sostenibles, pueden diferenciar un producto de la competencia y justificar un precio más alto. Los consumidores están dispuestos a pagar más por productos que garantizan calidad y seguridad, lo cual es una ventaja competitiva para los productores que adoptan estas prácticas.

- **Cumplimiento de Exigencias del Mercado Internacional:** Los mercados internacionales, especialmente en Europa y América del Norte, exigen altos estándares de seguridad alimentaria y calidad. Cumplir con estas exigencias abre la puerta a exportaciones y a la posibilidad de acceder a mercados de mayor valor. La inversión en sistemas de seguridad alimentaria y la obtención de certificaciones permiten a los productores competir en un ámbito global y fortalecer sus oportunidades de crecimiento.

2. Principales Peligros y Contaminantes en la Producción de Hortalizas

La producción de hortalizas, especialmente en ambientes controlados, enfrenta múltiples riesgos de contaminación que pueden comprometer la calidad y seguridad de los productos. Los peligros y contaminantes en la producción de hortalizas pueden clasificarse en tres grandes categorías: físicos, químicos y biológicos. Estos contaminantes pueden ingresar en cualquier etapa de la producción, desde el cultivo y la recolección hasta el almacenamiento y el transporte, y representan un riesgo para la salud pública si no se gestionan adecuadamente. A continuación, se exploran los principales peligros y contaminantes en la producción de hortalizas y las prácticas de manejo necesarias para minimizar estos riesgos.

Contaminantes Físicos

Los contaminantes físicos son cuerpos extraños que pueden mezclarse accidentalmente con las hortalizas durante su producción, manipulación o transporte. Estos incluyen partículas de tierra, fragmentos de vidrio, metales, plásticos y piedras que pueden llegar al consumidor final si no se detectan y eliminan a tiempo. Estos contaminantes no solo comprometen la calidad del producto, sino que también pueden representar un riesgo para la salud al causar lesiones si son ingeridos.

- **Fuentes de Contaminación Física:** Las fuentes más comunes de contaminación física en la producción de hortalizas incluyen el suelo, las herramientas y los equipos de recolección y procesamiento. Fragmentos de plástico o metal pueden desprenderse de las herramientas de trabajo o maquinaria y mezclarse con las hortalizas. Además, los envases y recipientes de almacenamiento pueden ser fuentes de contaminación si se dañan o desgastan.
- **Prácticas de Prevención y Control:** La implementación de Buenas Prácticas Agrícolas (BPA) y un control riguroso en la manipulación y procesamiento son esenciales para reducir los riesgos de contaminantes físicos. La inspección visual y el uso de detectores de metales en las instalaciones de procesamiento ayudan a identificar y eliminar estos contaminantes antes de que lleguen al consumidor. Además, el mantenimiento preventivo de los equipos y la capacitación del personal en el manejo de herramientas y maquinaria son clave para evitar la introducción de cuerpos extraños en las hortalizas.

Contaminantes Químicos

Los contaminantes químicos son uno de los riesgos más preocupantes en la producción de hortalizas, ya que pueden afectar tanto la salud de los consumidores como el medio ambiente. Estos contaminantes incluyen pesticidas, herbicidas, fertilizantes y otros agroquímicos utilizados durante el cultivo. Si estos productos no se manejan correctamente o se aplican en exceso, pueden dejar residuos en las hortalizas que representen un riesgo para la salud.

- **Residuos de Pesticidas y Fertilizantes:** Los pesticidas y fertilizantes son esenciales para el control de plagas y el crecimiento de las hortalizas, pero su uso indebido o en cantidades excesivas puede llevar a la acumulación de residuos en los productos. Los residuos de pesticidas en las hortalizas pueden ser tóxicos si se consumen en niveles altos o si no se respetan los tiempos de espera entre la aplicación y la cosecha. Además, algunos fertilizantes pueden contener metales pesados, como cadmio y plomo, que pueden ser absorbidos por las plantas y representar un riesgo para la salud.
- **Contaminación por Metales Pesados y Productos Químicos Persistentes:** La contaminación del agua de riego o del suelo con metales pesados es otra fuente de riesgo. Los metales pesados pueden acumularse en las hortalizas y representar un peligro para la salud si se consumen en niveles elevados. Otros productos químicos persistentes, como los compuestos orgánicos volátiles (COV) y los plásticos, pueden también contaminar el suelo y las hortalizas si no se controla su presencia en el entorno de cultivo.
- **Estrategias de Control y Reducción de Riesgos Químicos:** La implementación de Buenas Prácticas de Manejo de Agroquímicos es fundamental para reducir los residuos químicos en las hortalizas. Estas prácticas incluyen el uso de pesticidas selectivos y menos tóxicos, la rotación de cultivos para reducir la necesidad de pesticidas y la adopción de métodos de control biológico como alternativa al uso de químicos. Además, el análisis de residuos de pesticidas y metales pesados en las hortalizas antes de su comercialización garantiza que cumplan con los límites máximos permitidos por las normativas de seguridad alimentaria.

Contaminantes Biológicos

Los contaminantes biológicos incluyen microorganismos patógenos, como bacterias, virus, hongos y parásitos, que pueden llegar a las hortalizas a través del suelo, el agua de riego, los insumos orgánicos y la manipulación durante la cosecha o el procesamiento. Estos patógenos representan uno de los mayores riesgos para la salud, ya que pueden causar enfermedades transmitidas por alimentos en los consumidores.

- **Bacterias Patógenas:** Las bacterias como Salmonella, Escherichia coli (E. coli) y Listeria monocytogenes son algunas de las más comunes en la producción de hortalizas. Estas bacterias pueden estar presentes en el agua de riego, el suelo y los fertilizantes orgánicos, como el estiércol. Si no se aplican prácticas de higiene adecuadas, estas bacterias pueden contaminar las hortalizas y causar brotes de enfermedades transmitidas por alimentos.
- **Virus y Parásitos:** Los virus, como el norovirus y la hepatitis A, también pueden contaminar las hortalizas, especialmente si se riegan con agua contaminada o si son manipuladas por trabajadores

infectados. Los parásitos, como Giardia y Cryptosporidium, pueden introducirse en los cultivos a través de fertilizantes orgánicos contaminados o agua de riego no tratada.
- **Estrategias de Control de Contaminación Biológica:** Para reducir los riesgos de contaminación biológica, es esencial implementar medidas de higiene en cada etapa de la producción. Esto incluye el uso de agua limpia para el riego, la esterilización de los fertilizantes orgánicos y la capacitación del personal en prácticas de higiene, como el lavado de manos y el uso de equipo de protección. La adopción de Buenas Prácticas Agrícolas (BPA) y de Buenas Prácticas de Higiene (BPH) es crucial para minimizar los riesgos biológicos. Además, la implementación de sistemas de trazabilidad permite identificar rápidamente los lotes de productos en caso de una contaminación, facilitando el retiro del mercado y reduciendo el impacto en la salud pública.

Prevención y Manejo Integral de los Contaminantes en la Producción de Hortalizas

La prevención de los contaminantes físicos, químicos y biológicos en la producción de hortalizas requiere un enfoque integral que abarque todas las etapas de la cadena de producción. Este enfoque debe incluir prácticas de manejo, control de insumos y monitoreo continuo de las condiciones de cultivo y de los productos finales para asegurar que se cumplan los estándares de calidad y seguridad alimentaria.

- **Monitoreo y Análisis Regular:** Los análisis de laboratorio para detectar residuos de pesticidas, metales pesados y microorganismos patógenos son fundamentales para asegurar que las hortalizas sean seguras para el consumo. Estos análisis permiten a los productores identificar y corregir problemas antes de que los productos lleguen al mercado, minimizando el riesgo de contaminación y garantizando el cumplimiento de las normativas de seguridad alimentaria.
- **Implementación de Buenas Prácticas Agrícolas y de Higiene:** Las BPA y las BPH son esenciales para controlar los contaminantes en la producción de hortalizas. Estas prácticas incluyen la selección de insumos seguros, el uso de sistemas de riego y fertilización controlados, y la capacitación del personal en técnicas de manejo adecuado. Además, la implementación de sistemas de trazabilidad permite rastrear cada lote de producto y facilita la identificación y eliminación de productos contaminados en caso de un brote.
- **Incorporación de Tecnología y Sistemas de Control de Calidad:** El uso de sensores, sistemas de monitoreo y tecnología de trazabilidad ayuda a los productores a identificar y controlar posibles fuentes de contaminación en tiempo real. Los sistemas de detección temprana y el análisis predictivo permiten ajustar las prácticas de manejo y prevenir la contaminación, garantizando la calidad y seguridad del producto final.

3. Sistemas de Gestión de Calidad e Inocuidad Alimentaria

Los sistemas de gestión de calidad e inocuidad alimentaria son fundamentales en la producción agrícola moderna, ya que aseguran que los productos cumplan con los estándares de seguridad y calidad que exigen los consumidores y las normativas internacionales. En la agricultura en ambientes controlados, donde se cultivan productos frescos de alto valor como hortalizas, frutas y hierbas, estos sistemas son especialmente importantes para garantizar la seguridad del consumidor, preservar la calidad del producto y reducir el riesgo de contaminación en cada etapa de la cadena de producción. A continuación, se analizan los sistemas de gestión de calidad e inocuidad alimentaria más utilizados y su importancia en la agricultura en ambientes controlados.

Buenas Prácticas Agrícolas (BPA)

Las Buenas Prácticas Agrícolas (BPA) son un conjunto de normas y procedimientos que buscan mejorar la seguridad, calidad y sostenibilidad en la producción agrícola. Estas prácticas incluyen la selección adecuada de insumos, el uso responsable de pesticidas y fertilizantes, el manejo eficiente del agua y la protección del medio ambiente. Las BPA son una base fundamental para cualquier sistema de gestión de calidad e inocuidad, ya que minimizan los riesgos de contaminación y garantizan una producción segura.

- **Control de Insumos y Manejo Sostenible:** Las BPA fomentan el uso adecuado de pesticidas, fertilizantes y otros insumos, asegurando que se apliquen de manera responsable y en cantidades seguras. Además, promueven el uso de técnicas sostenibles, como la rotación de cultivos y el control biológico de plagas, que reducen la dependencia de productos químicos y protegen la salud del suelo y el agua.
- **Prevención de Contaminación y Mejora de la Higiene:** Las BPA también incluyen medidas para evitar la contaminación cruzada y mejorar la higiene en el proceso de producción, desde la siembra hasta la cosecha. Esto incluye la capacitación del personal en prácticas de higiene, como el lavado de manos y el uso de equipo de protección personal, y la desinfección de herramientas y equipos. La implementación de BPA ayuda a reducir los riesgos de contaminación física, química y biológica, lo cual es esencial para garantizar la seguridad de las hortalizas y otros productos frescos.

Sistema de Análisis de Peligros y Puntos Críticos de Control (HACCP)

El sistema HACCP (Análisis de Peligros y Puntos Críticos de Control) es uno de los sistemas de gestión de calidad e inocuidad más reconocidos a nivel mundial. Este sistema identifica los riesgos específicos de contaminación en cada etapa de la producción y establece medidas preventivas para controlarlos. El HACCP es obligatorio en muchos países para productos alimenticios frescos y procesados, ya que garantiza que los alimentos sean seguros para el consumo y cumple con los estándares de inocuidad alimentaria.

- **Identificación de Peligros y Puntos Críticos de Control:** El sistema HACCP comienza con la identificación de peligros potenciales en la producción, que pueden ser de tipo físico, químico o biológico. Una vez identificados, se establecen puntos críticos de control, que son etapas específicas del proceso donde se pueden aplicar medidas para reducir o eliminar los riesgos. Por ejemplo, en la producción de hortalizas, el riego y la aplicación de pesticidas son puntos críticos que deben controlarse para evitar la contaminación por microorganismos y residuos químicos.
- **Monitoreo y Verificación:** El HACCP incluye un sistema de monitoreo continuo de los puntos críticos para asegurarse de que las medidas preventivas estén funcionando correctamente. Además, requiere la verificación regular de los resultados, lo cual garantiza que el sistema sea efectivo y permite realizar ajustes si es necesario. Esta supervisión constante es fundamental para detectar cualquier problema a tiempo y asegurar que los productos cumplan con los requisitos de inocuidad.

Normas Internacionales de Calidad e Inocuidad Alimentaria

Existen varias normas internacionales de calidad e inocuidad alimentaria que se aplican en la producción agrícola, como la ISO 22000 y Global GAP. Estas normas establecen requisitos específicos para la gestión de calidad y seguridad, y son ampliamente reconocidas en los mercados internacionales. La adopción de estas normas permite a los productores demostrar su compromiso con la seguridad alimentaria y facilita el acceso a mercados de alto valor que exigen altos estándares de calidad.

- **ISO 22000 - Gestión de la Seguridad Alimentaria:** La norma ISO 22000 es un estándar internacional que establece requisitos para la seguridad alimentaria en toda la cadena de suministro, desde los productores hasta los distribuidores. Esta norma integra el sistema HACCP y establece prácticas de gestión de calidad que incluyen la evaluación de riesgos, el control de procesos y la mejora continua. Al implementar ISO 22000, los productores aseguran que sus productos cumplen con los estándares de inocuidad y pueden competir en mercados globales.
- **Global GAP - Certificación de Buenas Prácticas Agrícolas:** Global GAP es una norma de certificación reconocida internacionalmente que se enfoca en las Buenas Prácticas Agrícolas y en la seguridad del producto. Esta norma incluye requisitos específicos para la gestión de insumos, el manejo del agua, la higiene y la trazabilidad. La certificación Global GAP garantiza que los productos se cultiven de manera segura y sostenible, y es un requisito común en muchos mercados internacionales. Además, proporciona una ventaja competitiva, ya que muchos compradores y minoristas exigen esta certificación para sus proveedores.

Trazabilidad y Gestión de Información

La trazabilidad es una parte esencial de cualquier sistema de gestión de calidad e inocuidad alimentaria, ya que permite rastrear el recorrido de un producto desde su origen hasta el consumidor final. La trazabilidad no solo ayuda a mejorar la transparencia y la confianza en la cadena de suministro, sino que también permite retirar productos en caso de que se detecte un problema de seguridad, minimizando el impacto en la salud pública y en la reputación de la marca.

- **Sistemas de Trazabilidad Digital:** La tecnología ha facilitado la implementación de sistemas de trazabilidad digital, que permiten registrar y almacenar información sobre cada etapa de la producción, desde la siembra y la cosecha hasta el almacenamiento y el transporte. Estos sistemas permiten identificar rápidamente el origen de cualquier problema y tomar medidas correctivas en tiempo real. La trazabilidad digital es especialmente útil en la producción de hortalizas en ambientes controlados, donde se cultivan productos frescos de rápida distribución y consumo.
- **Control de Lotes y Retiro de Productos:** Los sistemas de trazabilidad permiten agrupar los productos en lotes, cada uno con un historial detallado de los insumos y prácticas de manejo aplicados. En caso de que se detecte una contaminación o un problema de calidad en un lote específico, es posible retirar solo ese lote del mercado, minimizando las pérdidas y el riesgo para los consumidores. La trazabilidad también mejora la transparencia y la confianza en la cadena de suministro, lo cual es fundamental para cumplir con las expectativas de los consumidores y los estándares regulatorios.

Capacitación y Cultura de Calidad e Inocuidad

La implementación efectiva de los sistemas de gestión de calidad e inocuidad depende en gran medida de la capacitación y el compromiso del personal. Crear una cultura de calidad e inocuidad alimentaria en la organización es clave para garantizar que todos los empleados comprendan la importancia de estas prácticas y las implementen correctamente en su trabajo diario.

- **Capacitación Continua del Personal:** La capacitación del personal en prácticas de higiene, manejo seguro de insumos y control de calidad es esencial para asegurar la inocuidad alimentaria. Esta capacitación debe ser continua y adaptada a cada puesto de trabajo, desde los operarios de campo hasta los encargados de almacenamiento y transporte. Además, la capacitación permite al personal identificar posibles riesgos y actuar de manera proactiva para prevenir la contaminación y mejorar la calidad del producto.
- **Promoción de una Cultura de Calidad:** Fomentar una cultura de calidad en la organización significa que cada miembro del equipo entienda la importancia de la seguridad alimentaria y esté comprometido con el cumplimiento de los estándares. Esto incluye la motivación de los empleados para que sigan las prácticas establecidas, reporten posibles problemas y contribuyan a la mejora continua. Una cultura de calidad asegura que los sistemas de gestión se implementen de manera eficaz y que la inocuidad del producto sea una prioridad en cada etapa de la producción.

4. Implementación de Buenas Prácticas en la Producción y Manipulación

La implementación de Buenas Prácticas Agrícolas (BPA) y Buenas Prácticas de Higiene (BPH) es fundamental en la producción y manipulación de hortalizas para asegurar que los productos sean seguros y de alta calidad. Estas prácticas establecen procedimientos y estándares que minimizan los riesgos de contaminación, protegen el medio ambiente y mejoran la eficiencia en el uso de recursos.

Además, una correcta aplicación de las BPA y BPH ayuda a cumplir con las normativas de seguridad alimentaria y aumenta la competitividad en el mercado. A continuación, se exploran los aspectos clave en la implementación de buenas prácticas en la producción y manipulación de hortalizas y su impacto en la seguridad alimentaria.

Manejo Seguro de Insumos Agrícolas

El uso responsable de insumos agrícolas, como fertilizantes, pesticidas y agua, es esencial para minimizar el riesgo de contaminación en la producción de hortalizas. Los insumos deben seleccionarse y aplicarse cuidadosamente para evitar residuos químicos en el producto final y para proteger el suelo, el agua y la biodiversidad en el entorno de cultivo.

- **Uso Controlado de Pesticidas y Fertilizantes:** La implementación de BPA implica el uso de pesticidas y fertilizantes de manera responsable y en cantidades adecuadas. Los agricultores deben aplicar estos productos según las recomendaciones del fabricante y respetar los intervalos de seguridad entre la aplicación y la cosecha, conocidos como períodos de carencia. Además, las BPA promueven el uso de alternativas más sostenibles, como el control biológico de plagas y las técnicas de rotación de cultivos, que ayudan a reducir la dependencia de pesticidas y a mantener la salud del suelo.
- **Manejo del Agua de Riego:** El agua de riego es una fuente potencial de contaminación microbiológica y química, por lo que su calidad debe controlarse regularmente. Las BPA recomiendan el uso de fuentes de agua seguras y la aplicación de técnicas de riego eficientes, como el riego por goteo, que reduce el contacto del agua con la parte comestible de la planta y disminuye la dispersión de patógenos. Además, el monitoreo de la calidad del agua y la filtración o desinfección en caso necesario ayudan a prevenir la contaminación de las hortalizas y a proteger la salud del consumidor.

Prácticas de Higiene en la Cosecha y Manipulación

La manipulación cuidadosa durante la cosecha y la postcosecha es clave para evitar la contaminación de las hortalizas. Las Buenas Prácticas de Higiene (BPH) establecen protocolos para garantizar que el producto se manipule en condiciones seguras y que se minimicen los riesgos de contaminación biológica, química y física.

- **Higiene del Personal:** La higiene del personal es fundamental en la manipulación de productos frescos, ya que los trabajadores pueden ser una fuente de contaminación si no siguen prácticas adecuadas. Las BPH incluyen la capacitación del personal en higiene personal, como el lavado de manos antes de manipular el producto, el uso de equipo de protección (guantes, mascarillas y redes para el cabello) y el acceso a instalaciones de higiene adecuadas. La implementación de estas prácticas evita la transferencia de microorganismos patógenos y asegura que el producto se mantenga seguro y limpio.
- **Limpieza y Desinfección de Herramientas y Equipos:** Los equipos y herramientas utilizados en la cosecha y manipulación deben limpiarse y desinfectarse regularmente para evitar la contaminación

cruzada. Las herramientas como cuchillos, tijeras y recipientes de recolección deben ser de materiales resistentes y fáciles de limpiar. La desinfección regular de equipos y áreas de trabajo, como mesas de selección y cintas transportadoras, es clave para reducir la presencia de bacterias y otros microorganismos en el ambiente de trabajo.

Control de Condiciones Ambientales en el Almacenamiento

Las condiciones de almacenamiento de las hortalizas después de la cosecha son fundamentales para mantener su frescura y evitar la proliferación de microorganismos. Las BPA y BPH recomiendan el control de temperatura, humedad y ventilación en las áreas de almacenamiento para prolongar la vida útil del producto y conservar su calidad.

- **Temperatura de Almacenamiento:** Las hortalizas frescas requieren temperaturas específicas de almacenamiento que varían según el tipo de producto. La mayoría de las hortalizas se conservan mejor a temperaturas de 0 °C a 10 °C, lo cual ralentiza su respiración y reduce el riesgo de descomposición. Las BPH recomiendan el enfriamiento rápido del producto después de la cosecha, conocido como preenfriado, y el mantenimiento de la cadena de frío durante todo el proceso de almacenamiento y transporte para asegurar que el producto llegue fresco al consumidor.
- **Control de Humedad y Ventilación:** La humedad relativa es otro factor crítico en el almacenamiento de hortalizas, ya que una humedad inadecuada puede provocar deshidratación o favorecer el desarrollo de moho y bacterias. Las BPA sugieren mantener la humedad en el rango óptimo de 85% a 95% para la mayoría de las hortalizas, evitando la acumulación de condensación en las áreas de almacenamiento. Además, una buena ventilación ayuda a eliminar el etileno, un gas que acelera la maduración de las hortalizas y que puede afectar negativamente su vida útil.

Implementación de Sistemas de Trazabilidad

La trazabilidad es un componente esencial de las BPA y BPH, ya que permite rastrear el producto desde su origen hasta el consumidor final. En caso de que se detecte algún problema de calidad o seguridad, la trazabilidad permite identificar el lote afectado y retirarlo del mercado de manera oportuna, reduciendo el impacto en la salud pública y en la reputación de la empresa.

- **Registro de Información en Cada Etapa:** La implementación de un sistema de trazabilidad implica registrar información detallada sobre cada etapa de producción, desde la siembra y el uso de insumos hasta la cosecha, el almacenamiento y la distribución. Estos registros permiten rastrear el origen de cualquier problema y realizar un retiro eficiente del producto si es necesario. Además, la trazabilidad mejora la transparencia en la cadena de suministro y ayuda a demostrar el cumplimiento de las normativas de seguridad alimentaria.
- **Etiquetado de Lotes y Control de Inventario:** El etiquetado de lotes permite organizar y diferenciar los productos según su origen, fecha de cosecha y otras características relevantes. Este control facilita la identificación de problemas específicos y permite realizar análisis de calidad de manera

eficiente. La trazabilidad no solo asegura la seguridad del producto, sino que también contribuye a mejorar la gestión de inventarios y a optimizar la logística de distribución.

Capacitación del Personal y Creación de una Cultura de Calidad

La capacitación y el compromiso del personal son fundamentales para que las BPA y BPH se implementen correctamente en la producción y manipulación de hortalizas. Crear una cultura de calidad dentro de la organización asegura que todos los empleados comprendan la importancia de las prácticas de higiene y seguridad y las implementen en su trabajo diario.

- **Capacitación Continua en Higiene y Manipulación:** La capacitación continua en temas de higiene, manipulación segura, uso de equipo y gestión de riesgos permite al personal identificar y prevenir posibles problemas en la producción. Los empleados que comprenden los beneficios de las BPA y BPH tienen una mayor motivación para seguir estas prácticas y contribuir a la seguridad del producto. Además, la capacitación debe incluir protocolos de actuación en caso de problemas, lo cual asegura una respuesta rápida y eficiente ante cualquier eventualidad.
- **Promoción de una Cultura de Calidad y Responsabilidad:** Crear una cultura de calidad significa que todos los empleados estén comprometidos con la seguridad alimentaria y la calidad del producto. Este compromiso implica seguir prácticas de higiene, reportar problemas y trabajar en equipo para mejorar continuamente los procesos de producción. La promoción de esta cultura asegura que las BPA y BPH se implementen de manera efectiva en cada etapa de la cadena de producción y que los productos finales cumplan con los estándares de seguridad y calidad que esperan los consumidores.

5. Estrategias para la Trazabilidad y Control de Calidad

La trazabilidad y el control de calidad son componentes esenciales en la producción agrícola moderna, especialmente en cultivos de alto valor como hortalizas, frutas y productos frescos. La trazabilidad permite rastrear cada etapa del proceso de producción y distribución, garantizando que, en caso de detectar algún problema, se pueda identificar rápidamente el origen del lote afectado y retirar el producto de manera eficiente. El control de calidad, por otro lado, asegura que los productos cumplan con los estándares de frescura, sabor, textura y seguridad que exigen los consumidores y las normativas regulatorias. A continuación, se exploran las estrategias clave para implementar un sistema de trazabilidad y control de calidad efectivo en la agricultura en ambientes controlados.

Implementación de Sistemas de Trazabilidad Digital

La tecnología juega un papel crucial en la trazabilidad de productos agrícolas, ya que facilita el registro y almacenamiento de datos en tiempo real y asegura la precisión de la información en cada etapa de la cadena de suministro. Los sistemas de trazabilidad digital permiten a los productores registrar información clave desde la siembra hasta la distribución final.

- **Software de Gestión de Trazabilidad:** Los sistemas de trazabilidad digital incluyen software de gestión que permite registrar y analizar datos de cada lote de producto. Estos sistemas almacenan información detallada sobre el uso de insumos (fertilizantes, pesticidas), el riego, las condiciones de crecimiento y la fecha de cosecha. Este registro detallado permite identificar rápidamente los productos en caso de que se detecte un problema de calidad o seguridad.
- **Etiquetado y Códigos QR:** La implementación de códigos QR o etiquetas de identificación en los productos facilita el rastreo de cada lote de manera única. Al escanear el código, los distribuidores y minoristas pueden acceder a información detallada sobre el origen del producto, los insumos utilizados y las prácticas de cultivo, lo cual incrementa la transparencia y la confianza en el producto final. Además, esta tecnología es útil para los consumidores, quienes pueden conocer el historial del producto y asegurar que cumple con sus expectativas de calidad.

Control de Calidad en Campo y en la Cosecha

El control de calidad comienza en el campo, donde los productos deben cumplir con los estándares de madurez, tamaño, color y frescura antes de ser cosechados. Un control de calidad eficaz en esta etapa garantiza que solo los productos en condiciones óptimas pasen a la siguiente fase del proceso.

- **Criterios de Madurez y Selección de Producto:** Establecer criterios de madurez para cada tipo de producto permite realizar una cosecha selectiva, donde solo se recolectan las hortalizas o frutas en su punto óptimo. Los operarios capacitados evalúan factores como el color, la firmeza y el contenido de azúcar para asegurar que cada producto cumpla con los estándares de calidad deseados. Esta selección inicial reduce las pérdidas y asegura que los productos que llegan al consumidor tengan el mejor sabor y frescura.
- **Monitoreo de Calidad durante la Cosecha:** Durante la recolección, el personal debe asegurarse de manipular los productos cuidadosamente para evitar daños físicos que comprometan su calidad. El uso de herramientas y recipientes adecuados minimiza el riesgo de magulladuras y golpes. Además, la capacitación en prácticas de higiene evita la introducción de contaminantes biológicos, asegurando que los productos sean seguros para el consumo.

Evaluación de Calidad en el Almacenamiento y Postcosecha

El control de calidad no termina en la cosecha; las etapas de almacenamiento y postcosecha son igualmente cruciales para mantener la frescura y seguridad de los productos. En estas etapas, el monitoreo de temperatura, humedad y otras condiciones ambientales asegura que los productos se mantengan en óptimas condiciones hasta que lleguen al consumidor.

- **Control de Temperatura y Humedad:** La mayoría de los productos frescos requieren condiciones específicas de temperatura y humedad para evitar la deshidratación y la proliferación de microorganismos. La implementación de cámaras de almacenamiento con control de clima permite ajustar estas variables para cada tipo de producto. Por ejemplo, las hortalizas de hoja necesitan temperaturas más bajas y altos niveles de humedad para conservar su frescura, mientras que las frutas tropicales deben almacenarse a temperaturas moderadas para evitar el daño por frío.

- **Revisión y Selección en Postcosecha:** Antes de que los productos sean empaquetados y enviados al mercado, es importante realizar una inspección final de calidad. Esta revisión incluye la detección de defectos visuales, como manchas, cambios de color o pérdida de firmeza. Los productos que no cumplen con los estándares son separados para evitar que lleguen al consumidor, lo que asegura la consistencia en la calidad de la oferta final.

Capacitación del Personal en Técnicas de Control de Calidad y Trazabilidad

La capacitación del personal es esencial para la implementación exitosa de sistemas de trazabilidad y control de calidad. Desde los operarios de campo hasta los encargados de almacenamiento, todos deben comprender la importancia de estas prácticas y saber cómo aplicarlas en sus tareas diarias.

- **Capacitación en Higiene y Manipulación del Producto:** Los empleados deben estar capacitados en prácticas de higiene y en técnicas de manipulación cuidadosa para prevenir la introducción de contaminantes y reducir el riesgo de daños físicos al producto. La capacitación en higiene incluye el uso adecuado de guantes, mascarillas y otras protecciones, así como el lavado de manos y la limpieza de herramientas y equipos.
- **Formación en Registros y Procedimientos de Trazabilidad:** La trazabilidad depende de que cada empleado registre información precisa y completa en cada etapa del proceso. La capacitación en sistemas de registro, ya sea en formato digital o manual, asegura que toda la información esté disponible en tiempo real. Además, la formación en procedimientos de trazabilidad permite a los empleados responder rápidamente en caso de que se detecte un problema de seguridad o calidad, facilitando el retiro del producto si es necesario.

Uso de Auditorías y Certificaciones para Asegurar la Calidad

Las auditorías internas y las certificaciones de calidad son herramientas esenciales para verificar la efectividad de los sistemas de trazabilidad y control de calidad. Estas evaluaciones permiten a los productores identificar áreas de mejora y asegurar que los productos cumplan con los estándares de seguridad y calidad que exigen los mercados y consumidores.

- **Auditorías Internas y Verificación de Procesos:** Las auditorías internas son revisiones periódicas de los procedimientos de control de calidad y trazabilidad en cada etapa de la producción. Estas auditorías permiten identificar posibles fallos en el sistema y asegurar que todos los procesos se realicen de acuerdo con los estándares establecidos. La implementación de auditorías mejora la consistencia en la calidad y permite detectar problemas antes de que afecten al producto final.

- **Certificaciones de Calidad e Inocuidad:** Las certificaciones, como Global GAP, ISO 22000 y otros estándares de seguridad alimentaria, son una garantía de calidad para los consumidores y distribuidores. Estas certificaciones requieren el cumplimiento de normativas estrictas en cuanto a seguridad, trazabilidad y manejo de productos, y su obtención permite a los productores competir en mercados internacionales y obtener la confianza de los consumidores. Además, las certificaciones ofrecen una ventaja competitiva en un mercado cada vez más exigente en términos de calidad e inocuidad.

Trazabilidad y Control de Calidad como Herramientas de Transparencia y Confianza

La trazabilidad y el control de calidad no solo aseguran la seguridad y frescura de los productos, sino que también incrementan la transparencia en la cadena de suministro, lo cual es fundamental para ganar la confianza de los consumidores. La posibilidad de rastrear el origen del producto y conocer los detalles de su proceso de producción permite a los consumidores tomar decisiones informadas y confiar en la marca.

- **Transparencia en la Información para el Consumidor:** Los consumidores actuales valoran cada vez más la transparencia en el origen y manejo de los productos agrícolas. La trazabilidad permite a los productores compartir información sobre los insumos y prácticas de manejo utilizadas, lo cual aumenta la percepción de calidad y seguridad en el producto. Además, las etiquetas con códigos QR y otros sistemas de identificación ofrecen un valor agregado al permitir a los consumidores acceder a información detallada en tiempo real.
- **Confianza en la Marca y Reputación en el Mercado:** La implementación de estrategias de trazabilidad y control de calidad contribuye a construir una reputación de fiabilidad y responsabilidad en el mercado. Los productos que cumplen consistentemente con altos estándares de calidad e inocuidad generan confianza entre los consumidores y distribuidores, lo que incrementa la lealtad hacia la marca y abre oportunidades en nuevos mercados.

6. Beneficios de Implementar Sistemas de Calidad y Seguridad Alimentaria

La implementación de sistemas de calidad y seguridad alimentaria en la producción agrícola ofrece numerosos beneficios que impactan tanto en la eficiencia del proceso productivo como en la percepción de los consumidores y el acceso a mercados más exigentes. En un entorno donde la seguridad y calidad de los productos son factores determinantes, estos sistemas garantizan que los alimentos cumplan con los estándares de calidad, frescura y seguridad, minimizando los riesgos de contaminación y mejorando la competitividad de los productos. A continuación, se describen los principales beneficios de implementar sistemas de calidad y seguridad alimentaria en la producción agrícola.

Aseguramiento de la Seguridad Alimentaria y Reducción de Riesgos

Uno de los principales beneficios de implementar sistemas de calidad y seguridad alimentaria es la capacidad de prevenir y controlar los riesgos de contaminación en cada etapa de la producción. Estos sistemas, como el HACCP (Análisis de Peligros y Puntos Críticos de Control), permiten identificar y gestionar los riesgos físicos, químicos y biológicos, asegurando que los productos agrícolas sean seguros para el consumo.

- **Prevención de Enfermedades Transmitidas por Alimentos:** Los sistemas de calidad y seguridad alimentaria están diseñados para minimizar el riesgo de contaminación por microorganismos patógenos, como Salmonella, E. coli y Listeria, que pueden causar enfermedades graves en los consumidores. La implementación de medidas preventivas en puntos críticos de la producción permite reducir drásticamente la incidencia de estos patógenos en los productos frescos.
- **Minimización de Residuos Químicos y Metales Pesados:** La regulación del uso de pesticidas y fertilizantes, así como el control de la calidad del agua y del suelo, ayuda a evitar la acumulación de residuos tóxicos en las hortalizas y frutas. Los sistemas de seguridad alimentaria establecen límites para estos residuos, garantizando que los productos estén libres de contaminantes químicos y sean seguros para el consumo. Este control también contribuye a una producción más sostenible y respetuosa con el medio ambiente.

Mejora de la Eficiencia y Reducción de Pérdidas

La implementación de sistemas de calidad optimiza los procesos de producción al establecer prácticas estandarizadas que minimizan las pérdidas y el desperdicio. Estos sistemas ayudan a los productores a mejorar su eficiencia, reducir costos y aprovechar mejor los recursos.

- **Reducción de Pérdidas Postcosecha:** El control de calidad en cada etapa de la producción permite identificar problemas antes de que lleguen al consumidor, reduciendo las pérdidas de producto durante el almacenamiento y transporte. Además, los sistemas de calidad incluyen prácticas de manejo y conservación que prolongan la vida útil del producto, minimizando el deterioro y asegurando que los productos frescos lleguen en óptimas condiciones al mercado.
- **Optimización de Recursos y Mejora de la Eficiencia Operativa:** Los sistemas de calidad estandarizan los procesos de producción, lo que facilita la capacitación del personal y reduce el margen de error en la manipulación de los productos. Esta estandarización también permite hacer un uso más eficiente de los recursos, como el agua, los fertilizantes y los pesticidas, al establecer procedimientos específicos para su aplicación. En última instancia, una mayor eficiencia operativa se traduce en costos de producción más bajos y una mayor rentabilidad para los agricultores.

Acceso a Mercados Nacionales e Internacionales

Los mercados nacionales e internacionales exigen altos estándares de calidad y seguridad alimentaria para aceptar productos agrícolas. La implementación de sistemas de calidad, como Global GAP, ISO 22000 y certificaciones de seguridad, permite a los productores cumplir con estos requisitos y acceder a mercados más amplios y de mayor valor.

- **Cumplimiento de Normativas Internacionales:** Muchos países y minoristas internacionales exigen que los productos agrícolas cuenten con certificaciones de calidad y seguridad alimentaria para su importación. La implementación de estos sistemas asegura que los productos cumplan con las normativas internacionales, como las regulaciones de la FDA en Estados Unidos o la EFSA en Europa. Esto facilita el acceso a mercados de exportación y fortalece la posición competitiva de los productores en el mercado global.
- **Mejora de la Competitividad y Diferenciación del Producto:** Las certificaciones de calidad y seguridad alimentaria son un sello de garantía que distingue a los productos en el mercado y mejora su competitividad. Los consumidores y minoristas valoran los productos certificados, ya que brindan una mayor seguridad y transparencia en su origen y proceso de producción. Esta diferenciación permite a los productores justificar un precio más alto, incrementar sus ventas y mejorar su rentabilidad.

Construcción de Confianza y Lealtad del Consumidor

Los sistemas de calidad y seguridad alimentaria no solo aseguran la inocuidad de los productos, sino que también incrementan la transparencia y la confianza en la cadena de suministro. Los consumidores actuales están cada vez más interesados en conocer el origen y el proceso de producción de los alimentos que consumen, y la implementación de estos sistemas contribuye a satisfacer esa demanda.

- **Generación de Confianza en el Consumidor:** La implementación de sistemas de trazabilidad y la transparencia en el manejo de los productos permiten a los consumidores conocer el origen y la calidad de los productos que están comprando. Esta confianza se traduce en una mayor lealtad a la marca, ya que los consumidores prefieren productos en los que puedan confiar, especialmente cuando se trata de alimentos frescos y de consumo directo.
- **Valor Agregado a través de la Transparencia:** Los sistemas de calidad que incluyen trazabilidad ofrecen un valor agregado, ya que permiten a los consumidores conocer los detalles sobre el uso de insumos, las prácticas de higiene y las medidas de seguridad aplicadas durante la producción. Esta transparencia es un valor diferencial que cada vez más consumidores buscan y aprecian, especialmente en un mercado de alimentos frescos, naturales y saludables.

Reducción de Costos y Mejora de la Sostenibilidad

La implementación de sistemas de calidad y seguridad alimentaria también contribuye a una producción agrícola más sostenible y eficiente en el uso de recursos, lo que no solo beneficia al medio ambiente, sino que también reduce costos a largo plazo para los productores.

- **Minimización del Desperdicio de Alimentos:** Los sistemas de calidad permiten identificar y corregir problemas de producción a tiempo, lo que reduce el desperdicio de alimentos. Al minimizar las pérdidas durante el cultivo, cosecha y postcosecha, los productores pueden aprovechar al máximo su producción y reducir el impacto ambiental de los desechos orgánicos.
- **Producción Responsable y Sostenible:** La adopción de prácticas de manejo sostenible y el control de insumos son principios fundamentales en los sistemas de calidad, que ayudan a reducir el uso de pesticidas y fertilizantes, conservar el agua y proteger la biodiversidad. Estos beneficios no solo ayudan a los productores a cumplir con los estándares ambientales, sino que también aumentan la aceptación de sus productos en mercados que valoran la sostenibilidad y la responsabilidad ambiental.

Mejor Capacidad de Respuesta ante Problemas de Calidad o Seguridad

Un beneficio crucial de implementar sistemas de calidad y seguridad alimentaria es la capacidad de respuesta rápida en caso de detectar algún problema de calidad o seguridad en los productos. La trazabilidad y los protocolos de control permiten identificar el origen de los problemas y tomar medidas inmediatas para evitar su propagación y proteger al consumidor.

- **Identificación y Retiro Rápido de Productos:** La trazabilidad permite identificar rápidamente el lote afectado y retirarlo del mercado antes de que llegue al consumidor. Este control reduce el impacto en la salud pública y minimiza los daños a la reputación de la marca. Además, una respuesta rápida en caso de problemas de calidad evita pérdidas mayores y asegura que el resto de los productos cumplan con los estándares de seguridad.
- **Gestión Eficiente de Crisis y Protección de la Reputación:** La implementación de sistemas de calidad y seguridad alimentaria facilita la gestión de crisis, permitiendo a los productores actuar de manera proactiva y transparente. La capacidad de respuesta rápida y la transparencia en la comunicación generan confianza en los consumidores y protegen la reputación de la empresa en el mercado. Una buena gestión de crisis puede incluso fortalecer la imagen de la marca, demostrando el compromiso de los productores con la seguridad y calidad de sus productos.

Capítulo 11

Manejo de Residuos y Sostenibilidad

El módulo "Manejo de Residuos y Sostenibilidad" es esencial en la formación de *growers* comprometidos con una producción de hortalizas en ambiente controlado que sea ambientalmente responsable y económica a largo plazo. En la actualidad, la agricultura debe adaptarse a los desafíos de sostenibilidad, optimizando el uso de recursos, reduciendo la generación de residuos y minimizando el impacto ambiental. Este módulo aborda las prácticas de manejo de residuos en la producción agrícola y la implementación de estrategias sostenibles que no solo disminuyen el impacto negativo en el medio ambiente, sino que también aumentan la eficiencia operativa, mejoran la imagen de la empresa y permiten una agricultura más rentable y competitiva.

1. Importancia de la Sostenibilidad en la Producción Agrícola

La sostenibilidad en la producción agrícola es fundamental en el contexto actual, donde el crecimiento de la población, el cambio climático y la presión sobre los recursos naturales exigen prácticas más responsables y eficientes. La agricultura sostenible busca satisfacer las necesidades de alimentos, fibras y combustibles de la sociedad sin comprometer la capacidad de las futuras generaciones para cubrir las suyas. Este enfoque no solo se centra en la preservación del medio ambiente, sino también en la viabilidad económica y el bienestar social de las comunidades agrícolas. A continuación, se explora la importancia de la sostenibilidad en la producción agrícola, sus beneficios y cómo puede implementarse para asegurar un futuro más seguro y saludable.

Protección del Medio Ambiente y Conservación de Recursos Naturales

La producción agrícola intensiva y no regulada ha llevado a la degradación de suelos, la deforestación, la contaminación del agua y la pérdida de biodiversidad. La sostenibilidad en la agricultura propone prácticas que buscan mitigar estos impactos y proteger el entorno natural.

- **Preservación de Suelos y Salud del Ecosistema:** La agricultura sostenible promueve el uso de técnicas que protegen la estructura y fertilidad del suelo, como la rotación de cultivos, la reducción de labranza y el uso de cultivos de cobertura. Estas prácticas no solo previenen la erosión y el agotamiento del suelo, sino que también fomentan la biodiversidad del ecosistema agrícola, creando un entorno en el que tanto los cultivos como la fauna beneficiosa pueden prosperar. La conservación de suelos saludables es esencial para mantener la productividad agrícola a largo plazo y prevenir la desertificación.
- **Manejo Responsable del Agua y Reducción de la Contaminación:** La agricultura sostenible busca minimizar el impacto sobre los recursos hídricos, promoviendo el uso eficiente del agua y evitando la contaminación de ríos y acuíferos. Prácticas como el riego por goteo, la reutilización de aguas residuales tratadas y el control del uso de agroquímicos permiten que el agua sea utilizada de

manera más racional y se reduzca la lixiviación de contaminantes. La conservación del agua es fundamental en regiones donde este recurso es escaso y donde la agricultura compite por su uso con otras actividades.

Adaptación y Mitigación del Cambio Climático

La agricultura es una de las actividades que más contribuye a las emisiones de gases de efecto invernadero, responsables del cambio climático. A su vez, el cambio climático afecta la producción agrícola a través de eventos climáticos extremos, alteraciones en las lluvias y aumento de temperaturas. La sostenibilidad en la producción agrícola propone prácticas que permiten reducir estas emisiones y adaptarse a los efectos del cambio climático.

- **Reducción de Emisiones de Gases de Efecto Invernadero:** La agricultura sostenible fomenta prácticas como la reducción en el uso de fertilizantes químicos, el manejo integrado de plagas y la adopción de cultivos de cobertura que capturan carbono en el suelo. Al implementar prácticas de manejo eficiente de insumos y reducir la quema de residuos agrícolas, es posible disminuir significativamente las emisiones de CO_2 y metano, contribuyendo a mitigar el cambio climático.
- **Adaptación a Condiciones Climáticas Variables:** La agricultura sostenible promueve la diversificación de cultivos y la implementación de sistemas de riego eficientes que ayudan a los productores a adaptarse a cambios en las condiciones climáticas, como sequías o lluvias intensas. Además, el uso de variedades de cultivos resistentes al estrés hídrico o al calor permite a los agricultores continuar produciendo de manera rentable incluso en condiciones adversas. Estas prácticas aumentan la resiliencia del sistema agrícola frente al cambio climático y protegen la seguridad alimentaria.

Viabilidad Económica y Sustentabilidad a Largo Plazo

La sostenibilidad en la agricultura no solo se enfoca en proteger el medio ambiente, sino también en asegurar la rentabilidad y viabilidad económica de la producción agrícola. Una agricultura sostenible permite a los productores reducir costos a través del uso eficiente de insumos, la reducción de desperdicios y el aumento de la eficiencia productiva.

- **Optimización de Recursos y Ahorro en Costos:** Las prácticas agrícolas sostenibles, como el uso de fertilizantes orgánicos, la rotación de cultivos y el manejo eficiente del agua, ayudan a reducir los costos de producción a largo plazo. Al minimizar la dependencia de insumos externos y reducir el uso de productos químicos, los productores pueden mejorar su rentabilidad, al tiempo que minimizan su impacto ambiental. Esto hace que la producción sea más resiliente frente a las fluctuaciones de precios en el mercado de insumos y ayuda a los agricultores a ser menos vulnerables a los cambios económicos.
- **Generación de Oportunidades de Mercado:** Los consumidores actuales son cada vez más conscientes de la importancia de la sostenibilidad y están dispuestos a pagar más por productos

agrícolas que se cultiven de manera responsable. La implementación de prácticas sostenibles permite a los productores diferenciarse en el mercado y acceder a nichos de consumidores que valoran la responsabilidad ambiental y social. Las certificaciones de sostenibilidad, como la agricultura orgánica o el comercio justo, son una forma de mostrar el compromiso de los productores con la sostenibilidad y mejorar su posición competitiva.

Bienestar Social y Desarrollo Rural

La sostenibilidad en la agricultura también abarca el bienestar de las comunidades rurales y el respeto por los derechos de los trabajadores agrícolas. Una agricultura sostenible fomenta prácticas que aseguran condiciones de trabajo seguras y justas, y que contribuyen al desarrollo social y económico de las comunidades agrícolas.

- **Mejora de las Condiciones de Trabajo y Derechos Laborales:** La agricultura sostenible busca proporcionar un ambiente de trabajo seguro y saludable para los trabajadores agrícolas, garantizando prácticas justas en la contratación y el pago de salarios. Además, fomenta el respeto por los derechos laborales y la capacitación de los trabajadores en prácticas seguras y sostenibles. Estas mejoras en las condiciones de trabajo no solo aumentan la productividad, sino que también fortalecen el bienestar de las comunidades agrícolas y reducen la migración hacia las zonas urbanas.
- **Desarrollo de las Comunidades Rurales:** La sostenibilidad en la agricultura impulsa el desarrollo rural a través de la generación de empleo, el acceso a educación y capacitación y la creación de infraestructura básica en áreas rurales. Al mejorar las condiciones de vida en el campo y apoyar la participación de las comunidades en la toma de decisiones sobre el uso de recursos, la agricultura sostenible promueve un desarrollo inclusivo y equitativo, beneficiando tanto a los agricultores como a la sociedad en general.

Seguridad Alimentaria y Salud Pública

La sostenibilidad en la producción agrícola es esencial para garantizar la seguridad alimentaria y proteger la salud de los consumidores. Las prácticas sostenibles aseguran que los productos sean seguros y nutritivos, y contribuyen a un sistema alimentario más seguro y resiliente.

- **Reducción del Uso de Agroquímicos y Mejora de la Calidad de los Alimentos:** La reducción del uso de pesticidas y fertilizantes sintéticos en la agricultura sostenible disminuye el riesgo de residuos tóxicos en los alimentos, mejorando su seguridad para el consumo humano. Los sistemas agrícolas sostenibles promueven el uso de insumos menos agresivos y técnicas de control biológico de plagas, que ayudan a proteger la salud pública y a reducir el riesgo de enfermedades relacionadas con productos químicos.
- **Seguridad Alimentaria en el Largo Plazo:** Al mantener la fertilidad del suelo, conservar el agua y proteger la biodiversidad, la agricultura sostenible asegura la producción continua de alimentos para

las generaciones futuras. Esto es fundamental para garantizar la seguridad alimentaria en un mundo donde los recursos naturales son limitados y la demanda de alimentos sigue en aumento.

2. Tipos de Residuos en la Producción de Hortalizas

La producción de hortalizas genera diversos tipos de residuos en cada etapa del proceso, desde la siembra hasta la cosecha y la postcosecha. Estos residuos, si no se manejan adecuadamente, pueden tener efectos negativos en el medio ambiente y representar una pérdida de recursos para los productores. La gestión adecuada de los residuos en la producción de hortalizas es fundamental para reducir el impacto ambiental, optimizar el uso de insumos y mejorar la sostenibilidad del sistema de producción. A continuación, se exploran los principales tipos de residuos en la producción de hortalizas y sus implicaciones.

Residuos Orgánicos

Los residuos orgánicos son aquellos de origen vegetal generados a lo largo del ciclo de cultivo y manipulación de las hortalizas. Estos incluyen hojas, tallos, raíces y partes de la planta que se descartan durante el proceso de cosecha y postcosecha, así como los productos que no cumplen con los estándares de calidad para su comercialización.

- **Restos de Cultivo:** Los residuos orgánicos generados en el campo incluyen los restos de las plantas que quedan después de la cosecha, como tallos, hojas y raíces. Estos residuos, si no se eliminan adecuadamente, pueden atraer plagas y enfermedades al campo, afectando los ciclos de cultivo posteriores. Sin embargo, estos restos también son una fuente potencial de nutrientes para el suelo si se gestionan de manera adecuada, como mediante el compostaje o la incorporación de los residuos en el suelo.
- **Desperdicio de Producto en Postcosecha:** Durante la selección y clasificación en la postcosecha, se descartan hortalizas que no cumplen con los requisitos de calidad, ya sea por su tamaño, color o forma. Estos residuos pueden representar una parte considerable de la producción y suponen una pérdida de recursos invertidos en el cultivo. Sin embargo, si se manejan adecuadamente, estos productos descartados pueden transformarse en compost o en insumos para la elaboración de alimentos procesados, como purés o jugos, lo cual permite aprovecharlos en lugar de desecharlos.

Residuos Plásticos y Materiales Inorgánicos

La producción de hortalizas en ambientes controlados, como invernaderos y sistemas de cultivo hidropónico, utiliza una gran cantidad de materiales plásticos, tanto en la infraestructura como en los insumos de producción. Estos materiales incluyen plásticos de cobertura, bandejas de semilleros, macetas, tuberías de riego y empaques. Los residuos plásticos pueden acumularse rápidamente y representan un problema ambiental si no se gestionan de manera adecuada.

- **Plásticos de Cobertura y Acolchado:** Los plásticos utilizados en la cobertura de invernaderos y en el acolchado de suelos protegen a las plantas de condiciones adversas y conservan la humedad, pero una vez que se desgastan o se dañan, se convierten en residuos de difícil descomposición. La acumulación de plásticos en el suelo afecta la calidad del suelo y la salud de los cultivos. La implementación de programas de reciclaje y el uso de plásticos biodegradables son estrategias para reducir el impacto de estos residuos.
- **Materiales de Riego y Contenedores:** En los sistemas de producción intensiva, las tuberías de riego, las macetas y los contenedores para cultivo pueden deteriorarse y necesitar reemplazo. Estos materiales, especialmente los plásticos, son difíciles de reciclar y, en muchos casos, se desechan de manera inadecuada, contribuyendo a la contaminación del suelo y el agua. Una gestión adecuada de estos materiales implica buscar opciones reciclables y planificar un manejo responsable al final de su vida útil.
- **Envases y Empaques para Comercialización:** En la etapa de postcosecha y comercialización, se utilizan envases y empaques, generalmente de plástico, para proteger las hortalizas y garantizar su frescura. Aunque los empaques son necesarios para conservar la calidad del producto, generan una gran cantidad de residuos al llegar al consumidor final. La adopción de empaques biodegradables o reutilizables puede ayudar a reducir el volumen de residuos plásticos y minimizar su impacto ambiental.

Residuos de Agroquímicos

El uso de agroquímicos, como pesticidas, herbicidas y fertilizantes, es común en la producción de hortalizas para proteger los cultivos de plagas y enfermedades y asegurar un crecimiento saludable. Sin embargo, estos productos dejan residuos en el suelo, el agua y los cultivos, lo que representa un riesgo para el medio ambiente y la salud pública.

- **Residuos de Envases de Agroquímicos:** Los envases de pesticidas, herbicidas y fertilizantes son una fuente importante de residuos peligrosos en la producción agrícola. Estos envases, si no se manejan adecuadamente, pueden filtrar residuos tóxicos en el suelo y el agua, afectando a la flora y fauna local. La recolección y el reciclaje de envases de agroquímicos a través de programas específicos, como los promovidos por las autoridades agrícolas, son fundamentales para evitar su acumulación y reducir el riesgo de contaminación.
- **Sobredosis y Residuos de Productos en el Suelo:** En ocasiones, la aplicación excesiva de agroquímicos deja residuos en el suelo que pueden ser absorbidos por los cultivos y llegar al consumidor. Además, el uso excesivo de fertilizantes provoca la acumulación de nutrientes en el suelo y el agua, lo cual puede causar problemas de eutrofización en cuerpos de agua cercanos. El monitoreo de la cantidad de agroquímicos aplicados y la adopción de técnicas de manejo integrado de plagas ayudan a reducir estos residuos y a promover una producción más limpia.

Residuos de Agua Contaminada

El agua utilizada en la producción de hortalizas puede generar residuos si se contamina con productos químicos o con microorganismos patógenos. Los sistemas de riego y la gestión de aguas residuales son factores críticos para asegurar la calidad del agua y evitar la contaminación.

- **Agua Residual de Riego:** En sistemas de cultivo intensivo, como la hidroponía, el agua de riego puede acumular nutrientes y químicos en exceso, generando residuos líquidos que deben ser gestionados adecuadamente. La recirculación y el tratamiento de aguas residuales son prácticas sostenibles que permiten reutilizar el agua y evitar su descarga en cuerpos de agua sin tratamiento.
- **Aguas Contaminadas por Fertilizantes y Pesticidas:** El escurrimiento de aguas de riego contaminadas con fertilizantes y pesticidas representa un riesgo para el medio ambiente, ya que estos productos pueden filtrarse en el suelo y afectar los cuerpos de agua cercanos. El manejo responsable del riego, la reducción de agroquímicos y la implementación de barreras naturales, como franjas vegetales, son estrategias efectivas para reducir la contaminación de agua.

Residuos de Sustratos y Materiales de Cultivo

En sistemas de cultivo sin suelo, como la hidroponía y la producción en sustratos, los materiales de cultivo se desgastan con el tiempo y deben ser reemplazados, generando residuos adicionales. Estos materiales incluyen sustratos inorgánicos, como lana de roca y perlita, que pueden ser difíciles de reciclar o desechar adecuadamente.

- **Sustratos Inorgánicos:** La lana de roca, la perlita y otros sustratos inorgánicos son populares en sistemas de cultivo sin suelo debido a su capacidad para retener agua y aire. Sin embargo, estos sustratos no son biodegradables y pueden generar una cantidad significativa de residuos. La disposición adecuada de estos materiales y la búsqueda de alternativas sostenibles, como sustratos orgánicos biodegradables, son estrategias que ayudan a reducir su impacto.
- **Sustratos Orgánicos Desgastados:** En algunos sistemas, se utilizan sustratos orgánicos, como fibra de coco y turba, que pueden descomponerse con el tiempo. Aunque son más amigables con el ambiente, su disposición también requiere planificación para evitar la acumulación de residuos. Estos sustratos pueden ser compostados y reutilizados como enmiendas para el suelo, lo cual reduce la necesidad de nuevos materiales y ayuda a cerrar el ciclo de nutrientes en el sistema de producción.

3. Prácticas de Manejo de Residuos

La gestión adecuada de los residuos en la producción agrícola es esencial para reducir el impacto ambiental, mejorar la eficiencia de los recursos y contribuir a la sostenibilidad del sistema productivo. En la producción de hortalizas, los residuos pueden generarse en diversas etapas, desde el cultivo y la cosecha hasta el empaque y la comercialización. Implementar prácticas de manejo de residuos ayuda a los productores a minimizar el desperdicio, reutilizar recursos y cumplir con normativas ambientales. A continuación, se describen algunas de las prácticas más efectivas de manejo de residuos en la producción de hortalizas.

Compostaje de Residuos Orgánicos

El compostaje es una práctica de manejo de residuos que permite transformar los restos orgánicos en un abono rico en nutrientes que puede reincorporarse al suelo. Esta técnica es especialmente útil en la producción de hortalizas, donde se generan grandes cantidades de residuos vegetales, como hojas, tallos y raíces, que pueden ser compostados en lugar de ser desechados.

- **Beneficios del Compostaje:** El compostaje ayuda a reducir la cantidad de residuos que se generan en el campo y disminuye la necesidad de fertilizantes sintéticos, ya que el compost mejora la estructura del suelo y aporta nutrientes esenciales para el crecimiento de los cultivos. Además, el compostaje reduce las emisiones de gases de efecto invernadero, ya que evita la descomposición anaeróbica de los residuos en vertederos, donde se generarían gases como el metano.
- **Implementación del Compostaje en el Campo:** Para implementar el compostaje en la producción de hortalizas, los residuos orgánicos deben ser recolectados y colocados en pilas o contenedores de compostaje. Es importante mezclar los residuos vegetales con otros materiales ricos en carbono, como paja o restos de poda, y girar las pilas periódicamente para asegurar una descomposición uniforme. El compost resultante se puede utilizar como enmienda orgánica en los campos de cultivo, mejorando la sostenibilidad y reduciendo la dependencia de insumos externos.

Reciclaje de Plásticos y Materiales Inorgánicos

En la producción de hortalizas en ambientes controlados, se utilizan muchos materiales plásticos, como películas de cobertura para invernaderos, tuberías de riego y contenedores de cultivo. Estos materiales, una vez que han cumplido su vida útil, se convierten en residuos que deben ser gestionados adecuadamente para evitar la contaminación del suelo y el agua.

- **Programas de Reciclaje de Plásticos Agrícolas:** La implementación de programas de reciclaje permite recolectar y reciclar plásticos agrícolas, reduciendo el impacto ambiental. Estos programas incluyen la recolección y procesamiento de plásticos de cobertura, tuberías de riego y otros materiales utilizados en la producción. Algunos proveedores de plásticos agrícolas ofrecen servicios de reciclaje que permiten devolver los materiales una vez que se han utilizado, promoviendo una economía circular en el sector agrícola.
- **Uso de Plásticos Biodegradables:** Como alternativa, los plásticos biodegradables y compostables están ganando popularidad en la agricultura. Estos materiales se descomponen naturalmente y reducen la acumulación de residuos a largo plazo. En lugar de desechar grandes

cantidades de plástico, los productores pueden optar por plásticos biodegradables para acolchados y empaques, contribuyendo a una producción más limpia y sostenible.

Manejo de Envases de Agroquímicos

Los envases de agroquímicos, como pesticidas y fertilizantes, son residuos peligrosos que requieren un manejo especializado para evitar la contaminación del suelo, el agua y la salud de los trabajadores. Una gestión adecuada de estos envases es esencial para minimizar su impacto negativo en el medio ambiente.

- **Triple Lavado y Disposición Segura:** Una de las prácticas más efectivas es el triple lavado de los envases, que implica enjuagar los recipientes tres veces para eliminar los residuos de químicos. Después del lavado, los envases pueden perforarse para evitar su reutilización indebida y luego llevarse a centros de acopio autorizados para su disposición final o reciclaje seguro. Esta práctica reduce los riesgos de exposición a sustancias tóxicas y contribuye a un manejo seguro de los residuos.
- **Participación en Programas de Reciclaje de Envases:** En muchos países, existen programas de recolección y reciclaje de envases de agroquímicos organizados por autoridades agrícolas o empresas fabricantes. Estos programas permiten a los productores devolver los envases usados para su reciclaje, evitando su acumulación en el campo y reduciendo el riesgo de contaminación. La participación en estos programas es una responsabilidad compartida entre los productores y los proveedores de insumos agrícolas.

Tratamiento y Reutilización de Aguas Residuales

El uso intensivo de agua en la producción de hortalizas puede generar aguas residuales que contienen residuos de fertilizantes y pesticidas. La gestión de estas aguas es esencial para evitar la contaminación de fuentes hídricas y promover un uso eficiente del agua en la agricultura.

- **Recirculación de Agua en Sistemas de Cultivo sin Suelo:** En sistemas de cultivo sin suelo, como la hidroponía, el agua de riego puede ser recirculada y reutilizada en lugar de ser desechada. Esto reduce la cantidad de aguas residuales generadas y permite un uso más eficiente de los nutrientes disueltos en el agua. La recirculación del agua es una práctica sostenible que contribuye a la reducción del desperdicio y minimiza la necesidad de extraer grandes cantidades de agua para el riego.
- **Filtros y Tratamiento de Aguas Contaminadas:** El tratamiento de aguas residuales mediante filtros de carbono, sistemas de oxidación avanzada o humedales artificiales permite eliminar los contaminantes de origen agrícola antes de que el agua sea devuelta al medio ambiente. Estos sistemas de tratamiento son especialmente útiles en cultivos intensivos donde se utilizan fertilizantes y pesticidas, ya que ayudan a reducir la carga contaminante y protegen las fuentes de agua locales.

Reutilización y Reciclaje de Sustratos de Cultivo

En sistemas de producción sin suelo, como la hidroponía y la producción en sustratos, los materiales de cultivo deben reemplazarse periódicamente, generando residuos adicionales. Sin embargo, muchos de estos sustratos pueden ser reciclados o reutilizados para reducir su impacto ambiental.

- **Reutilización de Sustratos Orgánicos:** Algunos sustratos orgánicos, como la fibra de coco y la turba, pueden ser reutilizados después de la cosecha, siempre que se realicen prácticas de desinfección adecuadas. Esto implica la limpieza y esterilización del sustrato para eliminar patógenos y asegurar que sea seguro para el siguiente ciclo de cultivo. La reutilización de sustratos no solo reduce la cantidad de residuos, sino que también ayuda a reducir los costos de producción.
- **Reciclaje de Sustratos Inorgánicos:** Los sustratos inorgánicos, como la lana de roca y la perlita, son más difíciles de reciclar debido a su composición no biodegradable. Sin embargo, algunas empresas de reciclaje han desarrollado tecnologías para procesar estos materiales y convertirlos en productos nuevos. Otra opción es utilizar estos sustratos como enmiendas en suelos de áreas no agrícolas o en la fabricación de materiales de construcción, dando un nuevo uso a estos residuos.

Capacitación y Creación de Conciencia en el Manejo de Residuos

El éxito de cualquier programa de manejo de residuos en la producción agrícola depende de la participación activa y la concienciación de todos los trabajadores involucrados. La capacitación en prácticas de manejo de residuos y la creación de una cultura de sostenibilidad son fundamentales para asegurar que estas prácticas se implementen correctamente y se mantengan a lo largo del tiempo.

- **Capacitación Continua en Manejo de Residuos:** La capacitación regular del personal en temas de manejo de residuos, reciclaje, compostaje y uso seguro de agroquímicos permite que todos comprendan la importancia de estas prácticas y cómo llevarlas a cabo. Los trabajadores deben recibir instrucciones sobre cómo identificar, segregar y desechar cada tipo de residuo adecuadamente. La capacitación no solo mejora el cumplimiento de las normativas ambientales, sino que también aumenta la eficiencia en el manejo de residuos.
- **Promoción de una Cultura de Sostenibilidad:** Crear una cultura de sostenibilidad implica fomentar el compromiso de todos los empleados y productores con el manejo adecuado de residuos y la protección del medio ambiente. La participación en programas de reciclaje y el seguimiento de prácticas sostenibles refuerza la importancia de la responsabilidad ambiental y contribuye a la reputación de la empresa como un productor comprometido con la sostenibilidad.

4. Estrategias de Sostenibilidad en la Producción de Hortalizas

La sostenibilidad en la producción de hortalizas es un aspecto cada vez más relevante en la agricultura moderna. Dado el impacto ambiental asociado con prácticas agrícolas intensivas, como el uso excesivo de agua, fertilizantes y pesticidas, y la generación de residuos, es fundamental adoptar estrategias que permitan reducir el impacto ambiental y optimizar el uso de recursos. Las estrategias de sostenibilidad en la producción de hortalizas no solo protegen el medio ambiente, sino que también mejoran la rentabilidad y ayudan a satisfacer las expectativas de los consumidores, quienes demandan cada vez más productos frescos y cultivados de manera responsable. A continuación, se analizan algunas de las principales estrategias de sostenibilidad en la producción de hortalizas y sus beneficios.

Uso Eficiente del Agua

El agua es un recurso esencial en la producción de hortalizas, pero también es un recurso limitado en muchas regiones. Implementar prácticas que permitan utilizar el agua de manera más eficiente es crucial para la sostenibilidad de la producción.

- **Riego por Goteo y Riego Subterráneo:** Estas técnicas de riego permiten aplicar el agua directamente a las raíces de las plantas, reduciendo las pérdidas por evaporación y asegurando que cada planta reciba la cantidad necesaria de agua. El riego por goteo es especialmente efectivo en cultivos de hortalizas en ambientes controlados, donde se puede ajustar la frecuencia y la cantidad de agua suministrada de acuerdo con las necesidades de la planta. Este método no solo reduce el consumo de agua, sino que también previene el crecimiento de malezas y reduce el riesgo de enfermedades.
- **Recuperación y Reutilización de Aguas Residuales:** En sistemas de cultivo sin suelo, como la hidroponía, el agua de riego se puede recircular y reutilizar, lo cual minimiza el desperdicio de agua y reduce la necesidad de extraer agua de fuentes externas. Además, implementar sistemas de tratamiento de aguas residuales permite eliminar contaminantes y reutilizar el agua en el mismo ciclo de producción. Estas prácticas no solo optimizan el uso del agua, sino que también protegen los recursos hídricos de la contaminación.

Manejo Integrado de Plagas y Reducción del Uso de Agroquímicos

El uso de pesticidas y herbicidas es común en la producción de hortalizas para controlar plagas y enfermedades, pero el uso excesivo de estos productos puede tener efectos negativos en el medio ambiente y en la salud de los consumidores. El manejo integrado de plagas (MIP) es una estrategia que combina métodos biológicos, culturales y químicos para controlar plagas de manera sostenible.

- **Control Biológico de Plagas:** El control biológico implica el uso de organismos naturales, como depredadores, parásitos o patógenos, para reducir las poblaciones de plagas en los cultivos. Por ejemplo, las mariquitas pueden ser introducidas para controlar pulgones en los cultivos de hortalizas. Este método es una alternativa segura y eficaz al uso de pesticidas químicos y contribuye a mantener el equilibrio ecológico en el entorno de cultivo.
- **Rotación y Asociación de Cultivos:** La rotación de cultivos reduce la acumulación de plagas y enfermedades específicas de cada cultivo, ya que interrumpe su ciclo de vida. Además, la asociación de

cultivos, como el cultivo de albahaca junto a los tomates, ayuda a repeler insectos y a reducir la necesidad de pesticidas. Estas prácticas mejoran la salud del suelo y contribuyen a una producción más sostenible y libre de químicos.

Conservación y Mejora del Suelo

El suelo es un recurso fundamental en la producción de hortalizas, y su degradación afecta la productividad y la calidad de los cultivos. La conservación y mejora de la salud del suelo son esenciales para asegurar una producción sostenible a largo plazo.

- **Uso de Compost y Fertilizantes Orgánicos:** El compostaje de residuos orgánicos, como los restos de cultivos y residuos de cosecha, permite obtener un abono rico en nutrientes que mejora la estructura del suelo y promueve la actividad biológica. Los fertilizantes orgánicos son menos propensos a causar lixiviación de nutrientes y no contaminan las fuentes de agua, a diferencia de los fertilizantes sintéticos. La aplicación regular de compost y materia orgánica también aumenta la capacidad del suelo para retener agua, lo cual es beneficioso en épocas de sequía.
- **Cultivos de Cobertura y Reducción de Labranza:** Los cultivos de cobertura, como el trébol o el centeno, se plantan en períodos de descanso del suelo para evitar la erosión, mejorar la fertilidad y aumentar la materia orgánica. Estos cultivos protegen el suelo de la erosión causada por el viento y el agua, y su incorporación al suelo después de su ciclo de crecimiento aporta nutrientes y mejora la estructura del suelo. La reducción de la labranza también es una estrategia efectiva para conservar la salud del suelo, ya que evita la compactación y preserva la vida microbiana en el suelo.

Uso de Energías Renovables

La producción de hortalizas en invernaderos y otros sistemas de ambiente controlado requiere una cantidad significativa de energía para calefacción, iluminación y ventilación. El uso de energías renovables reduce la huella de carbono y hace que la producción sea más sostenible y rentable.

- **Energía Solar para Iluminación y Calefacción:** La instalación de paneles solares permite aprovechar la energía del sol para iluminar y calentar los invernaderos, reduciendo la dependencia de fuentes de energía convencionales y disminuyendo las emisiones de gases de efecto invernadero. La energía solar es especialmente útil en regiones con alta radiación solar, donde puede cubrir una parte significativa de la demanda energética de los invernaderos.
- **Biomasa y Energía Geotérmica:** La biomasa, generada a partir de residuos orgánicos, puede utilizarse para producir calor en sistemas de cultivo de hortalizas. Además, la energía geotérmica es una fuente sostenible que se utiliza en algunas regiones para regular la temperatura de los invernaderos de manera eficiente y sin emisiones de carbono. Estas fuentes de energía alternativas permiten a los agricultores reducir costos y proteger el medio ambiente.

Gestión y Reciclaje de Residuos

La producción de hortalizas genera diversos tipos de residuos, como restos de cultivos, envases de agroquímicos y plásticos agrícolas. La gestión adecuada de estos residuos es fundamental para reducir su impacto ambiental y promover la sostenibilidad en el sector.

- **Compostaje de Residuos Orgánicos:** Los restos de cultivo y los productos descartados en la postcosecha pueden ser compostados y utilizados como abono en los mismos campos, cerrando el ciclo de nutrientes y reduciendo la dependencia de fertilizantes químicos. Esta práctica no solo mejora la salud del suelo, sino que también reduce el volumen de residuos y contribuye a una producción más sostenible.
- **Reciclaje de Plásticos y Materiales Inorgánicos:** Los plásticos utilizados en la cobertura de invernaderos, el riego y el empaque pueden reciclarse o reemplazarse por alternativas biodegradables. Los programas de reciclaje de plásticos agrícolas permiten recolectar y procesar estos materiales, evitando que se acumulen en el campo y reduciendo su impacto en el medio ambiente. La sustitución gradual de plásticos por materiales compostables es una estrategia cada vez más popular en la agricultura sostenible.

Promoción de la Biodiversidad

La biodiversidad en el entorno agrícola mejora la resiliencia del sistema de producción y reduce la dependencia de insumos externos. La diversificación de cultivos y la creación de hábitats para especies beneficiosas son estrategias clave para fomentar la biodiversidad en la producción de hortalizas.

- **Diversificación de Cultivos y Policultivos:** La diversificación de cultivos reduce el riesgo de plagas y enfermedades, ya que crea un entorno menos favorable para su proliferación. Los policultivos, o cultivos intercalados, aumentan la biodiversidad en el campo y mejoran la estabilidad ecológica. Además, los policultivos contribuyen a una producción más resiliente frente a cambios climáticos y condiciones adversas.
- **Creación de Hábitats para Especies Beneficiosas:** La creación de franjas vegetales o áreas con plantas nativas alrededor de los cultivos atrae insectos beneficiosos, como abejas y mariposas, que contribuyen a la polinización, y depredadores naturales de plagas, como mariquitas y avispas. Fomentar estos hábitats naturales es una estrategia para reducir el uso de pesticidas y mejorar la sostenibilidad del sistema agrícola.

5. Beneficios del Manejo Sostenible y Reducción de Residuos

El manejo sostenible y la reducción de residuos en la producción de hortalizas son prácticas esenciales para promover una agricultura más responsable, eficiente y rentable. En un contexto de creciente demanda de alimentos y escasez de recursos naturales, implementar estrategias de manejo de residuos permite a los productores optimizar el uso de los insumos, minimizar el impacto ambiental y mejorar la viabilidad económica de sus operaciones. Además, la reducción de residuos contribuye a cumplir con las expectativas de los consumidores, quienes valoran cada vez más los productos que se cultivan de manera sostenible. A continuación, se presentan algunos de los beneficios clave de adoptar un manejo sostenible y la reducción de residuos en la producción de hortalizas.

Mejora de la Calidad del Suelo y Conservación de Recursos

El manejo adecuado de residuos, especialmente los residuos orgánicos, tiene un impacto positivo en la calidad del suelo y la conservación de recursos. Al reincorporar los residuos vegetales en el suelo mediante el compostaje o el uso de abonos orgánicos, los agricultores pueden mejorar la fertilidad del suelo y su capacidad para retener agua.

- **Aumento de la Fertilidad del Suelo:** Los residuos orgánicos, como restos de cultivos y productos descartados en la postcosecha, contienen nutrientes esenciales que pueden ser reciclados para enriquecer el suelo. Cuando estos residuos se transforman en compost, se convierten en un abono rico en nutrientes que mejora la estructura del suelo, aumenta la materia orgánica y promueve la actividad biológica. Esto permite reducir la dependencia de fertilizantes sintéticos, que pueden tener efectos negativos a largo plazo en la salud del suelo.
- **Conservación de Agua y Erosión Reducida:** El suelo que contiene materia orgánica derivada de residuos orgánicos tiene una mejor capacidad para retener agua, lo cual es especialmente importante en regiones donde el agua es escasa. Además, el uso de compost y cultivos de cobertura ayuda a prevenir la erosión del suelo, protegiendo sus nutrientes y mejorando su resiliencia frente a factores climáticos adversos. La reducción de la erosión contribuye a la conservación de la capa superficial del suelo, asegurando su productividad en el largo plazo.

Disminución del Impacto Ambiental

El manejo sostenible de residuos en la producción de hortalizas ayuda a disminuir el impacto ambiental de la agricultura al reducir la contaminación de los suelos, el agua y la atmósfera. Las prácticas de reducción de residuos minimizan la cantidad de desperdicios que terminan en vertederos o en el entorno natural, contribuyendo a una producción más limpia y respetuosa con el medio ambiente.

- **Reducción de Contaminantes y Lixiviación de Nutrientes:** Al evitar el uso excesivo de fertilizantes y pesticidas y al reciclar los residuos agrícolas, se reduce la cantidad de contaminantes que pueden filtrarse en el suelo y el agua. Los residuos de fertilizantes y pesticidas en el agua contribuyen a la contaminación de cuerpos de agua y pueden afectar negativamente la vida acuática. La reducción de estos contaminantes mediante prácticas sostenibles mejora la calidad del agua y minimiza el riesgo de eutrofización en ríos y lagos cercanos.
- **Menor Emisión de Gases de Efecto Invernadero:** Los residuos orgánicos que se desechan en vertederos generan emisiones de gases de efecto invernadero, como el metano, a medida que se

descomponen en ausencia de oxígeno. Al compostar los residuos en el mismo campo o reutilizarlos de manera sostenible, se evita la emisión de estos gases y se reduce la huella de carbono de la producción agrícola. Además, la aplicación de compost en el suelo ayuda a capturar carbono, contribuyendo a la mitigación del cambio climático.

Ahorro en Costos de Producción

El manejo sostenible de residuos permite a los productores reducir costos al maximizar el uso de recursos disponibles y minimizar la necesidad de insumos externos. Este ahorro es especialmente importante en el contexto actual, donde los precios de los fertilizantes, el agua y la energía son cada vez más altos.

- **Reducción de la Dependencia de Fertilizantes Químicos:** Al reciclar los residuos orgánicos y utilizarlos como compost, los agricultores pueden disminuir la cantidad de fertilizantes sintéticos que deben comprar. Esto no solo reduce los costos de producción, sino que también contribuye a una producción más sostenible al evitar la lixiviación de nutrientes y la acumulación de sales en el suelo. Además, el compost mejora la estructura del suelo y la capacidad de las plantas para absorber los nutrientes, lo que contribuye a un crecimiento más saludable y productivo.
- **Optimización del Uso de Insumos y Recursos:** Las prácticas de reducción de residuos, como el reciclaje de plásticos y la reutilización de sustratos en sistemas de cultivo sin suelo, permiten a los agricultores aprovechar mejor los insumos y reducir el volumen de materiales que deben comprar o desechar. La eficiencia en el uso de insumos contribuye a una producción más rentable y a un mejor control de los costos en el largo plazo.

Cumplimiento de Normativas y Mejora de la Imagen de Marca

Los consumidores y las regulaciones gubernamentales están cada vez más enfocados en la sostenibilidad y en la reducción de residuos en la producción de alimentos. Implementar prácticas de manejo sostenible de residuos no solo ayuda a los productores a cumplir con normativas ambientales, sino que también mejora su reputación y les permite diferenciarse en el mercado.

- **Cumplimiento de Normativas Ambientales:** Muchos países cuentan con regulaciones que exigen el manejo adecuado de residuos agrícolas y la reducción de la contaminación. Adoptar prácticas sostenibles permite a los productores cumplir con estas normativas y evitar posibles sanciones. Además, en algunos casos, los gobiernos ofrecen incentivos para aquellos productores que implementan prácticas de sostenibilidad, lo cual es una ventaja adicional.
- **Mejora de la Imagen de Marca y Satisfacción del Consumidor:** Los consumidores son cada vez más conscientes de la sostenibilidad y están dispuestos a pagar más por productos que se cultivan de manera responsable. Al implementar prácticas de manejo sostenible de residuos, los productores pueden comunicar su compromiso con el medio ambiente y atraer a consumidores que valoran la

sostenibilidad. Las certificaciones de sostenibilidad, como la agricultura orgánica o el comercio justo, también ayudan a mejorar la imagen de marca y a fortalecer la confianza del consumidor en el producto.

Incremento en la Productividad y Salud del Ecosistema Agrícola

El manejo adecuado de residuos promueve un ecosistema agrícola más saludable y resiliente, lo cual se traduce en una mayor productividad y en una producción de mejor calidad. Al proteger el suelo, conservar el agua y reducir la contaminación, los agricultores aseguran un entorno propicio para el crecimiento de sus cultivos.

- **Mayor Salud de las Plantas y Reducción de Enfermedades:** Los residuos orgánicos compostados y reincorporados al suelo aumentan la diversidad de microorganismos beneficiosos, lo cual mejora la resistencia de las plantas a enfermedades y plagas. Los suelos ricos en materia orgánica y microbiota son más equilibrados y menos susceptibles a enfermedades, lo que reduce la necesidad de pesticidas y mejora la salud de los cultivos.
- **Resiliencia Frente a Cambios Climáticos y Condiciones Adversas:** La mejora de la estructura del suelo y la conservación de los recursos contribuyen a una producción agrícola más resiliente frente a sequías, cambios de temperatura y otros factores climáticos adversos. Los suelos que han sido enriquecidos con compost y que contienen un alto nivel de materia orgánica retienen más agua y nutrientes, lo cual permite que los cultivos se adapten mejor a condiciones difíciles y mantengan su rendimiento en tiempos de estrés hídrico.

6. Implementación de Programas de Responsabilidad Social y Sostenibilidad

La implementación de programas de responsabilidad social y sostenibilidad en la producción agrícola es fundamental para responder a las crecientes demandas de consumidores, comunidades y reguladores que valoran el compromiso con el medio ambiente y el bienestar social. Los programas de responsabilidad social y sostenibilidad no solo ayudan a reducir el impacto ambiental de la agricultura, sino que también mejoran la calidad de vida de los trabajadores agrícolas, apoyan a las comunidades locales y fortalecen la imagen y competitividad de la empresa en el mercado. A continuación, se describen los pasos clave para implementar programas efectivos de responsabilidad social y sostenibilidad en la producción de hortalizas y sus beneficios.

Evaluación y Planificación de Objetivos de Sostenibilidad

La implementación de un programa de sostenibilidad comienza con una evaluación inicial para identificar las áreas clave de impacto y las oportunidades de mejora en el proceso de producción. Este diagnóstico permite establecer objetivos claros y medibles que guiarán las acciones de sostenibilidad y responsabilidad social de la empresa.

- **Identificación de Áreas de Impacto y Oportunidades de Mejora:** Es importante analizar todas las etapas del proceso de producción agrícola, desde el consumo de agua y energía hasta el manejo de residuos y las condiciones laborales. Este análisis permite identificar los aspectos con mayor impacto ambiental y social y establecer prioridades de acción. Por ejemplo, si el uso de agua es una preocupación importante, un objetivo de sostenibilidad podría ser reducir el consumo mediante la implementación de sistemas de riego eficientes.
- **Establecimiento de Objetivos SMART:** Los objetivos del programa deben ser específicos, medibles, alcanzables, relevantes y temporales (SMART). Estos objetivos pueden incluir metas como reducir el uso de agroquímicos en un 20% en los próximos tres años, o asegurar que el 90% de los empleados reciban capacitación en prácticas sostenibles. Los objetivos claros permiten evaluar el progreso y ajustar las estrategias en función de los resultados.

Capacitación y Compromiso del Personal

El éxito de un programa de responsabilidad social y sostenibilidad depende del compromiso y la participación de todo el equipo de trabajo. La capacitación en prácticas sostenibles y el fomento de una cultura de responsabilidad social son fundamentales para que los empleados comprendan la importancia de estos programas y contribuyan activamente a su implementación.

- **Capacitación en Prácticas Sostenibles y Responsabilidad Social:** La capacitación debe cubrir temas como el uso eficiente de agua y energía, el manejo adecuado de residuos, la reducción de agroquímicos y las prácticas de higiene y seguridad en el trabajo. Además, es importante que el personal entienda cómo su trabajo impacta en la sostenibilidad general de la empresa. La capacitación periódica permite que los trabajadores mantengan sus conocimientos actualizados y participen activamente en la mejora continua de los procesos.
- **Promoción de una Cultura de Responsabilidad y Participación Activa:** Fomentar una cultura de sostenibilidad significa que todos los empleados se sientan parte del programa y comprendan su papel en la protección del medio ambiente y en el bienestar de la comunidad. Esto se puede lograr promoviendo el liderazgo interno, reconociendo los esfuerzos de los empleados y creando canales de comunicación donde puedan compartir ideas para mejorar las prácticas sostenibles. La participación activa fortalece el compromiso del equipo y asegura que las acciones de responsabilidad social y sostenibilidad sean efectivas y sostenibles a largo plazo.

Implementación de Prácticas Agrícolas Sostenibles

Los programas de sostenibilidad deben incluir prácticas agrícolas que reduzcan el impacto ambiental y optimicen el uso de recursos. Estas prácticas permiten una producción más eficiente y respetuosa con el medio ambiente y responden a la demanda de productos cultivados de manera responsable.

- **Uso Eficiente del Agua y Energía:** El agua y la energía son recursos fundamentales en la producción agrícola, y su manejo eficiente es esencial para reducir el impacto ambiental. La implementación de sistemas de riego por goteo, la recolección de aguas pluviales y el uso de paneles solares para iluminación y calefacción en invernaderos son prácticas que optimizan el consumo de recursos y disminuyen la huella ambiental de la producción.

- **Reducción y Manejo de Residuos:** Los residuos generados en la producción de hortalizas, como restos de cultivos, plásticos agrícolas y envases de agroquímicos, deben gestionarse adecuadamente. El compostaje de residuos orgánicos, el reciclaje de plásticos y la participación en programas de recolección de envases de agroquímicos son estrategias que contribuyen a la sostenibilidad y reducen la contaminación del medio ambiente. El manejo adecuado de residuos también permite a los agricultores reducir costos al optimizar el uso de insumos.

Enfoque en el Bienestar y Desarrollo de los Trabajadores

Un aspecto clave de la responsabilidad social es asegurar que los empleados agrícolas trabajen en condiciones seguras, reciban salarios justos y tengan acceso a oportunidades de desarrollo personal y profesional. Esto no solo mejora la calidad de vida de los trabajadores, sino que también aumenta la productividad y reduce la rotación de personal.

- **Condiciones de Trabajo Seguras y Justas:** La implementación de prácticas de higiene y seguridad en el lugar de trabajo es esencial para prevenir accidentes y proteger la salud de los empleados. Esto incluye la provisión de equipo de protección personal, capacitación en seguridad y protocolos claros en el uso de agroquímicos. Además, los salarios y beneficios deben ser competitivos y justos, garantizando que los trabajadores tengan una fuente de ingresos estable y sostenible.
- **Capacitación y Desarrollo Profesional:** La formación continua y la creación de oportunidades de crecimiento para los empleados son elementos fundamentales de un programa de responsabilidad social. La capacitación en nuevas técnicas de producción y en habilidades de liderazgo no solo aumenta la eficiencia de la producción, sino que también mejora la satisfacción de los empleados y fortalece la lealtad hacia la empresa.

Apoyo a la Comunidad Local y Relaciones Positivas

La responsabilidad social también incluye el compromiso con el bienestar de las comunidades vecinas, especialmente en áreas rurales donde la agricultura es una fuente de empleo y recursos. Las empresas agrícolas pueden contribuir al desarrollo local a través de programas de apoyo comunitario, inversiones en infraestructura y la participación en iniciativas sociales.

- **Proyectos de Infraestructura y Educación:** La inversión en infraestructura básica, como caminos, sistemas de agua potable o instalaciones educativas, mejora la calidad de vida en la comunidad y fortalece las relaciones con la empresa agrícola. Además, los programas educativos, como talleres sobre técnicas de agricultura sostenible o salud y nutrición, pueden beneficiar a la comunidad y fomentar el desarrollo local.

- **Fomento del Comercio Local y Responsabilidad Social Compartida:** Las empresas agrícolas también pueden promover el comercio local al colaborar con proveedores y distribuidores de la región, impulsando la economía local. Además, la colaboración en iniciativas comunitarias, como campañas de reforestación o jornadas de limpieza, fortalece la relación con la comunidad y crea un sentido compartido de responsabilidad hacia el medio ambiente y el bienestar social.

Monitoreo, Evaluación y Comunicación de Resultados

El monitoreo y la evaluación son esenciales para medir el progreso del programa de sostenibilidad y hacer ajustes cuando sea necesario. Además, la transparencia en la comunicación de los resultados fortalece la reputación de la empresa y demuestra su compromiso con la responsabilidad social y la sostenibilidad.

- **Evaluación de Resultados y Mejora Continua:** Los programas de sostenibilidad deben ser monitoreados y evaluados de manera regular para medir su efectividad y hacer ajustes. Las métricas de sostenibilidad, como la reducción en el uso de agua, la disminución de residuos o el número de trabajadores capacitados, permiten evaluar el progreso en relación con los objetivos establecidos. La mejora continua asegura que el programa se mantenga relevante y efectivo a lo largo del tiempo.
- **Transparencia y Comunicación con los Consumidores y la Comunidad:** La comunicación de los logros y resultados del programa de sostenibilidad permite a la empresa mostrar su compromiso y atraer a consumidores que valoran la responsabilidad social.

Capítulo 12

Gestión de Recursos Humanos y Liderazgo

El módulo "Gestión de Recursos Humanos y Liderazgo" es fundamental en la formación de *growers* y gestores de producción agrícola en ambientes controlados, ya que las personas son el recurso más valioso de cualquier operación. Una gestión eficaz del personal y un liderazgo adecuado no solo mejoran el rendimiento del equipo, sino que también contribuyen al éxito de la producción, optimizan el uso de recursos y fomentan un ambiente de trabajo positivo y motivador. Este módulo se centra en las habilidades necesarias para liderar equipos, promover la comunicación efectiva, resolver conflictos, y establecer una cultura organizacional orientada a la mejora continua y la sostenibilidad.

1. Importancia de la Gestión de Recursos Humanos en la Agricultura en Ambientes Controlados

La gestión de recursos humanos (RRHH) en la agricultura en ambientes controlados es un factor crucial para el éxito de este tipo de producción. Los sistemas agrícolas en ambientes controlados, como invernaderos, hidroponía y sistemas de cultivo vertical, requieren conocimientos técnicos especializados y un manejo eficiente de procesos que dependen directamente de un equipo de trabajo capacitado y motivado. La gestión adecuada de los recursos humanos en estos entornos no solo mejora la productividad y calidad del trabajo, sino que también impacta positivamente en la rentabilidad y sostenibilidad del sistema productivo. A continuación, se analizan las razones por las cuales la gestión de recursos humanos es vital en la agricultura en ambientes controlados y cómo contribuye al éxito de las operaciones agrícolas modernas.

Adaptación a la Tecnología y Complejidad de los Sistemas de Producción

La agricultura en ambientes controlados utiliza tecnologías avanzadas para gestionar variables como temperatura, humedad, luz y nutrientes, que son esenciales para el crecimiento óptimo de las plantas. La gestión de estos sistemas depende de personal que tenga las habilidades técnicas necesarias para operar y mantener los equipos, además de poder interpretar datos y tomar decisiones en tiempo real.

- **Capacitación Técnica Continua:** La agricultura en ambientes controlados exige una capacitación constante en el uso y mantenimiento de tecnologías específicas, como sistemas de riego automatizado, sensores de monitoreo ambiental y equipos de climatización. La gestión de recursos humanos en este contexto implica proporcionar formación regular para que los trabajadores se mantengan actualizados en el manejo de estas herramientas. Una fuerza laboral bien capacitada permite optimizar el uso de la tecnología, reduciendo errores y mejorando la eficiencia en la producción.
- **Especialización en Funciones y Roles Clave:** Dado el nivel de tecnificación y la precisión requerida en estos entornos, es importante que el equipo de trabajo esté especializado en áreas específicas, como control de clima, fertirrigación, monitoreo de plagas y gestión de calidad. La gestión

de recursos humanos permite definir roles y asignar a cada trabajador tareas en las que se pueda especializar, lo cual incrementa la eficiencia operativa y asegura que cada aspecto del proceso productivo esté controlado de manera óptima.

Productividad y Motivación de los Trabajadores

Un equipo de trabajo motivado y comprometido es esencial para mantener la productividad en la agricultura en ambientes controlados. Los entornos de trabajo de este tipo de agricultura pueden ser exigentes, ya que requieren atención constante a los detalles, monitoreo de sistemas y capacidad para reaccionar rápidamente ante cambios en las condiciones ambientales o en el estado de las plantas.

- **Desarrollo de Incentivos y Programas de Reconocimiento:** La gestión de recursos humanos permite implementar programas de incentivos y reconocimiento que motiven a los trabajadores a alcanzar altos niveles de rendimiento. Estos incentivos pueden ser económicos, como bonos por cumplimiento de metas de producción, o pueden centrarse en el desarrollo profesional, ofreciendo oportunidades de capacitación y promoción interna. Los programas de reconocimiento no solo aumentan la motivación, sino que también fomentan la retención de talento en un sector donde la experiencia y el conocimiento son fundamentales.
- **Creación de un Ambiente Laboral Satisfactorio y Seguro:** La agricultura en ambientes controlados implica trabajar en espacios cerrados, que pueden ser calurosos o húmedos, dependiendo de los sistemas utilizados. La gestión de recursos humanos tiene un rol clave en crear condiciones de trabajo seguras y cómodas, con medidas de protección y equipos adecuados. Proporcionar un entorno de trabajo seguro y agradable es fundamental para reducir el ausentismo, prevenir accidentes y asegurar que los trabajadores se sientan valorados y comprometidos.

Mejora de la Calidad y Consistencia del Producto

La calidad del producto en la agricultura en ambientes controlados depende en gran medida de la habilidad del equipo de trabajo para seguir procedimientos estandarizados y asegurar la uniformidad en cada etapa del proceso de cultivo. Una gestión de recursos humanos eficiente contribuye a la estandarización de prácticas y al control de calidad, lo que se traduce en productos de alta calidad y consistencia.

- **Implementación de Procedimientos Estandarizados:** La gestión de recursos humanos permite definir y comunicar procedimientos claros para cada tarea, desde la siembra hasta la cosecha y el empaque. Estos procedimientos garantizan que todos los trabajadores sigan las mismas prácticas, lo cual es esencial para producir hortalizas y otros productos agrícolas con características uniformes. La estandarización de prácticas es especialmente importante en mercados que exigen altos estándares de calidad y trazabilidad.
- **Capacitación en Gestión de Calidad y Buenas Prácticas Agrícolas:** La capacitación en gestión de calidad permite que los trabajadores comprendan la importancia de seguir protocolos que

aseguren la seguridad e inocuidad de los productos. Además, las Buenas Prácticas Agrícolas (BPA) y las Buenas Prácticas de Higiene (BPH) son esenciales en la agricultura en ambientes controlados, donde la manipulación cuidadosa es clave para evitar la contaminación. La gestión de recursos humanos que prioriza la capacitación en calidad contribuye a minimizar pérdidas y garantiza productos de alta calidad que cumplen con las expectativas del mercado.

Sostenibilidad y Uso Eficiente de los Recursos

La agricultura en ambientes controlados tiene el potencial de ser más sostenible que la agricultura tradicional, pero esto depende de la eficiencia en el uso de recursos como agua, energía y nutrientes. La gestión de recursos humanos desempeña un papel fundamental al fomentar prácticas sostenibles y al capacitar al equipo en la optimización de recursos.

- **Formación en el Uso Racional de Insumos y Tecnologías de Ahorro de Recursos:** La capacitación en el uso adecuado de sistemas de riego, control de nutrientes y tecnologías de eficiencia energética ayuda a los trabajadores a realizar un uso óptimo de los recursos, reduciendo el desperdicio y mejorando la sostenibilidad de la producción. Al enseñar a los empleados a utilizar los sistemas de manera eficiente, la empresa no solo reduce costos, sino que también minimiza el impacto ambiental de sus operaciones.
- **Fomento de una Cultura de Sostenibilidad:** La gestión de recursos humanos permite promover una cultura de sostenibilidad entre los empleados, fomentando el compromiso con prácticas responsables y el uso racional de recursos. Esto puede incluir programas de reciclaje en el lugar de trabajo, reducción de residuos y participación en iniciativas de responsabilidad ambiental. La cultura de sostenibilidad beneficia tanto a la empresa como al medio ambiente, y es cada vez más valorada por los consumidores.

Innovación y Adaptabilidad

La agricultura en ambientes controlados es un sector dinámico en el que las tecnologías y técnicas de cultivo avanzan rápidamente. La gestión de recursos humanos permite a la empresa adaptarse a estos cambios, fomentando la innovación y la capacidad del equipo para aprender y aplicar nuevas tecnologías.

- **Capacitación en Nuevas Tecnologías y Técnicas de Cultivo:** La agricultura en ambientes controlados implica la adopción continua de innovaciones, como la automatización, el monitoreo mediante sensores y el uso de datos para la toma de decisiones. La gestión de recursos humanos debe enfocarse en capacitar al equipo para que domine estas herramientas y esté preparado para aplicar las mejores prácticas en su trabajo diario. Esto mejora la adaptabilidad del equipo ante cambios en los procesos y garantiza que la empresa se mantenga competitiva en el mercado.
- **Fomento de la Innovación y la Mejora Continua:** La gestión de recursos humanos también puede promover la innovación interna, alentando a los trabajadores a proponer mejoras y optimizar sus

tareas diarias. Esto se puede lograr mediante la implementación de programas de mejora continua y la creación de un ambiente en el que los empleados se sientan libres de compartir sus ideas. La innovación constante es clave para mejorar la eficiencia y competitividad en un sector donde el cambio es constante.

2. Habilidades Clave para el Liderazgo en la Producción Agrícola

El liderazgo en la producción agrícola en ambientes controlados es fundamental para coordinar equipos de trabajo, optimizar procesos y garantizar que las operaciones se realicen de manera eficiente y sostenible. Dado que la producción en estos entornos implica el uso de tecnologías avanzadas, una planificación rigurosa y el manejo de recursos limitados, el líder debe contar con habilidades específicas que le permitan gestionar equipos diversos, adaptarse a cambios y fomentar un ambiente de trabajo productivo. A continuación, se describen las habilidades clave que todo líder en la producción agrícola en ambientes controlados debe desarrollar para alcanzar el éxito en este campo.

Conocimiento Técnico y Capacidad de Aprendizaje Continuo

La producción agrícola en ambientes controlados, como los invernaderos y sistemas hidropónicos, utiliza tecnologías y técnicas avanzadas que requieren un conocimiento especializado. Un buen líder debe tener un conocimiento técnico sólido y estar dispuesto a aprender continuamente, ya que las innovaciones en el sector son constantes.

- **Dominio de Tecnologías Agrícolas y Sistemas de Control:** Un líder en este campo debe comprender el funcionamiento de sistemas de riego, control de clima, sensores de monitoreo y otros equipos tecnológicos utilizados en la producción en ambientes controlados. Este conocimiento le permite no solo supervisar las operaciones de manera efectiva, sino también resolver problemas técnicos que puedan surgir y orientar al equipo en el uso adecuado de estas herramientas.
- **Capacidad de Adaptación a Nuevas Tecnologías:** La tecnología en la agricultura controlada evoluciona rápidamente, y un líder debe estar dispuesto a capacitarse y adoptar nuevas prácticas que puedan mejorar la eficiencia y productividad del equipo. La disposición a aprender y adaptarse permite al líder mantenerse actualizado y aplicar las mejores prácticas en su área, lo cual es esencial en un entorno tan dinámico.

Habilidades de Comunicación y Trabajo en Equipo

Un líder en la producción agrícola debe ser un comunicador eficaz, capaz de transmitir objetivos, instrucciones y retroalimentación de manera clara y motivadora. La producción en ambientes controlados implica la colaboración de un equipo diverso, y el líder debe ser capaz de fomentar una comunicación abierta y efectiva.

- **Comunicación Clara y Motivadora:** El líder debe ser capaz de comunicar claramente los objetivos, procedimientos y expectativas a su equipo. Además de la claridad, la comunicación debe ser motivadora para que los trabajadores se sientan comprometidos con los objetivos de la empresa. La habilidad para motivar es fundamental, ya que fomenta un ambiente positivo y mejora el rendimiento de cada miembro del equipo.
- **Fomento del Trabajo en Equipo:** La producción en ambientes controlados requiere la colaboración de personas con habilidades diversas, desde técnicos en sistemas de riego hasta trabajadores de campo y encargados de calidad. El líder debe ser capaz de coordinar estos esfuerzos, promover la cooperación y resolver conflictos cuando surjan. La habilidad para construir un equipo cohesionado y asegurar que todos trabajen hacia una meta común es esencial para el éxito en este tipo de producción.

Toma de Decisiones Basada en Datos

En la agricultura en ambientes controlados, las decisiones deben ser informadas y basadas en datos para optimizar el uso de recursos y asegurar la calidad del producto. La capacidad de analizar información, evaluar opciones y tomar decisiones es una habilidad clave para los líderes en este sector.

- **Interpretación y Análisis de Datos:** Un líder en este campo debe ser capaz de interpretar datos provenientes de sensores de clima, sistemas de riego y monitoreo de nutrientes, entre otros. Estos datos proporcionan información valiosa sobre las condiciones de cultivo y el estado de las plantas. Un buen líder utiliza esta información para tomar decisiones informadas sobre riego, fertilización y otras variables, maximizando la eficiencia y minimizando el desperdicio de recursos.
- **Toma de Decisiones Ágil y Responsable:** En ambientes controlados, los cambios en las condiciones de cultivo pueden requerir decisiones rápidas para evitar pérdidas de producción o impactos negativos en el rendimiento. Un líder debe ser capaz de reaccionar de manera oportuna y responsable, considerando los efectos a corto y largo plazo de sus decisiones. La capacidad de evaluar opciones de manera ágil y prudente es crucial para manejar situaciones de presión y asegurar la continuidad de la producción.

Enfoque en la Sostenibilidad y Responsabilidad Ambiental

La producción en ambientes controlados permite un uso más eficiente de los recursos, pero también requiere una gestión responsable para minimizar el impacto ambiental. Un buen líder debe tener una mentalidad sostenible y ser capaz de implementar prácticas que reduzcan el desperdicio y optimicen el uso de insumos.

- **Conocimiento de Prácticas Sostenibles:** Un líder en la producción agrícola en ambientes controlados debe conocer y promover prácticas sostenibles, como el riego eficiente, la reducción de residuos y el uso racional de fertilizantes y pesticidas. Al aplicar estas prácticas, el líder contribuye a la

sostenibilidad del sistema de producción y responde a la demanda de consumidores que buscan productos cultivados de manera responsable.
- **Fomento de una Cultura de Sostenibilidad en el Equipo:** La responsabilidad ambiental no solo depende del líder, sino de cada miembro del equipo. Por eso, el líder debe fomentar una cultura de sostenibilidad en el lugar de trabajo, educando al equipo sobre la importancia de reducir el impacto ambiental y motivándolos a participar en iniciativas de conservación de recursos. Este enfoque fortalece el compromiso del equipo con la sostenibilidad y contribuye a un sistema de producción más respetuoso con el entorno.

Habilidad para Resolver Problemas y Manejar el Estrés

El entorno de producción en ambientes controlados puede ser exigente y presentar desafíos técnicos y operativos inesperados. La habilidad para resolver problemas de manera efectiva y mantener la calma bajo presión es una característica esencial para un líder en este sector.

- **Análisis y Solución de Problemas Técnicos y Operativos:** Los problemas en la producción pueden surgir en cualquier momento, desde fallas en los sistemas de riego hasta cambios inesperados en las condiciones ambientales. Un buen líder debe ser capaz de identificar rápidamente la causa de un problema y tomar medidas para resolverlo de manera eficiente. La capacidad para analizar situaciones y encontrar soluciones efectivas minimiza el impacto de los problemas en la producción y ayuda a evitar pérdidas.
- **Manejo del Estrés y Capacidad de Recuperación:** La producción en ambientes controlados puede ser intensa, especialmente en momentos de alta demanda o cuando surgen imprevistos. Un líder debe ser capaz de manejar el estrés y mantener la calma, tanto para tomar decisiones informadas como para transmitir tranquilidad al equipo. La habilidad para mantener el control en situaciones de presión es esencial para asegurar un ambiente de trabajo estable y positivo.

Habilidades de Gestión de Proyectos y Planificación

La agricultura en ambientes controlados requiere una planificación cuidadosa y una gestión eficiente de recursos y tareas. Un líder en este campo debe ser capaz de planificar y coordinar cada etapa del proceso de producción para optimizar el tiempo y los recursos.

- **Planificación de Ciclos de Producción:** El líder debe ser capaz de planificar los ciclos de producción de manera eficiente, coordinando la siembra, el riego, la fertilización y la cosecha para asegurar que los cultivos alcancen su máximo rendimiento. Esta habilidad permite aprovechar al máximo las instalaciones y mantener una producción constante de acuerdo con la demanda del mercado.
- **Gestión de Recursos y Optimización de Procesos:** La agricultura en ambientes controlados requiere una gestión precisa de recursos como el agua, la energía y los insumos agrícolas. Un líder efectivo debe saber cómo asignar estos recursos de manera óptima y buscar continuamente

oportunidades para mejorar los procesos. La gestión eficiente de los recursos es clave para reducir costos y mejorar la rentabilidad del sistema de producción.

3. Estrategias para la Gestión Eficiente de Recursos Humanos

La gestión eficiente de los recursos humanos en la producción agrícola en ambientes controlados es fundamental para maximizar la productividad, asegurar la calidad del producto y promover un ambiente de trabajo positivo y sostenible. En un entorno de producción que utiliza tecnologías avanzadas y exige un alto nivel de precisión y conocimiento técnico, la gestión de recursos humanos debe enfocarse en la capacitación continua, la motivación del personal y el desarrollo de una cultura de trabajo colaborativa. A continuación, se presentan algunas estrategias clave para gestionar de manera eficiente los recursos humanos en la agricultura en ambientes controlados.

Capacitación Continua y Desarrollo de Habilidades Técnicas

La producción agrícola en ambientes controlados implica el uso de tecnologías avanzadas y sistemas de monitoreo, por lo que la capacitación continua es esencial para asegurar que los trabajadores comprendan y utilicen adecuadamente las herramientas a su disposición. La inversión en capacitación es una de las mejores estrategias para mejorar la productividad y minimizar los errores operativos.

- **Programas de Capacitación Técnica:** La capacitación en el uso de sistemas de riego automatizado, sensores de clima, sistemas de fertirrigación y control de plagas es esencial para que los trabajadores puedan operar y mantener los equipos de manera eficiente. Además, los programas de capacitación deben incluir el manejo de software de monitoreo y análisis de datos, que permite a los trabajadores tomar decisiones basadas en información precisa. La capacitación técnica asegura que el equipo tenga las habilidades necesarias para mantener el sistema de producción funcionando de manera óptima.
- **Desarrollo de Habilidades Blandas y Trabajo en Equipo:** Además de las habilidades técnicas, es importante capacitar a los empleados en habilidades blandas, como la comunicación, la resolución de problemas y el trabajo en equipo. Estas habilidades son esenciales para mantener un ambiente de trabajo armonioso y facilitar la cooperación entre los miembros del equipo. La capacitación en habilidades blandas también contribuye a mejorar la satisfacción laboral y a reducir la rotación de personal, lo cual es especialmente importante en un sector que requiere conocimiento técnico especializado.

Definición Clara de Roles y Responsabilidades

En un sistema de producción agrícola en ambientes controlados, cada tarea y cada proceso son interdependientes y requieren de una ejecución precisa. Una de las estrategias clave para gestionar eficientemente los recursos humanos es definir roles y responsabilidades de manera clara, de modo que cada trabajador comprenda sus tareas y sepa cómo contribuye al éxito de la operación.

- **Establecimiento de Descripciones de Puestos:** Cada puesto debe tener una descripción detallada que incluya las tareas específicas, las competencias requeridas y los objetivos de rendimiento. Esto facilita la selección de personal adecuado y asegura que cada trabajador tenga claridad sobre sus responsabilidades. Las descripciones de puestos también son útiles para la evaluación del rendimiento y la identificación de oportunidades de capacitación o mejora.
- **Asignación de Roles Especializados:** La agricultura en ambientes controlados requiere de una serie de roles especializados, como técnicos en control de clima, operadores de sistemas de riego, inspectores de calidad y especialistas en monitoreo de plagas. La asignación de roles específicos y la creación de equipos especializados en diferentes áreas permiten una mayor eficiencia en la producción y aseguran que cada aspecto del proceso esté bajo control. La especialización de roles también permite a los empleados desarrollar experiencia en sus áreas y mejorar continuamente en sus tareas.

Fomento de la Motivación y el Compromiso del Personal

La motivación y el compromiso del personal son factores críticos para mantener una alta productividad y garantizar que los trabajadores realicen sus tareas con dedicación y esmero. En un ambiente de producción agrícola controlado, donde el éxito depende del esfuerzo colectivo, es esencial implementar estrategias que fomenten la motivación y el sentido de pertenencia.

- **Programas de Incentivos y Reconocimiento:** El reconocimiento y la recompensa por el trabajo bien hecho son importantes para mantener motivado al equipo. Los programas de incentivos, como bonos por cumplimiento de objetivos, recompensas por asistencia perfecta o premios por rendimiento, son estrategias efectivas para mantener altos niveles de compromiso. Además, el reconocimiento no siempre tiene que ser monetario; las menciones en reuniones de equipo o los agradecimientos públicos también son formas de mostrar aprecio por el esfuerzo del personal.
- **Desarrollo de Oportunidades de Crecimiento y Promoción Interna:** Ofrecer oportunidades de crecimiento y desarrollo profesional contribuye a que los empleados se sientan valorados y motivados. La promoción interna, es decir, el ascenso de personal dentro de la empresa, es una estrategia que refuerza el compromiso de los trabajadores y reduce la rotación. Cuando los empleados ven que tienen posibilidades de avanzar en la empresa, se esfuerzan más en su trabajo y se muestran dispuestos a invertir en su propio desarrollo y en el éxito de la operación.

Creación de un Ambiente Laboral Seguro y Saludable

La creación de un ambiente laboral seguro y saludable es fundamental para proteger a los trabajadores y garantizar un entorno de trabajo productivo y sostenible. En un ambiente controlado, donde los trabajadores pueden estar expuestos a condiciones como humedad elevada, uso de productos químicos o calor, es esencial implementar medidas de seguridad que promuevan el bienestar.

- **Implementación de Protocolos de Seguridad y Salud Ocupacional:** Es necesario establecer protocolos de seguridad que incluyan el uso de equipo de protección personal, el manejo adecuado de productos químicos y procedimientos de primeros auxilios. La capacitación en seguridad es fundamental para que los trabajadores comprendan los riesgos asociados a su trabajo y sepan cómo protegerse. Además, el cumplimiento de normativas de seguridad laboral contribuye a reducir el ausentismo y el riesgo de accidentes.
- **Creación de un Entorno Laboral Saludable:** Además de la seguridad, un entorno saludable implica condiciones de trabajo que minimicen el estrés y promuevan el bienestar físico y mental de los empleados. Proporcionar descansos adecuados, ofrecer acceso a agua potable, asegurar una ventilación adecuada y promover el respeto y la igualdad en el lugar de trabajo son estrategias que mejoran la satisfacción de los trabajadores y contribuyen a un ambiente de trabajo positivo.

Monitoreo y Evaluación del Desempeño

El monitoreo y evaluación del desempeño permite identificar áreas de mejora, reconocer logros y asegurar que cada miembro del equipo esté cumpliendo con sus responsabilidades. La evaluación continua es esencial en un entorno de producción donde la precisión y la eficiencia son clave.

- **Establecimiento de Indicadores de Desempeño Clave (KPI):** Los indicadores de desempeño clave, o KPI, permiten medir la efectividad y productividad de los trabajadores en relación con los objetivos de la empresa. Estos indicadores pueden incluir métricas como eficiencia en el uso de recursos, cumplimiento de metas de producción, calidad del producto y puntualidad en las tareas. Los KPI son una herramienta útil para brindar retroalimentación a los empleados y ayudarlos a mejorar en sus áreas de desempeño.
- **Feedback Regular y Oportunidades de Mejora:** La retroalimentación constructiva es fundamental para mejorar el rendimiento y motivar a los empleados a seguir creciendo. Los líderes deben brindar feedback regular a los empleados, tanto para reconocer logros como para señalar áreas de mejora. La retroalimentación efectiva permite que los trabajadores comprendan en qué deben enfocarse para mejorar su desempeño y los motiva a esforzarse en su desarrollo profesional.

Fomento de una Cultura Organizacional Positiva

Una cultura organizacional positiva es la base de un ambiente de trabajo productivo y armonioso. Fomentar valores de respeto, colaboración y compromiso con la sostenibilidad permite que los trabajadores se sientan parte de una comunidad y se comprometan con los objetivos de la empresa.

- **Promoción de Valores de Sostenibilidad y Responsabilidad:** En un contexto donde la sostenibilidad es cada vez más importante, fomentar valores de responsabilidad ambiental y uso racional de recursos ayuda a crear un sentido de propósito compartido entre los empleados. Los programas de sostenibilidad, como el reciclaje y la reducción de residuos, no solo benefician al medio ambiente, sino que también refuerzan el compromiso del equipo con una misión más amplia.

- **Fomento de la Colaboración y el Trabajo en Equipo:** La colaboración entre miembros del equipo es esencial en un entorno de producción agrícola en ambientes controlados. Los líderes deben promover actividades que fortalezcan el trabajo en equipo, como reuniones de integración, sesiones de brainstorming y actividades de resolución de problemas en grupo. La colaboración permite a los trabajadores compartir ideas, aprender unos de otros y mejorar la eficiencia del proceso productivo.

4. Fomento de una Cultura Organizacional de Excelencia y Sostenibilidad

El fomento de una cultura organizacional de excelencia y sostenibilidad en la producción agrícola es fundamental para asegurar la competitividad y el éxito a largo plazo de las operaciones en ambientes controlados, como invernaderos, sistemas hidropónicos y cultivos verticales. La adopción de una cultura organizacional sólida, donde los valores de calidad, responsabilidad ambiental y mejora continua sean prioritarios, permite a las empresas agrícolas optimizar sus procesos, reducir el impacto ambiental y fortalecer la lealtad y motivación de su equipo. A continuación, se detallan las estrategias clave para fomentar una cultura organizacional de excelencia y sostenibilidad en el contexto agrícola y los beneficios que esta cultura aporta al sistema productivo.

Definición y Comunicación Clara de Valores Organizacionales

Una cultura de excelencia y sostenibilidad comienza con la definición clara de los valores organizacionales que guían el comportamiento de todos los miembros de la empresa. Estos valores deben reflejar el compromiso con la calidad, la responsabilidad ambiental, el respeto y la innovación, y deben ser comunicados de manera efectiva para que todos en la organización los comprendan y adopten.

- **Establecimiento de Valores de Calidad y Sostenibilidad:** Los valores organizacionales deben incluir principios de excelencia en la producción, atención al detalle, optimización de recursos y reducción de residuos. La sostenibilidad, entendida como el uso eficiente de insumos, el manejo adecuado de residuos y el respeto por el medio ambiente, debe ser un valor fundamental que guíe todas las decisiones y acciones de la organización.
- **Comunicación Continua y Ejemplo desde el Liderazgo:** La comunicación de estos valores debe ser constante y efectiva, utilizando canales como reuniones, boletines informativos y carteles en áreas de trabajo. Además, el liderazgo debe ser un modelo de estos valores; los gerentes y supervisores deben demostrar en sus acciones diarias el compromiso con la calidad y la sostenibilidad. Cuando el equipo ve que los líderes practican los valores organizacionales, es más probable que los adopten y los integren en su propio trabajo.

Promoción de la Mejora Continua y la Innovación

Una cultura organizacional de excelencia y sostenibilidad debe estar orientada a la mejora continua y la innovación. En un entorno de producción agrícola en ambientes controlados, donde la tecnología y las prácticas avanzan rápidamente, la capacidad de adaptarse y optimizar los procesos es esencial para mantener la competitividad.

- **Fomento de la Mejora Continua a Través de Capacitación y Evaluación:** La mejora continua implica que cada miembro del equipo busque formas de optimizar su trabajo y mejorar los resultados. Esto puede lograrse mediante programas de capacitación que actualicen las habilidades de los trabajadores y evaluaciones de desempeño que ofrezcan retroalimentación sobre áreas de mejora. Además, la implementación de metodologías de mejora continua, como el ciclo de Deming (Plan-Do-Check-Act), permite identificar y corregir ineficiencias en el proceso de producción.
- **Incentivo a la Innovación y Creatividad del Personal:** La innovación es clave en la agricultura en ambientes controlados, donde nuevas tecnologías y métodos de cultivo pueden transformar la eficiencia y sostenibilidad de las operaciones. Fomentar la innovación significa crear un entorno donde los empleados se sientan libres de proponer ideas y experimentar con nuevas prácticas. Esto puede lograrse mediante la creación de espacios de brainstorming, sesiones de innovación y recompensas para aquellos empleados que implementen mejoras exitosas. Una cultura que valora la creatividad impulsa a los trabajadores a encontrar soluciones innovadoras y a contribuir activamente al desarrollo de la empresa.

Fomento del Compromiso con la Sostenibilidad y el Medio Ambiente

La sostenibilidad es un componente esencial de la cultura organizacional en la producción agrícola moderna. Promover un compromiso con la sostenibilidad significa que todos los empleados comprendan la importancia de reducir el impacto ambiental de las operaciones y se sientan responsables de contribuir a prácticas sostenibles.

- **Educación Ambiental y Capacitación en Prácticas Sostenibles:** La educación ambiental es clave para que los trabajadores comprendan el impacto de sus acciones en el entorno. Capacitar al equipo en el uso eficiente del agua, la reducción de residuos, el reciclaje y el manejo responsable de agroquímicos es fundamental para fomentar una cultura de sostenibilidad. Además, implementar programas de formación sobre sostenibilidad permite que los empleados conozcan las mejores prácticas y se mantengan actualizados en técnicas que promuevan el cuidado del medio ambiente.
- **Implementación de Programas de Reciclaje y Reducción de Residuos:** Los programas de reciclaje y la gestión de residuos son estrategias prácticas que demuestran el compromiso de la organización con la sostenibilidad. Establecer puntos de reciclaje en áreas clave, reducir el uso de plásticos y fomentar el compostaje de residuos orgánicos son prácticas que pueden integrarse en las operaciones diarias. Estos programas no solo ayudan a reducir el impacto ambiental, sino que también fortalecen el sentido de responsabilidad de los empleados hacia el entorno.

Creación de un Entorno de Trabajo Colaborativo y Respetuoso

Una cultura organizacional de excelencia y sostenibilidad se basa en el respeto y la colaboración. La producción en ambientes controlados requiere de un equipo bien coordinado, donde cada miembro cumpla con su rol y colabore para lograr los objetivos comunes.

- **Fomento del Trabajo en Equipo y la Cooperación:** La colaboración entre los miembros del equipo es esencial para asegurar la eficiencia y la calidad en la producción agrícola. Fomentar el trabajo en equipo mediante actividades de integración, reuniones regulares de equipo y proyectos colaborativos permite fortalecer las relaciones entre los empleados y mejora la comunicación. Un equipo cohesionado y colaborativo es más eficaz y responde mejor a los desafíos de la producción.
- **Respeto y Diversidad en el Lugar de Trabajo:** La cultura organizacional debe basarse en el respeto por cada individuo, independientemente de su rol, origen o experiencia. Promover la diversidad y el respeto en el lugar de trabajo crea un ambiente inclusivo donde todos los empleados se sienten valorados y motivados a dar lo mejor de sí. La diversidad también fomenta la creatividad y aporta nuevas perspectivas que enriquecen el proceso de toma de decisiones y resolución de problemas.

Evaluación y Reconocimiento de los Logros en Excelencia y Sostenibilidad

El reconocimiento de logros es una estrategia clave para reforzar la cultura organizacional y motivar a los empleados a alcanzar la excelencia. La evaluación y el reconocimiento de prácticas sostenibles y de calidad ayudan a que los empleados comprendan la importancia de sus esfuerzos y se sientan valorados por sus contribuciones.

- **Evaluación del Desempeño y Retroalimentación Constructiva:** La evaluación regular del desempeño permite identificar logros en áreas de excelencia y sostenibilidad, así como áreas donde se pueden realizar mejoras. La retroalimentación constructiva es esencial para motivar a los empleados a seguir mejorando y a mantenerse enfocados en los objetivos organizacionales. Las evaluaciones pueden incluir indicadores relacionados con la eficiencia en el uso de recursos, el cumplimiento de estándares de calidad y la adopción de prácticas sostenibles.
- **Reconocimiento y Recompensas por el Cumplimiento de Objetivos de Sostenibilidad:** Recompensar a los empleados que destacan en la implementación de prácticas sostenibles y en el cumplimiento de objetivos de calidad refuerza la cultura organizacional y motiva a otros miembros del equipo. Las recompensas pueden ser tanto económicas, como bonos de desempeño, como simbólicas, como certificados de reconocimiento o menciones honoríficas. Este reconocimiento promueve un sentido de logro y compromiso entre los empleados, lo cual es fundamental para mantener una cultura organizacional sólida y orientada a la excelencia.

5. Beneficios de una Gestión Eficiente de Recursos Humanos y un Liderazgo Eficaz

La gestión eficiente de recursos humanos y un liderazgo eficaz son pilares fundamentales para el éxito de la producción agrícola en ambientes controlados, como invernaderos y sistemas hidropónicos. En un sector que requiere precisión, especialización técnica y adaptabilidad, contar con un equipo bien gestionado y liderado resulta clave para alcanzar los objetivos de productividad, sostenibilidad y calidad. Una gestión de recursos humanos eficiente y un liderazgo sólido no solo contribuyen a mejorar el rendimiento y reducir costos, sino que también potencian la satisfacción y motivación del equipo, factores esenciales para asegurar el éxito a largo plazo. A continuación, se presentan algunos de los beneficios principales de una gestión eficaz de recursos humanos y un liderazgo adecuado en la producción agrícola.

Aumento de la Productividad y Eficiencia Operativa

Una gestión de recursos humanos eficiente y un liderazgo claro y motivador impulsan la productividad y eficiencia en todos los niveles de la operación. Cuando el equipo está bien organizado, capacitado y comprometido, es capaz de llevar a cabo sus tareas de manera precisa y en menos tiempo, maximizando la producción sin comprometer la calidad del producto.

- **Optimización del Uso de Recursos y Reducción de Errores:** La capacitación adecuada y la asignación clara de roles permiten a los trabajadores dominar sus tareas y reducir el margen de error en las operaciones diarias. Además, un liderazgo eficaz fomenta el uso óptimo de recursos, asegurando que se utilicen de manera racional y eficiente. Esto no solo reduce costos de insumos como el agua, energía y fertilizantes, sino que también minimiza el desperdicio, lo cual es fundamental en un entorno de producción agrícola.
- **Implementación de Procesos Estandarizados:** Un equipo bien liderado y gestionado sigue procesos estandarizados que garantizan la uniformidad en el producto final. La estandarización mejora la calidad y consistencia de las hortalizas y otros productos agrícolas, permitiendo que los cultivos cumplan con las expectativas del mercado. Además, cuando los procesos están claramente definidos y los roles bien distribuidos, la producción es más ágil y las operaciones se ejecutan con mayor eficiencia, maximizando la capacidad productiva del sistema.

Mejora de la Calidad y Reducción de Pérdidas

En un entorno de producción agrícola controlada, la calidad del producto es esencial para satisfacer las demandas del mercado. Una gestión eficiente de recursos humanos asegura que los empleados estén capacitados en las mejores prácticas de producción y calidad, mientras que un liderazgo eficaz establece expectativas claras y supervisa el cumplimiento de los estándares.

- **Capacitación en Buenas Prácticas de Calidad:** Los empleados que reciben capacitación continua en Buenas Prácticas Agrícolas (BPA) y en procedimientos de calidad están mejor preparados para manejar los cultivos con cuidado y precisión. Esto reduce las pérdidas por errores o daños al producto y asegura que el producto final cumpla con los estándares de calidad. La reducción de pérdidas no solo maximiza el rendimiento, sino que también contribuye a la sostenibilidad al minimizar el desperdicio.

- **Control de Calidad Rigurosamente Implementado:** Un liderazgo eficaz establece procedimientos de control de calidad en cada etapa del proceso, desde la siembra hasta la cosecha y la postcosecha. Esto garantiza que cualquier producto que no cumpla con los requisitos sea identificado y gestionado adecuadamente antes de que afecte la reputación de la empresa. Un equipo capacitado y motivado es más consciente de la importancia de estos controles y está comprometido con la entrega de productos de alta calidad, lo cual mejora la satisfacción del cliente y la competitividad en el mercado.

Mayor Satisfacción y Retención del Personal

Una gestión de recursos humanos orientada al desarrollo profesional y un liderazgo inspirador contribuyen a la satisfacción laboral y retención de los empleados. En el sector agrícola, donde el conocimiento técnico y la experiencia son esenciales, retener a los trabajadores capacitados es fundamental para el éxito de la operación.

- **Ambiente de Trabajo Positivo y Saludable:** Un liderazgo eficaz promueve un ambiente de trabajo seguro, respetuoso y colaborativo. Los empleados que se sienten valorados y trabajan en condiciones seguras están más satisfechos y comprometidos con la empresa. Además, el apoyo en momentos de desafíos y la promoción de una comunicación abierta y transparente fortalecen la lealtad hacia la empresa y reducen la rotación de personal.
- **Desarrollo Profesional y Oportunidades de Crecimiento:** Una gestión de recursos humanos eficiente ofrece oportunidades de capacitación y crecimiento profesional, lo que motiva a los empleados a mejorar sus habilidades y comprometerse con su propio desarrollo. Los programas de promoción interna y la posibilidad de asumir roles de mayor responsabilidad son incentivos poderosos que ayudan a retener a los empleados talentosos, fortaleciendo el equipo y mejorando la estabilidad de la operación.

Incremento en la Adaptabilidad y Capacidad de Innovación

El sector agrícola en ambientes controlados requiere un equipo flexible y adaptable, ya que el éxito depende de la capacidad de responder rápidamente a cambios en las condiciones de cultivo o en la demanda del mercado. Un liderazgo eficaz y una gestión de recursos humanos que fomente la innovación permiten a la empresa adaptarse a estos desafíos de manera eficiente.

- **Fomento de la Innovación y Mejora Continua:** Un liderazgo que promueve la innovación y da espacio a los empleados para proponer ideas nuevas mejora la capacidad de la empresa para optimizar sus procesos. Alentar la participación de los trabajadores en la mejora continua genera un ambiente proactivo y permite identificar oportunidades para implementar tecnologías o métodos de cultivo más eficientes. Esta cultura de innovación es especialmente beneficiosa en la agricultura en ambientes

controlados, donde los avances tecnológicos y las nuevas técnicas pueden mejorar drásticamente la producción y la sostenibilidad.
- **Capacidad de Adaptación a Cambios y Desafíos:** Un equipo bien gestionado y liderado se adapta mejor a cambios en las condiciones de producción, como fluctuaciones de temperatura o variaciones en la disponibilidad de agua. Un líder eficaz proporciona a los trabajadores las herramientas y conocimientos necesarios para reaccionar con rapidez y ajustar los sistemas de cultivo según sea necesario, minimizando así el impacto en la producción. La adaptabilidad del equipo contribuye a la resiliencia de la operación y asegura que la empresa pueda enfrentar desafíos de manera ágil y eficiente.

Fortalecimiento de la Cultura de Sostenibilidad y Responsabilidad Social

La sostenibilidad es una prioridad creciente en la agricultura en ambientes controlados, y un liderazgo eficaz junto a una buena gestión de recursos humanos pueden ayudar a fomentar una cultura de sostenibilidad y responsabilidad social dentro de la empresa. Esto no solo beneficia al medio ambiente, sino que también mejora la reputación y competitividad de la empresa en el mercado.

- **Compromiso con Prácticas Sostenibles:** Un liderazgo comprometido con la sostenibilidad puede guiar al equipo en la implementación de prácticas de producción responsables, como el uso eficiente de recursos y la reducción de residuos. La gestión de recursos humanos, por su parte, asegura que los empleados reciban la capacitación necesaria para adoptar estas prácticas y comprendan su importancia. El compromiso con la sostenibilidad permite a la empresa reducir su impacto ambiental, responder a las demandas de los consumidores y mejorar su competitividad en un mercado que valora cada vez más la responsabilidad ambiental.
- **Reputación Positiva y Satisfacción del Cliente:** La cultura de sostenibilidad y excelencia en la producción contribuye a construir una reputación positiva para la empresa, lo cual atrae a consumidores que valoran productos cultivados de manera responsable. Los clientes satisfechos con la calidad y sostenibilidad de los productos son más propensos a ser leales y a recomendar la marca, lo que incrementa las ventas y fortalece la posición de la empresa en el mercado.